Das Buch

Im Frühsommer 2005 passierte in Deutschland etwas, was sicher schon geraume Zeit auf der Tagesordnung stand. Gleichwohl rief der Vorgang allenthalben Überraschung und umgehend Abwehr hervor. Die etablierten Parteien und die ihnen hörigen Medienvertreter bildeten umgehend eine Frontlinie. Oskar Lafontaine, einst Vorsitzender der regierenden SPD, hatte erstens sein Parteibuch abgegeben, zweitens seinen Eintritt in die Wahlalternative Arbeit und Soziale Gerechtigkeit (WASG) erklärt und drittens gemeint, daß die PDS im Osten deren natürlicher Verbündeter sei. Gregor Gysi, einst Vorsitzender der Demokratischen Sozialisten, erkannte die Chance und nahm den Spielball auf. Seither geht in Deutschland ein »Gespenst« um, das Gespenst der gesamtdeutschen Linkspartei. Die aber muß sich erst noch formieren. Denn außer der Absicht von WASG und PDS, sich in einer Partei zusammenzufinden, ist noch nicht viel da. Ein Dutzend unabhängiger, kritischer Autoren haben sich des Themas angenommen und wollen ihren Beitrag für diesen jetzt begonnenen Findungsprozeß leisten. Dessen Ausgang ist offen.

Die Herausgeber

Ulrich Maurer, Jahrgang 1948, Jurastudium in Tübingen bis 1974, Mitglied der SPD von 1970 bis 2005. Seit 1971 politisch aktiv: zunächst im Stuttgarter Gemeindeparlament, seit 1980 im Landtag von Baden-Württemberg. SPD-Landesvorsitzender von 1987 bis 1999, bis 2003 auch Mitglied des SPD-Bundesvorstandes. Mitglied der WASG seit dem 1. Juli 2005. Rechtsanwalt Maurer ist katholisch, verheiratet und Vater zweier Kinder. Hans Modrow kennt er seit 1989, als er den »Hoffnungsträger der DDR« nach Stuttgart einlud.

Hans Modrow, Jahrgang 1928, Berufspolitiker. Er saß nicht nur in allen möglichen Parlamenten (Landtag, Volkskammer, Bundestag, Europa-Parlament), sondern vereint in sich jene Fähigkeiten, die man in diesem Geschäft benötigt: strategische Weitsicht und taktisches Geschick. Zugleich aber, und das unterscheidet ihn von vielen Politprofis, hat er sich menschlichen Anstand und ein soziales Empfinden bewahrt für jene Klasse, der er entstammt. Der Kleinbauernsohn aus Pommern begleitet als PDS-Ehrenvorsitzender das Entstehen der Linkspartei.

Ulrich Maurer/Hans Modrow
(Herausgeber)

Überholt wird links

Was kann, was will, was soll
die Linkspartei?

edition ost

Inhalt

Auch wenn es aus der Mode gekommen ist
(aber hoffentlich wie andere Moden
auch eines Tages wiederkehren wird):
Es gibt so etwas wie Räson und Parteidisziplin.
Es ist nämlich ein Irrtum zu meinen,
organisierte Verantwortungslosigkeit wäre Ausdruck von Demokratie,
und keine Meinung zu haben sei Indiz für Pluralismus. Eine Partei
muß geführt werden, und politische Arbeit läuft nicht von allein.

Hans Modrow

Vorwort

Von Hans Modrow

Derzeit formiert sich hierzulande eine gesamtdeutsche Linke. Mit Blick auf die Wahlen war es zunächst wichtig, organisatorisch-technische, also formale Fragen zu lösen. Eine Debatte zu inhaltlichen Fragen steht noch aus. Dieses Buch will zu dieser notwendigen Bestimmung einen dezidierten Beitrag leisten. Herausgeber und Verlag haben Persönlichkeiten mit unterschiedlichen Erfahrungen und Sichten um ihre Meinung gebeten. Es sind kritische Zeitgenossen, deren Urteil sich nicht zuletzt aus Unabhängigkeit und Distanz zu etablierten Parteien speist. Das macht sie glaubwürdig.

Die deutschen Linken stehen vor zwei Aufgaben. Zum einen haben sie eine reale Chance, aus der politischen Isolation herauszukommen. Sie können ihre Kräfte vereinen und damit zu einem gesellschaftlichen Faktor werden, der nicht ignoriert werden kann. Das von Lafontaine und Gysi ins Auge gefaßte Ziel, drittstärkste politische Kraft in Deutschland zu werden, scheint durchaus realistisch. Dazu sollen bis etwa 2007 die *Partei des Demokratischen Sozialismus* (seit Frühsommer 2005 »Die Linkspartei.PDS«) und die *Wahlalternative Arbeit und soziale Gerechtigkeit* (WASG) sich in einem offenen Prozeß zu einer Partei zusammenfinden.

Um Gegenwart und Zukunft zu gewinnen, muß auch die Vergangenheit ins Auge gefaßt werden. Zu dieser gehört der verschwundene Realsozialismus, über den noch immer gestritten wird, ob er nun einfach zurecht unterging oder ob die Tatsache seiner Existenz vielleicht doch in vielerlei Hinsicht nützlich war und Erfahrungen hinterließ. Die gleichermaßen dialektisch-kritische wie unvoreingenommene Aneignung dieses Erbes steht noch immer aus. In einem Teil Deutschlands haben sich insbesondere im 41. Jahr der DDR neue politische Kräfte und Bewegungen entwickelt, die ihre Wurzeln zwangsläufig in der noch immer vielerorts geschmähten Deutschen Demokratischen Republik hatten. Im Prozeß des Zerfalls der SED fanden sich auch dort Kräfte, die darin die Chance für einen Neubeginn und die Überwindung der Fehlentwicklung dieser Partei sahen. Das war die Geburtsstunde der SED-PDS.

In jener Zeit entstand auf dem Territorium der DDR auch eine

Sozialdemokratische Partei. Sie setzte dort an, wo sie meinte von den Kommunisten in der Sowjetischen Besatzungszone ausgelöscht worden zu sein. Im Früjahr 1946 hatten sich in der SBZ Kommunisten und Sozialdemokraten zur Sozialistischen Einheitspartei zusammengeschlossen. Sie hatten den Bruderzwist vor Augen, der 1933 in die Katastrophe mündete, und die Erfahrungen der Solidarität im antifaschistischen Widerstand, in den Konzentrationslagern und Zuchthäusern. Es gab, worauf im Buch nicht nur der Historiker Heinz Niemann verweist, damals zwei Fraktionen in der SPD: Da waren die Aktivisten des antifaschistischen Widerstands, die auf der Grundlage eines radikal-demokratischen, anti-imperialistischen und sozialistischen Programms (»Prager Manifest« des emigrierten SPD-Parteivorstandes vom Januar 1934) die Einheitsfront suchten und nach 1945 im Osten zum treibender Faktor des Zusammenschlusses mit der KPD wurden – und es gab den reformistischen Flügel, der Kurs auf ein liberal-demokratisches Konzept für eine »Partei der Freiheit« (1939) nahm. Das war »antitotalitär«, also antikommunistisch. An diese Schumacher-Linie knüpfte die SDP 1989/90 an und grenzte alle jene aus, die aus der SED kamen. In ihrer ideologischen Verblendung verhielten sie sich weniger demokratisch als jene, denen sie pauschal das Etikett »stalinistisch« und »dogmatisch« verpaßten.

Damit machte man es den Konservativen leicht. Helmut Kohl konnte seine *Allianz für Deutschland* formieren, deren Kernstück die Ost-CDU unter Lothar de Maizière wurde. Die Linken im Osten waren paralysiert wie die im Westen. Sie blockierten sich gegenseitig oder waren damit beschäftigt, sich zu entschuldigen und Wunden zu lecken, die sie sich wechselseitig zugefügt hatten.

Mit dem Beitritt der DDR zur Bundesrepublik endete zwar deren Geschichte und begann gesamtdeutsch die Abrechnung mit ihr und ihrem Personal. Doch es formierte sich keine gesamtdeutsche linke Kraft, die dem widerstanden hätte. Die Ostparteien waren in den Schoß der Westparteien gekrochen. Die PDS verblieb als einzige orginäre Ost- und Linkspartei. Sie war die kollektive Stimme des Ostens im Bundestag und seit dem Verbot der KPD in der Bundesrepublik 1956 dort auch die einzige linke Kraft im deutschen Parlament. Fast schien es so, als könnte man sie entgültig aus dem Hohe Hause verbannen. Die Chancen für die diese Verbannnung standen seit 2002 für die westdeutsch dominierte Allparteienkoalition gut.

Die Entwicklung der PDS zur gesamtdeutschen Partei war in den 90er Jahren objektiv gescheitert. Daran war sie selbst, aber auch der institutionalisierte Antikommunismus im Westen Schuld. Und, da mache ich mir auch als Ehrenvorsitzender der PDS nichts vor, auch die unterschiedliche Sozialisation von Ost- und von Westdeutschen. Vier Jahrzehnte unterschiedlicher gesellschaftlicher Entwicklung hinterließen nun einmal Spuren im Bewußtsein ganzer Generationen. Sie wurden von den erbitterten ideologischen Auseinandersetzungen des Kalten Krieges geprägt. Bei jenen Deutschen, die heute älter als 30 sind, sind all jene denunzierenden Bilder und Begriffe noch immer präsent. Man studiere nur die Leserbriefe in den großen deutschen Zeitungen. Die Stereotype der Blockkonfrontation wirken ebenso fort wie das diametral entgegengesetzte Wertesystem. Im Osten kannte man die Heilige Schrift, nicht aber das Grundbuch, das im Westen an dessen Stelle getreten war. Preußische Grundtugenden wie Disziplin, Fleiß und Ordnungsliebe waren im Osten anders besetzt als im Westen: nämlich positiv. Solidarität und Friedensliebe galten als Staatsdoktrin; was im Westen vielleicht christliche Nächstenliebe hieß, entsprach der kollektive Verantwortung. Man sagte nicht »Ich«, sondern »Wir« – auch dort, wo man besser »Ich« gesagt hätte. Aber das fiel manchem Ostdeutschen eben schwer, wie es die meisten Westdeutschen kaum vermochten, »Wir« zu sagen statt immer nur »Ich« …

Erst jetzt, anno 2005, führt die akute Gesellschaftskrise dazu, daß sich Ostlinke und Westlinke von ihren wechselseitigen Vorurteilen zu befreien beginnen und begreifen, was wesentlich und was marginal ist, wer der tatsächliche Gegner und wer lediglich der vermeintliche, der eingeredete Popanz ist. Dieser Akt der Selbstbefreiung ist nur der erste, aber der schwerste Schritt. Mit diesem Akt der Emanzipation stellt man sich gegen den Mainstream, gegen die vermeintliche Mehrheit in diesem Land. Die »Mehrheit«: das ist die Meinung der Mächtigen in Politik, Medien und Wirtschaft. Diese haben die Hegemonie, sie befinden, was gut und was schlecht ist, wer zum »demokratischen Verfassungsbogen« gehört und wer nicht.

Nunmehr ist dieses Monopol aufgekündigt, in Frage, ja vielleicht sogar zur Disposition gestellt. Weil die tatsächliche Mehrheit begreift: Wir sind die Mehrheit. Wir sind das Volk!

Die Selbstbesinnung und Selbstfindung dieser linken Kraft, noch einmal, kann nicht ohne positiven Bezug zu den historischen Wurzeln erfolgen. Das Gründungsdokument der politischen Arbeiterbewegung ist das Kommunistische Manifest von 1847/48. Der *Stern* zitierte daraus umfangreich in Heft 20/2005 unter der bezeichnenden Überschrift »Prophetische Worte«. Es heißt, der Kapitalismus wäre wieder zu seinen Ursprüngen zurückgekehrt, man spricht von »Turbokapitalismus« und »Neoliberalismus« und von »Heuschreckenplage«. Und Peter Glotz (SPD) meinte sarkastisch, da müsse man sich nicht wundern, wenn die Menschen auch wieder zu den ursozialistischen Ideen zurückkehrten.

Ist der Kapitalismus wirklich »zurückgekehrt«? Ist er in Wahrheit nicht das geblieben, was er immer war? Nur eben klarer erkennbar, weil nunmehr das Geld ausgegangen ist, um weiter Zuckerguß über die sozialen Konflikte in der Gesellschaft gießen zu können, und weil der verschleiernde Nebel nicht mehr bezahlt werden kann, der bis dato über die Schlachtfelder geblasen wurde, damit man die Menschen nicht sähe, die dort liegengeblieben waren. Nebel, Watte, Tünche, Zuckerguß – alles ist weg. Der Kaiser ist nackt. Und Marx und Engels haben wieder Recht.

Das sieht inzwischen nicht nur der *Stern* so.

Geschichte lebt oft von Zufällen. Am Abend der SPD-Wahlniederlage in Nordrhein-Westfalen, an jenem 22. Mai 2005, glaubte Gerhard Schröder seinen Abgang in Berlin aufhalten zu können, indem er Neuwahlen forderte. Er hatte zwar damit der am Rhein siegenden CDU die Show gestohlen. Doch das war ein Pyrrhussieg. Seine kolossale Fehleinschätzung beendete die Ära Schröder, die die SPD als Scherbenhaufen zurückläßt. Ob sich die Partei jemals wieder von dieser Krise erholen wird, ist so offen wie die Zukunft dieses Landes.

In Nordrhein-Westfalen hatte die PDS bei jener Landtagswahl kein Prozent und damit noch weniger Stimmen bekommen als bei früheren Bundestagswahlen. Die Wahlalternative Arbeit und Soziale Gerechtigkeit bekam beachtliche 2,2 Prozent, aber erreichte ihr Wahlziel ebenfalls nicht: sie blieb draußen.

In jenem Augenblick warf Oskar Lafontaine den Hut in den Ring. Der ehemalige SPD-Vorsitzende hatte mit feinem Gespür die historisch einmalige Chance erkannt, die die desolate politische Situation bietet. Krisen liefern stets Humus für neue Saat. Indem er über den antikommunistischen Schatten sprang und die PDS – bei allen begründeten Vorbehalten – als linke Kraft im Osten akzeptierte und die WASG als linke Kraft im Westen als deren objektiven Partner der Öffentlichkeit bewußt machte, war der entscheidende Funke geschlagen. Und Gregor Gysi fing Feuer. Was immer man gegen ihn begründet vorbringen kann und muß: In diesem Punkte darf ihm der Respekt nicht verweigert werden.

Die Ehrlichkeit gebietet es festzustellen: Ohne diese beiden Männer wäre nicht jene Bewegung in Gang gekommen, die zur Veränderung der politischen Verhältnisse in Deutschland führen kann. Ja, auch ich habe meine Probleme mit Gregor und ausreichend Gründe, ihn zu kritisieren, wie ich auch schon immer meine Differenzen mit Oskar habe. Gleichwohl: Wenn es um die Sache geht, sind wir uns einig. Auch wenn es aus der Mode gekommen ist (aber hoffentlich wie andere Moden auch eines Tages wiederkehren wird): Es gibt so etwas wie Räson und Parteidisziplin. Es ist nämlich ein Irrtum zu meinen, organisierte Verantwortungslosigkeit wäre Ausdruck von Demokratie, und keine Meinung zu haben sei Indiz für Pluralismus. Eine Partei müsse nicht geführt werden, und politische Arbeit laufe schon von allein.

Alles Unsinn.

Die sich formierende Partei muß stringente Opposition sein *und* den vom Sozialabbau betroffenen Menschen Orientierung geben. Partei und Fraktion stehen hier in spezifischer Herausforderung. Die Führung des politischen Prozesses bleibt in der Verantwortung der Partei – die Bewahrung des Vertrauens in ihre Politik wird in besonderer Weise bei der Fraktion im Bundestag liegen. Wenn das nicht begriffen und nicht praktiziert wird, hat Oskar Lafontaine allenfalls ein Strohfeuer entzündet. Diese Frage muß so deutlich gestellt werden – und die Autoren liefern im Buch dazu ihre kritischen Kommentare.

Es zeichnet sich ab, daß jene Personen, die 2002 maßgeblich an der Niederlage der PDS beteiligt waren, wieder im Bundestag sitzen werden. Sie haben die Chance für sich gesehen und ergriffen. Ob sich dadurch auch die Voraussetzungen für die Entwicklung einer tatsächlichen Linkspartei erhöhen, bleibt zu bezweifeln.

Die Bundestagsfraktion wird schon auf Grund ihrer willkürlichen Zusammensetzung nicht jenes Führungszentrum der 2007 vereinten Partei sein, das diese benötigt. Üblicherweise bringen Parteien auf den Landeslisten jenes qualifizierte Personal unter, das sie später zur Besetzung der unterschiedlichen Stühle in den Ausschüssen und Gremien des Hohen Hauses brauchen. Erfolgreiche parlamentarische Arbeit setzt fachliche Qualifikation voraus: Die Teilnahme an Elefantenrunden, Talkshows und Empfängen kann dies nicht kompensieren, auch wenn diese Annahme nicht nur beim Publikum verbreitet ist. Ein Mandat ist weder Ausdruck von Bedeutung noch von hinreichender moralisch und fachlicher Qualifikation. Und ich weiß, wovon ich spreche.

Die PDS trat 1994 unter dem Slogan »Gysis bunte Truppe« an. 2005 ist die Parole Programm geworden. Auch aus diesem Grunde ist die bevorstehende politische Debatte und Selbstfindung der zur Vereinigung strebenden Linkspartei unerläßlich. Wenn dieser Klärungs- und Formierungsprozeß nicht gelingt, dann …

Und was ist mit dem Namen?

Die Partei des Demokratischen Sozialismus existiert sein 15 Jahren und hat ihre eigene Geschichte, auf ihren Wurzeln wurde bereits verwiesen. Ein Parteiname ist wie eine Fahne, ein Banner, ein Programm. Daran erkennt man jene, die hinter oder unter ihr marschieren. Zumindest in dieser Hinsicht war die PDS politisch verortet. Die WASG ist zumindest namentlich nicht unbedingt programmatisch erkennbar. Sie ist jung, und ihre Mitglieder kommen mehrheitlich aus SPD und DGB. Das ist Vorteil wie Nachteil.

Beide Parteien haben aus pragmatischen Gründen die inhaltliche Debatte zunächst zurückgestellt. Alles wurde dem Ziel untergeordnet, zunächst eine starke parlamentarische Vertretung im Deutschen Bundestag zu etablieren. Danach soll und muß eine breite Debatte in beiden Parteien über Name und Programm der gemeinsamen Organisation stattfinden. Die Entscheidung darf nicht, wenn sie denn demokratisch legitimiert sein soll, allein Parteigremien oder Mandatsträgern überlassen werden. Nur wenn die Interessen und Ansprüche aller Mitglieder gleichberechtigt berücksichtigt werden, kann der Prozeß zum Erfolg führen. Es ist zugleich eine Gelegenheit, sich kennenzulernen, die wechselseitige Fremdheit abzutragen und zu überwinden. Und: Wir müssen mit dem Namen Flagge zeigen.

Es geht auch nicht auf, einerseits vom »Platz links neben der SPD« bei der Positionsbestimmung einer neuen Linkspartei zu sprechen und andererseits mittelfristige Angebote für Koalitionen mit der SPD zu machen. Die Programmatik wird nicht über politische »Plätze« in der Gesellschaft verteilt, sie wird durch Inhalte bestimmt. Die revolutionäre deutsche Sozialdemokratie mit August Bebel und Wilhelm Liebknecht hatte eine wesentliche Quelle ihres Handelns in den Lehren von Marx und Engels. Eine vereinigte sozialistische

Linke in Deutschland ist in der Gegenwart herausgefordert, mit und nicht ohne oder gar gegen Marx ins 21. Jahrhundert zu gehen. Herausbildung und Gründung einer vereinigten sozialistischen Linkspartei in der Bundesrepublik Deutschland müssen folglich ein Prozeß des offenen Dialogs sein. Das Buch will dafür einen Beitrag leisten.

Ich stimme Klaus Ernst (WASG) zu, wenn er sagt, daß eine Partei links von der SPD keine Sozialstaatspartei wie eben diese sein könne. Der Anspruch, der sich auch im Namen niederschlagen wird, muß darüber hinausgehen. Es geht nicht darum, staatstragend, sondern staatsverändernd zu wirken. Soziale und Menschenrechtsbewegungen, Gewerkschaften, Friedensinitiativen, Umweltschützer, Emigranten- und Immigrantenorganisationen, antirassistische und antifaschistische Bündnisse, Fraueninitiativen und all jene, die die Vielfalt einer offenen, pluralistischen Gesellschaft ausmachen, aber keine parlamentarische Stimme haben, müssen in dieser Partei ihren Ansprechpartner haben. Sie alle werden letzten Endes dazu beitragen, daß die kulturelle Hegemonie der Konservativen in diesem Lande überwunden wird. Davon haben nicht nur wir etwas: auch Europa und letztlich die Welt. Die Bunte Republik Deutschland mit einem kräftigen Rot: das ist ein erstrebenswertes Ziel.

Oskar Lafontaine nannte sein jüngstes Buch »Politik für alle«. Er versteht es als Streitschrift für eine gerechte Gesellschaft. Darin polemisiert er gegen Marktfundamentalismus, gegen wachsenden Reichtum und die fortschreitende Verarmung, gegen Krieg und Machtmißbrauch. Kurz: Er unterwirft den realexistierenden Kapitalismus einer beißenden Kritik. Seine Antworten sind die eines aufrechten Sozialdemokraten. Sie finden sich ebenso im Programm der SPD (in besseren Tagen) und in dem gültigen Parteiprogramm der PDS, worauf er verweist.

Die WASG übte bei ihrer Gründung scharfe Kritik an wesentlichen Elementen der PDS-Programmatik. Nicht weniger zurückhaltend war sie bei der Bewertung der Regierungsarbeit. Bekanntlich ist die PDS in Regierungskoalitionen mit der SPD in Mecklenburg-Vorpommern und Berlin eingebunden.

Das offenbart nicht nur das Spannungsverhältnis, sondern auch die Steine, die auf dem Weg zur Vereinigung liegen.

Die eigentliche Arbeit liegt also noch vor uns.

Wer den Untergang der DDR
als »zivilisatorische Errungenschaft« preist, irrt nicht nur.
Er läßt auch die Achtung vermissen, die denjenigen gebührt,
die als erste in Deutschland versuchten,
den Sozialismus zu verwirklichen.

Friedrich Wolff

Die Linkspartei in der Berliner Demokratie

Von Friedrich Wolff

Eine alte Partei mit neuem Namen betritt die parlamentarische Bühne und sagt, sie will eine neue Partei werden, eine neue Partei links von der SPD, links von der Schröder-SPD. Das weckt Hoffnungen bei den bereits Hoffnungslosen und Befürchtungen bei jenen, die längst am Ziel ihrer Wünsche angekommen sind.

Braucht die Republik eine neue Partei, braucht sie *diese* Partei? Man muß kein Sozialist, kein Revolutionär sein, um zu erkennen: Es ist etwas faul im Staate Bundesrepublik. Wohin man guckt, nichts ist so, wie es sein sollte. Vor Jahren schon stellte das sogar die *Berliner Morgenpost* fest. Ullrich Clauss schrieb unter der Überschrift »Der faule soziale Friede« am 12. Juli 2002: »Arbeitsverwaltung, Gesundheitsreform, Rentenreform, Staatsquote, Steuerreform – jedes der heute aktuellen Wahlkampfthemen schleppt die Republik seit nun gut 30 Jahren mit sich herum.«

Drei Jahre später das alte Lied.

Man kann der Aufzählung der notwendigen Reformen noch andere hinzufügen: Schul- bzw. Bildungsreform, Justizreform (der Jurist weiß: die steht schon seit der Weimarer Republik auf der Tagesordnung) und last not least Demokratiereform. Die negative Bilanz der Bevölkerungsentwicklung ist auch kein biologisches Resultat, sondern ein Ergebnis neoliberaler Politik. Reformen sind hier ebenfalls erforderlich. *Der Spiegel* sagt: »Denn das wohl größte Tabuthema zu Beginn des 21. Jahrhunderts ist das Dahinschrumpfen und allmähliche Altwerden der Bevölkerung, die Fundamente des Gemeinwesens werden nach und nach unterspült.«[1] Nichts bewegt sich, nichts geht mehr, wenn man einmal von der Rechtschreibreform absieht – und selbst da hapert es.

Nur die Korruption blüht im Staat wie in der Wirtschaft.

Der berühmte Mann auf der Straße resigniert, übt »Kaufzurückhaltung«, wie das Sparen für Notzeiten jetzt euphemistisch genannt wird, und er geht nicht mehr zur Wahl. Parteimüdigkeit, Politikverdrossenheit sind Schlagworte, die seit langem aktuell sind.

Die Ursachen des Zustands werden in den Medien nicht so griffig benannt wie der Zustand selbst. Eigentlich werden sie überhaupt nicht ausgesprochen. Nur für den Osten findet man eine Erklärung für die Wahlzurückhaltung: 40 Jahre SED-Diktatur sind schuld. Die sind für alles schuld.

Ist es abwegig festzustellen, die BRD steckt in einer Krise, einer Systemkrise? Es gilt immer noch der alte Satz: Ich weiß nicht, ob es besser wird, wenn es anders wird, aber daß es anders werden muß, wenn es besser werden soll, das weiß ich.

Das spricht für eine neue Partei – wenn sie denn anders sein wird, als die anderen es sind.

Die Krise der BRD, der Demokratie, des Systems wird nicht nur von Linken erkannt. Hans Herbert von Arnim, Professor an der Hochschule für Verwaltungswissenschaften Speyer, konstatierte im Jahr 2002 in der *Zeitschrift für Rechtspolitik* unter dem vielsagenden Titel »Wer kümmert sich um das Gemeinwohl«: »Schon seit längerem zeichnet sich ab, daß unser politisches System die Herausforderungen nicht mehr bewältigt.«[2] Das ist keine Ansicht eines extremen Außenseiters.

Der Spiegel zitierte aus dem Buch von Rolf Heinze »Die blockierte Gesellschaft« die Sätze: »Die Kapazitäten der parlamentarischen Demokratie scheinen überfordert« und »Statt gesellschaftlicher Dynamik herrscht eher ein Gefühl der Erstarrung«.[3]

Dieses Gefühl herrscht im Jahr 2005 nicht weniger als drei Jahre zuvor. Auf den zehn Seiten seines Artikels beschrieb von Arnim nicht nur den Zustand, sondern benannte auch viele der Ursachen. Es sind schwerwiegende Ursachen, und dennoch sind es nicht alle.

Der Rechtswissenschaftler konstatierte, Politiker orientierten sich nicht am Gemeinwohl. Eigennutz herrsche vor. »Die Akteure geben sich zwar alle Mühe, dieses zweite Gesicht der Politik vor den Bürgern zu verhüllen. Aber wer Augen hat zu sehen, dem eröffnen sich auch von außen Einblicke.«[4]

Drastisch erklärte von Arnim: »Politikern ist im Zweifel das eigene Hemd näher als der Gemeinwohlrock. Das ist für erfahrene Journalisten, die eng mit Politikern zusammenarbeiten und sie täglich beobachten können, ganz selbstverständlich.«[5]

Er nennt als Beispiele die Grünen-Minister Jürgen Trittin und Joschka Fischer, die *nicht* auf ihr Bundestagsmandat verzichteten und dadurch jährlich 98.000 Euro Mehrverdienst hatten.

Politiker aller Parteien, wirklich aller Parteien, sind auch nur Menschen, und die Mitglieder ihrer Parteien sollten das wissen und berücksichtigen. Das ist nicht erst seit heute so und nicht nur eine Erkenntnis des Professors aus Speyer. Schon 1919 sagte der berühmte Soziologe Max Weber: »Es gibt zwei Arten, aus der Politik seinen Beruf zu machen. Entweder: man lebt ›für‹ die Politik oder man lebt ›von‹ der Politik.«[6]

Unser Zeitgenosse von Arnim meinte, die Politiker haben im politischen System der BRD »– unabhängig von ihrer Parteizugehörigkeit – gemeinsame Interessen und versuchen diese natürlich auch durchzusetzen. [...] Es hat sich sogar eine eigene politikwissenschaftliche Forschungsrichtung entwickelt. In ihrem Mittelpunkt steht der Begriff ›politische Klasse‹.«[7]

Wissenschaftler beschäftigt also die Existenz einer »politischen Klasse«, aber die politischen Parteien, die Angehörigen der »politischen Klasse« selbst, nehmen das Problem nicht zur Kenntnis. Das ist unter Berücksichtigung der Interessen der Politiker verständlich, das bedeutet aber auch, alles bleibt wie es ist – wenn die Parteimitglieder nicht rebellieren. Zutreffend faßte von Arnim zusammen: »›Schuld‹ ist das System. Dies ist der strategische Punkt, an dem alle Reformen ansetzen müssen.«[8]

Auch im *Spiegel* heißt es: »Notwendig ist nicht weniger als ein Systemwechsel.«[9]

Gemeint ist natürlich nicht das kapitalistische System, sondern ein System innerhalb dieses Systems – das demokratische System der BRD. In der sogenannten Marktwirtschaft ist Politik eben auch nur eine Ware, die meistbietend verkauft wird wie Gesundheit, Recht und Autos. Alles hat seinen Preis, alles reguliert der Markt.

Das ist die Ideologie der Ideologielosen, der Neoliberalen, der Anbeter des Marktes.

Das gemeinsame Klasseninteresse von Politikern aller etablierten Parteien heißt unter den gegebenen Verhältnissen: erstens Bundes- oder wenigstens Landtagsmandat, zweitens Regierungsposten, drittens beides. Die Beispiele Joschka Fischer und Jürgen Trittin belegen das.

Wenn man unter Politik das Handeln für das Gemeinwohl versteht, ist dieses Interesse nicht nützlich, sondern schädlich. Schon oft und mit Recht sagten die Medien verständnisvoll: Wer möchte nicht gern mehr verdienen? Politiker wohl aller Parteien unterlagen beispielsweise der Versuchung, den Flugreisebonus für private

Zwecke zu nutzen. Selbst für einen relativ kleinen Vorteil setzten sie ihren Ruf aufs Spiel.

Wenn es um jährlich 98.000 Euro Jahreseinkommen als Bundestagsabgeordneter geht, treten politische Überzeugungen und Grundsätze erst recht in den Hintergrund.

Das ist jedoch nur die Spitze des Eisbergs, wie der Fall Pfahls zeigt. Korruption in höchsten Ämtern gab es in diesem Ausmaß wohl noch nie in Deutschland. Ein unübersehbares Symptom des verkommenen Zustandes dieser Republik, die sich gern zum moralischen Richter über andere Staaten erhebt.

Viele Bürger haben den Eindruck, die zur Zeit führenden Politiker haben nicht mehr die Qualität ihrer Vorgänger. Fest steht: Die Auswahl der Spitzenkräfte aus den Reihen der Parteimitglieder ist unzulänglich und entspricht vielfach nicht demokratischen Grundsätzen. Sie begünstigt »Ja-Sager« und schreckt »die besten und eigenständigsten Köpfe« (von Arnim) ab. »Die fatale Folge ist, daß die Parteien ihre selbstgestellte Aufgabe, fähige Politiker zu rekrutieren und heranzubilden, nur höchst mangelhaft erfüllen.«[10]

Dem entspricht auch die Art, *wie* Kandidaten auf die Wahllisten kommen. Das entscheiden nicht die Wähler, sondern der jeweilige Parteiapparat, die »Apparatschiks«, wie es früher hieß. Um es glaubhaft zu machen – wieder ein Zitat des unverdächtigen Hans Herbert von Arnim: »Doch in Wahrheit kann der deutsche Wähler über die Personen, die ihn in den Parlamenten vertreten sollen, häufig erst recht nicht entscheiden. Sehr viele Abgeordnete stehen in Deutschland – auf Grund parteiinterner Nominierungen – lange vor der Wahl fest, die insofern den Namen ›Wahl‹ gar nicht mehr verdient.«[11] Weiter sagt der Fachmann: »Derartige Wahlsysteme bilden das Benennungsrecht der Parteien praktisch zur Kooption um, das heißt zur Selbstberufung. Die Wahl solcher Abgeordneten ist keine Wahl, sie ist, genau genommen, weder frei noch öffentlich, obwohl das Grundgesetz beides ausdrücklich verlangt.«[12]

Die Schlußfolgerung von Arnims lautete darum: »Das Fazit ist ziemlich niederschmetternd: Die Demokratie ist in Deutschland kaum mehr als ein schöner Schein.«[13]

Zu diesen organisatorischen oder rechtlichen Problemen, die die Demokratie in der Bundesrepublik einschränken bzw., wie von Arnim meint, sogar ausschalten, gehört schließlich die föderale Verfassung. Noch einmal von Arnim: »In der Bundesrepublik Deutschland liegt die Gesetzgebung weitgehend beim Bund (und zunehmend auch bei der Europäischen Union), die Ausführung der Gesetze aber bei den Ländern und Gemeinden. Ein ›Verschiebebahnhof für parlamentarische Verantwortung‹ (Thomas Ellwein) ist die Folge.«[14]

Die Demokratie wird auch noch von einer anderen Institution eingeschränkt, die von Arnim nicht erwähnt: vom Bundesverfassungsgericht. Dieses Gericht hat sich über den Bundestag erhoben. Manchmal ist das gut, manchmal schlecht – demokratisch ist das nie. Der Jura-Professor Ernst Wolf stellt fest, daß das BVG zum »Supergesetzgeber« geworden ist, und meint: »Es vereint die Stellung eines unabhängigen Gerichts mit der eines Verfassungsorgans, hebt also in bestimmtem Umfang die Gewaltenteilung auf.«[15]

Wie die Erfahrung zeigt, sind in dieser Republik, in diesem System die angestauten großen Probleme nicht zu lösen. Die BRD ist, wie Rolf Heinze und *Der Spiegel* schrieben, eine »blockierte Republik«.

Das sollte jeder Politiker, der ein Regierungsamt übernimmt, wissen.

Wenn das schon für die Politiker von Rechts und Mitte gilt, so gilt das für sozialistische Politiker erst recht. Diese haben (politisch) nichts zu gewinnen, sie können aber ihre Glaubwürdigkeit, ihren guten Namen verlieren.

Wenn den Kandidaten selbst diese Einsicht schwerfällt, so sollte sie der Parteibasis nicht schwerfallen. Jedes Parteimitglied sollte fragen: Was bringt das Amt dem Kandidaten für einen Einkommensgewinn, was bringt das Amt der Partei für den weiten Weg zum Sozialismus?

Das sollte auf jeder Versammlung, die über die Aufstellung von Kandidatenlisten oder eine Regierungsbeteiligung entscheidet, offen durch die Versammlungsleitung bekanntgegeben werden: Als MdB wird Genosse XYZ 98.000 Euro Diäten erhalten, davon wird er der Partei 20.000 Euro überweisen. Früher hatte er ein Einkommen von jährlich 24.000 Euro …

So oder so ähnlich sollten die Parteimitglieder informiert werden. Sie sollten auch beurteilen, ob z. B. die PDS-Senatoren im Berliner Senat mehr für sich selbst oder für die Partei tätig gewesen sind. Danach kann man dann entscheiden, ob die Regierungsbeteiligung ein Erfolg oder für die Partei von Nachteil war.

Wenn der »gläserne Abgeordnete« schon nicht generell zu erreichen ist, für die Mitglieder einer sozialistischen Partei sollte er durchsetzbar sein. Danach würde es vielleicht auch gelingen, die von Gysi festgestellte Tendenz zu stoppen, nach der »es für die Unterscheidung zwischen *uns* und der *PDS-Basis* eine realere, leider zunehmende Grundlage« gab.[16]

Wer die angestauten Probleme von der Arbeitslosigkeit, der Sicherung der Sozialsysteme, der Kriminalität, des Bildungswesens, der Demokratiedefizite, des Geburtenrückgangs, der Staatsverschuldung lösen will, muß erkennen: Das System ist schuld. Das System ist nicht nur die Art der Erhebung der Sozialbeiträge, nicht nur die Tarifpolitik, nicht nur das Schulsystem, nicht nur die Strafpolitik, die Umweltverschmutzung ... Alle angestauten Probleme beruhen vielmehr letztlich auf einer gemeinsamen Ursache: der kapitalistischen Gesellschaftsform.

Ohne Abkehr vom Kapitalismus, den man jetzt Marktwirtschaft nennt, kann keins der Probleme dauerhaft gelöst werden. Es ist nicht naturnotwendig, daß das Gesundheitswesen so teuer ist – es ist aber systemnotwendig, wenn man die Gesundheit zur Ware macht, die Profit für Pharmahersteller, Krankenhauseigentümer, Krankenpflegebetriebe, Seniorenheim-, Krankenwagenbesitzer usw. bringen muß. Privatautos müssen auch nicht billiger sein als öffentliche Verkehrsmittel. Banken müssen nicht an Staatskrediten auf Kosten der Steuerzahler verdienen usw.

Viele Menschen spüren: Es muß sich grundsätzlich etwas ändern im Staate.

Alle Parteien in der BRD wie in anderen westlichen Demokratien sind Bestandteile einer sogenannten Mediendemokratie. Politiker müssen medienwirksam sein. In den USA werden Schauspieler zu Staatsmännern. In Deutschland bemühen sich Politiker, Schauspieler zu werden. Wie ist es um den fairen demokratischen Wettbewerb bei Wahlen bestellt, wenn eine linke Partei nur vom *Neuen Deutschland,* von der *jungen Welt, Unsere Zeit* und anderen Printmedien mit noch bescheideneren Auflagen unterstützt wird und alle anderen Blätter von *Bild* bis *FAZ,* alle Fernseh- und Rundfunksender jede derartige Partei als demagogisch, extremistisch usw. herabsetzen?

Über diese Tatsache redet oder schreibt kaum ein Journalist oder Politiker. Doch eben darin liegt ein Grundproblem heutiger Demokratie. Die Überzeugungen und Meinungen der Wähler entspringen nicht oder nicht nur ihrem eigenen Hirn. Was *Bild* schreibt, was Sabine Christiansen sagen läßt, was *dpa* berichtet (und was sie nicht berichtet), formt die politische Meinung der Medienkonsumenten.

Einer der wenigen, die das Thema ansprachen, war Günter Gaus. Er schrieb im Jahr 2003 in der *Süddeutschen Zeitung* von der »Inbesitznahme der Demokratie durch das Fernsehen«. Und er fügte hinzu: »Schneller als gedacht wird die Verflachung der Politik in den Massenmedien ein bißchen amüsieren, schließlich langweilen und abstumpfen – und in jedem Falle das gleiche und allgemeine Wahlrecht aushöhlen. Ich bin kein Demokrat mehr. Wie einst das Drei-Klassen-Wahlrecht bestimmte Interessen begünstigte, so wird die Wahlausübung des bei Laune gehaltenen Fernsehpublikums interessengesteuert sein von gesellschaftlichen Gruppen, die selber wenig fernsehen.« Gaus zog daraus die Konsequenz: »Selbstverständlich nehme ich nicht mehr an Wahlen teil.«

Der *Freitag* druckte den Artikel der *Süddeutschen Zeitung* 2004 verdienterweise nach.[17]

Es ist also nicht nur der kleine Mann auf der Straße, der Wahlenthaltung übt.

Die PDS hatte eigentlich Anlaß, das schon längst zu registrieren, weil sie die Stimmen und die Unterstützung vieler überzeugter Sozialisten bereits verlor. Es sind die Stimmen jener, die keinen Sinn darin sehen, zwischen Parteien zu wählen, deren Politik sich nicht unterscheidet und zu denen inzwischen auch die PDS zu gehören scheint. Das ist eben keine echte Wahl, das sieht nur anders aus als »Zettelfalten«, kostet allerdings mehr Steuergelder und nervt reichlich.

Die Linkspartei wird in Fraktionsstärke in den Bundestag einziehen. Das ist die Prognose, die sich aus den Umfragen ergibt. Sie wird damit noch fester in das bestehende politische System integriert, als sie es bisher schon ist. Die Partei wird also in ein System einbezogen, das die Herausforderungen nicht mehr bewältigt.

Und dann?

Die PDS war schon einmal im Bundestag. Was hat es gebracht?

Was wird es bringen, wenn die Linkspartei drittstärkste Kraft werden sollte?

Die Hoffenden meinen, sie wird das System reformieren, sie wird die Herausforderungen bewältigen. Skeptiker befürchten das Gegenteil. Sie denken an die Karrieren von Fischer, Schily u. a., die auch einst angetreten waren, das System zu reformieren, und die selbst von dem System reformiert worden sind. So war das bisher. Theoretisch denkbar ist auch das Gegenteil. Nichts ist unmöglich, aber es wird schwer sein, sehr schwer.

Erfolg oder Mißerfolg sozialistischer Politik der Linkspartei hängt davon ab, ob sie der Sogkraft des Systems widersteht, ob sie das System verändern kann. Um das System zu verändern, muß sie ihm gegenüber resistent sein, darf ihr Personal sich nicht in die »politische Klasse« integrieren lassen. Alles im Staate Bundesrepublik wird bleiben wie es ist, und die Linkspartei wird eine Partei wie die Grünen oder die SPD werden – wenn sie ihrem Beispiel folgt, den Eigennutz der Politiker vor das Gemeinwohl stellt, und das Ziel, bei der nächsten Wahl die Zahl der Mandate zu erhalten oder zu erhöhen, vor das Fernziel stellt, den Kapitalismus durch den Sozialismus abzulösen.

Der Sogkraft des Systems wird die Partei nur widerstehen können, wenn sie das Problem der Verlockung der Politiker durch die hohen Diäten, Gehälter und Pensionen erkennt und daraus Schlußfolgerungen zieht. Sie muß Vorsorge treffen, daß Politiker sich nicht *allzu menschlich* verhalten. Ein Allheilmittel wird es nicht geben.

Das relativ beste Mittel wäre, Politiker dürften als Abgeordnete nicht mehr verdienen, als sie in ihrem erlernten Beruf unter Ausnutzung aller vernünftigen Chancen hätten verdienen können, und als Regierungsmitglieder nicht mehr, als sie als Abgeordnete bekämen. Dann würde Gemeinnutz wieder vor Eigennutz gehen.

Vielleicht läßt sich das schwer machen.

Relativ leichter zu verwirklichen ist demgegenüber ein anderer Weg zu demselben Ziel: Das Problem des Eigennutzes der Politiker muß offen ausgesprochen werden.

Das geschieht bisher nicht.

Der Politikwissenschaftler Michael von Greven schrieb schon 1987: »Zu den wirklichen Tabus unserer demokratischen Gesellschaft gehört, wie gut man von der Politik leben kann.«[18] Hans Herbert von Arnim fügte im gleichen Jahr hinzu: »Soziologische Untersuchungen des Bundestages haben zutage gefördert, daß der Einzug in das Parlament für fast alle Abgeordneten einen beachtlichen finanziellen und sozialen Aufstieg bedeutet.«[19] Für eine sozialistische Partei sollte es leicht sein, den Realitäten erstens ins Gesicht zu sehen und sie zweitens auszusprechen. Das Einkommen von Politikern ist eine Realität und die Versuchung, die von einer Erhöhung des Einkommens durch ein Abgeordnetenmandat oder ein Regierungsamt ausgeht, ist gleichfalls eine Realität.

Wichtig ist in diesem Zusammenhang auch eine konsequente Durchsetzung der innerparteilichen Demokratie. Es muß dafür gesorgt werden, daß sich nicht wiederholt, was Gysi mit den Worten bezeichnete, es »muß eingeräumt werden, daß die Parteiführung – mich eingeschlossen – den Kontakt zur Basis partiell verloren hat.«[20]

Das Problem ist allgemein bekannt, wir kennen es schon aus der DDR. Die »Parteiführung« entfernt sich nicht nur von der Basis, sie beherrscht sie auch. Das muß bewußt gemacht und verhindert werden – etwa dadurch, daß hauptamtliche Parteifunktionäre entweder gar nicht oder nur in begrenzter Zahl Delegierte von Parteitagen und ähnlichen Gremien sein dürfen.

Notwendig ist also, daß die Partei die gesellschaftliche Situation, die politischen Verhältnisse, die zu lösenden Probleme erkennt und gewillt ist, die notwendigen Schlußfolgerungen zu ziehen. Weder das eine noch das andere ist heute erkennbar. Bisher hat man von der PDS und ihren Vordenkern nicht gehört, daß sie das politische System der BRD so sehen, wie es ist und wie es von Herbert von Arnim und anderen beschrieben wurde.

Eine Kritik des politischen Systems fehlt bei der PDS.

Im Parteiprogramm der PDS von 2003 heißt es dagegen: »Die Einheit Deutschlands hat der ostdeutschen Bevölkerung repräsentative Demokratie, individuelle staatsbürgerliche Freiheiten, Rechtsstaatlichkeit, eine Modernisierung der Infrastruktur und westlichen Konsumstil gebracht – aber nicht Gerechtigkeit.«

Diese programmatische Äußerung steht gegen die Erkenntnis des Professors von Arnim: »Die Demokratie ist in Deutschland kaum mehr als ein schöner Schein.« Oder gegen die Aussage von Günter Gaus über die Fernsehdemokratie.

Westdeutsche sind zum Teil illusionsloser, was die »repräsentative Demokratie« anbelangt, als die meisten Funktionäre der SED-Nachfolgepartei PDS es sind. Bei diesen findet sich kein Wort über die Krise der Demokratie und des Rechtsstaats, kein Wort zur schwindenden Wahlbeteiligung.

Die Linkspartei sieht das politische System, in dem sie agiert und in Zukunft verstärkt agieren will, offenkundig bisher durch eine rosarote Brille. Allgemeine Hinweise auf fehlende Gerechtigkeit, Verletzung des Einigungsvertrages, wachsende soziale Ungleichheit, Benachteiligung der Ostdeutschen usw. gleichen dieses Defizit nicht aus.

Ohne klare Erkenntnis der realen Bedingungen der Parteiendemokratie wird die Linkspartei nichts bewegen, sondern genauso vom System absorbiert werden wie die anderen Parteien auch, sie wird ihr Profil verlieren und zur staats- und systemtragenden SPD á la Godesberg verkommen.

Was muß, was darf die Linkspartei im Parlament tun, um den Erwartungen ihrer Wähler zu entsprechen, um eine sozialistische Partei zu bleiben oder dieser Bezeichnung gerecht zu werden? Muß sie etwa, weil die Wähler die PDS »in diese Position« gewählt haben, mitregieren?

Dieses Argument für eine Koalition mit der SPD in Berlin und Mecklenburg-Vorpommern hat viele überzeugt.

Es ist ein Scheinargument. Tatsächlich wählen die Wähler eine Partei, damit sie die von ihr versprochene Politik *durchsetzt*. Sie soll, wenn es dieser Politik nutzt, regieren, sie soll opponieren, wenn das dieser Politik nützlicher ist als es das Regieren wäre.

Die Koalitionen in Berlin und Mecklenburg-Vorpommern haben die PDS viele Stimmen und Mitglieder gekostet. Sie haben die PDS als sozialistische Partei und als echte Opposition gegen Hartz IV für viele unglaubwürdig gemacht, weil die PDS zu Hartz IV im Bund Nein und im Land Ja sagte.

Eine Partei und zwei Meinungen. Das ist eben genau das, was von Arnim unter Berufung auf Thomas Ellwein als »Verschiebebahnhof für parlamentarische Verantwortung« bezeichnet hatte.

Wer den Sozialismus will, wer zu diesem Zweck die Mehrheit der Wähler gewinnen möchte, muß einen langen Atem haben. Eine der vordringlichsten Gegenwartsaufgaben der Linkspartei müßte daher das Bemühen sein, das Meinungsbildungsmonopol der großen Medien, d. h. des Kapitals, einzuschränken. Die Partei muß sich mehr Gehör verschaffen.

Die Parlamente sind dazu ein Mittel, aber auch nur eins.

Demonstrationen und Bewegungen sind ein weiteres.

Dringend notwendig ist darüber hinaus die Erhöhung der Wirksamkeit, d. h. vor allem die Erhöhung der Auflagen der sozialistischen Printmedien. Hier ist Geld gut angelegt.

Manches Druckerzeugnis der PDS könnte zu diesem Zweck eingespart und das Geld einem linken *Neuen Deutschland,* linken Verlagen oder neu zu schaffenden Printmedien zur Verfügung gestellt werden.

Dabei wäre allerdings sicherzustellen, daß diese wirklich sozialistisches Profil haben.

Erstrebenswert wäre weiter ein parteieigener Fernseh- und Rundfunksender, wie ihn etwa die kommunistische Partei in Griechenland besitzt, und eine linke Boulevardzeitung.

Erforderlich ist weiter, daß die Linkspartei in allen Medien, überall und bei jeder Gelegenheit, eine Sprache spricht, die nicht nur Intellektuelle verstehen. Man muß nicht nur wissen, *was* wichtig ist, sondern dies auch richtig artikulieren können. Man lese nur das Parteichinesisch der PDS und weiß, was ich meine.

Da der Sozialismus kein Tagesziel ist, auch kein Ziel für eine Wahlperiode, muß eine sozialistische Partei eine langfristige politische Strategie verfolgen. Das unterscheidet sie von allen anderen Parteien. Als demokratische Partei kann sie ihr Ziel nur mit den Mitteln der Überzeugung verfolgen. Sie muß folglich ihre Erkenntnisse von den Ursachen der diversen Krisen verbreiten, die bestehenden Zustände entlarven und ihre Wurzel, das kapitalistische System, aufdecken.

Sie muß den Wählern die Angst vor dem Sozialismus nehmen, die die Medien seit Friedrich Wilhelm IV. und Bismarcks Zeiten in Deutschland verbreitet haben.

Der Osten Deutschlands, der den DDR-Sozialismus erlebt hat, wählt linker als der Westen – trotz der geballten antisozialistischen, Anti-DDR-Propaganda auch aus den eigenen Reihen.

Der Westen wählt rechter nach dem Motto: Was der Bauer nicht kennt, das ißt er nicht.

Deswegen ist noch etwas anderes für eine langfristige Strategie unentbehrlich. Gregor Gysi benannte es 2001: »Eine Partei wie die PDS kommt nicht ohne Ideologie aus, sie darf aber über eine ideologisch motivierte Profilneurose nicht ihre politische Wirkung einbüßen.«[21]

Leider sagte Gysi nicht, welche Ideologie die PDS braucht. Im Programm der PDS von 1993 hieß es: »Die PDS versteht sich selbst als einen Zusammenschluß unterschiedlicher linker Kräfte. Ihr Eintreten für einen demokratischen Sozialismus ist an keine bestimmte Weltanschauung, Ideologie oder Religion gebunden.«

Das bedeutet entweder eine Partei *ohne* Ideologie oder mit mehreren. Beides geht nicht.

Gegen die kapitalistische, gegen die neoliberale Ideologie können wir uns nicht ohne eine sozialistische Ideologie wehren. Dafür steht nur der Marxismus zur Verfügung, auf ihn muß sich eine sozialistische Partei berufen. Innerhalb seiner verschiedenen Spielarten muß sie sich heute nicht festlegen, der Satz »Proletarier aller Länder, vereinigt euch!« hat Vorrang, er gilt mehr denn je. Die marxistische Theorie gilt es zu beherrschen und weiter zu entwickeln.

Wir müssen lernen und lehren, wie der Sozialismus aussehen soll. Die Erfahrungen der DDR und der anderen vergangenen, aber auch gegenwärtigen sozialistischen Länder sind dafür unentbehrlich. Ihre Fehler sind Fehler von Sozialisten, von Gleichgesinnten, und müssen als solche behandelt werden.

Wer den Untergang der DDR als »zivilisatorische Errungenschaft«[22] preist, irrt nicht nur, er läßt auch die Achtung vermissen, die denjenigen gebührt, die als erste in Deutschland versuchten, den Sozialismus zu verwirklichen.

Die Erfolgsaussichten für eine sozialistische Partei sind trotz aller antikommunistischen Medienmanipulationen in Deutschland besser, als das tägliche Medienecho es uns glauben machen will. So zitierte Peter Richter 1998 im *ND* die renommierte Meinungsforscherin Elisabeth Noelle-Neumann mit Daten ihres Allensbacher Instituts in bezug auf die Ostdeutschen wie folgt: »Überzeugungen, Werte, Ziele der DDR-Zeit sind gespenstisch konserviert.« (*FAZ* vom 10. Dezember 1997) Und hinsichtlich der Westdeutschen: »Die Kluft zwischen Westdeutschen und Ostdeutschen ist dabei, sich zu schließen durch Anpassung der Westdeutschen an die Empfindungswelt der Ostdeutschen.« (*FAZ* vom 25. Februar 1998) Und: »Die kapitalismusfeindliche Stimmung hat stark von Ost nach West abgefärbt.«

»›Unsere Gesellschaft steht dicht vor einer Rückkehr zum sozialistischen Verständnis von Freiheit: Freiheit, wie sie der Staat gewährt, Freiheit von Arbeitslosigkeit, von Armut im Alter, von Krankheitsfolgen‹ stellt Noelle-Neuman ein wenig übertreibend fest.«

Vier Jahre später meldete 2002 die Presseagentur *dpa*: »76 Prozent der Ostdeutschen halten den Sozialismus für eine gute Idee, die nur schlecht ausgeführt wurde. Im Westen ist jeder zweite dieser Meinung.«[23]

Am 23. Januar 2004 berichtete Regina General im *ND* von den Ergebnissen einer Leipziger Langzeitstudie: »Erstaunliche 40 Prozent […] halten einen reformierten, humanistischen Sozialismus wieder für eine Perspektive.« Warum die Autorin des Artikels das »erstaunlich« fand, ist angesichts der zitierten früheren Umfragen, die bereits in dieselbe Richtung gingen, nicht recht ersichtlich. Für eine sozialistische Partei ist es eigentlich selbstverständlich, daß sie als Ziel ihrer Politik den Sozialismus sieht. So war das bisher jedoch nicht. Das ruft bei Sozialisten Mißtrauen hervor, ob die Politiker, die sich Sozialisten nennen, auch wirklich Sozialisten seien und man dasselbe meint, wenn man von Sozialismus spricht.

Wenn die Vordenker und andere führende Politiker der PDS überhaupt vom Sozialismus sprachen, was selten genug geschah, sagten sie nie, was sie unter Sozialismus verstehen. Ein Blick in den ersten Teil des Parteiprogramms macht das deutlich. Alle konkreten Forderungen, etwa nach Vergesellschaftung der Banken, die 40 Prozent der Steuereinnahmen des Staates als Zinsen für Kredite gewinnen, werden vermieden. Deutlich wird nur gesagt, was die PDS *nicht* will: »Die Alternative zu kapitalistischem Eigentum besteht nicht im allumfassenden Staatseigentum, sondern in der demokratischen Entscheidung über gesellschaftliche Grundprozesse und über die Förderung jener Eigentumsformen, die es am ehesten erlauben, die menschlichen Grundgüter effizient bereitzustellen und gerecht zu verteilen.«

Welche Eigentumsformen das sind, bleibt offen.

Vorher hieß es: »Unternehmerisches Handeln und Gewinninteressen sind wichtige Bedingungen für Innovation und betriebswirtschaftliche Effizienz.«

Das ist relativ klar. Man meint, ohne Kapital und Kapitalisten geht es nicht.

Also gibt es wohl doch keine Alternative zum Kapitalismus?

Gysi schrieb 2001: »Die bundesdeutsche Gesellschaft ist nicht nur kapitalistisch. In ihr gibt es eine Vielzahl von Momenten, die sich mit kapitalistischer Marktwirtschaft nicht erklären lassen. Friedrich Engels sah in England schon ein Stück Sozialismus, als der Zehnstundenarbeitstag eingeführt wurde.«[24]

Andere sprachen angesichts des Neoliberalismus vom Turbokapitalismus. Sie waren nicht Mitglieder einer sozialistischen Partei. Heiner Geißler, einst CDU-Generalsekretär, charakterisierte die bundesdeutsche Gesellschaft altersweise so: »Mit anderen Worten, die Menschen in dieser Demokratie haben den ethischen Kompaß verloren. An dessen Stelle treten vom Frühstücksfernsehen bis zu den Abendmeldungen die Börsennachrichten über DAX, Dow Jones, Nikkei-Index. Das heißt, die westlichen Demokratien und ihre Bürgerinnen und Bürger und ihre führenden

Leute tanzen um das Goldene Kalb und haben die Gesetzestafeln verloren.«[25]

Gegenüber solchen Erkenntnissen sogar aus Unions-Kreisen kann die Linkspartei mit ihren bisher halbherzigen, verschämten, verschwommenen, schüchternen politischen Bekenntnissen und Zielen den sozialen Tatsachen unserer Zeit und den Erwartungen von Sozialisten nicht gerecht werden, schon gar nicht davon, die Menschen vom Sozialismus zu überzeugen.

So kann sie nicht zeigen, daß es einen Ausweg aus der Situation des allgemeinen Niedergangs gibt.

So kann sie nicht verhindern, daß – schrecklich genug – die Rechten, die Neofaschisten, die einzigen sind, die das herrschende System in Frage stellen und damit die Einzigen bleiben, die ein eigenes Profil besitzen, das sie von den etablierten und sämtlich erfolglosen Parteien deutlich unterscheidet.

Ohne eine glaubhafte sozialistische Partei werden die Neofaschisten zur einzigen Alternative und damit zu einer realen Gefahr für die Demokratie. Es ist wie am Ende der Weimarer Republik: Die Arbeitslosigkeit ist hoch, die Parteien wissen weder aus noch ein. Nur: es gibt (noch) keine Weltwirtschaftskrise, (noch) keinen Adolf Hitler und (noch) keine revolutionäre Arbeiterpartei. Doch wie wird es weitergehen? Was wird sein, wenn immer mehr Wähler feststellen: Ob Merkel oder Schröder, es ist alles dasselbe, nichts ändert sich, die Arbeitslosigkeit bleibt, die Sozialleistungen nehmen ab, die Armut wächst und der Reichtum mit ihr?

Werden nicht immer mehr mündige Bürger mangels einer Alternative zu dem das Elend verbreitenden System das Heil bei den Rechten suchen wie 1933? Alle fragen sich: Wo ist der Ausweg? Nur die Rechten versprechen grundlegende Änderungen. (Das sie die Katastrophe wären, wissen wir!)

Die Sozis sagen: weiter so.

Die PDS hat sich bisher bedeckt gehalten. Sie wollte nicht »extremistisch« sein, wollte koalitionsfähig bleiben oder werden.

Mitglieder einer sozialistischen Partei sollten als Abgeordnete die Interessen ihrer Wähler vertreten, indem sie deutlich als Sozialisten auftreten. Sie sollten im Parlament erklären, daß unsere heutigen Probleme, die Staatsverschuldung, die Arbeitslosigkeit, die hohe Kriminalität, die Erhaltung der sozialen Sicherungssysteme in einer kapitalistischen Gesellschaft nicht zu lösen sind, schon gar nicht in ihrer neoliberalen Spielart. Sie sollten erklären, daß sie den Sozialismus nicht als Tagesaufgabe betrachten, daß aber eine wirksame Überwindung der unsozialen Verhältnisse der Gegenwart nur im Sozialismus möglich ist.

Die Abgeordneten sollten Forderungen erheben, die den Radius des kapitalistischen Eigentums einschränken, selbst wenn sie nicht auf die unmittelbare Errichtung einer sozialistischen Ordnung abzielen. Solche Forderungen könnten etwa sein: keine weiteren Privatisierungen, Verstaatlichung von Wasser, Energie, Eisenbahn, Banken, bezahlbare Krippen- und Kindergartenplätze, kostenlose Bildung und ein staatliches, nicht kommerzielles Gesundheitswesen …

Die Linkspartei steht vor großen Chancen und großen Gefahren. Sie kann einen großen Schritt nach vorn auf dem Weg zum Sozialismus machen, sie kann aber auch als Teil der »politischen Klasse« deren Schicksal teilen, d. h. unglaubwürdig werden und politisch verkommen.

Das würde die verbreitete Resignation befördern und ein Schritt in Richtung Chaos sein.

Fußnoten

1 Der Spiegel, 39/2002, S. 21
2 Hans Herbert von Arnim: »Wer kümmert sich um das Gemeinwohl«, in: Zeitschrift für Rechtspolitik 2002, S. 226
3 Der Spiegel, 39/2000, S. 33
4 ebenda S. 224
5 ebenda
6 Max Weber: »Politik als Beruf«, in: Geistige Arbeit als Beruf, 1919, 157 (169)), zitiert bei v. Arnim, Fetter Bauch regiert nicht gern, München 1997, S. 156:
7 Hans Herbert von Arnim: »Wer kümmert sich um das Gemeinwohl«, in: Zeitschrift für Rechtspolitik 2002, S. 225
8 ebenda S. 226
9 a. a. O. S. 30
10 ebenda S. 230
11 ebenda S. 228
12 ebenda S. 228f.
13 ebenda S. 229
14 ebenda S. 227
15 Heuer/Riege, Der Rechtsstaat – eine Legende?, Baden-Baden 1992, S. 95
16 Gregor Gysi, Ein Blick zurück, ein Schritt nach vorn, Hamburg 2001, S.53
17 Gaus, Günter: »Warum ich kein Demokrat mehr bin«, in: Süddeutsche Zeitung 23.8.03, Freitag 21.5.04
18 zitiert nach Hans Herbert von Arnim: »Fetter Bauch regiert nicht gern«, München 1987, S. 80
19 Hans Herbert von Arnim: »Fetter Bauch regiert nicht gern«, München 1987, S. 80
20 Gregor Gysi: Ein Blick zurück, ein Schritt nach vorn, Hamburg 2001, S. 306
21 Gregor Gysi: Ein Blick zurück, ein Schritt nach vorn, Hamburg 2001, S. 31
22 siehe z. B.: Zur Programmatik der Partei des Demokratischen Sozialismus. Ein Kommentar. S. 252
23 ND vom 30.8.2002
24 Gregor Gysi, Ein Blick zurück, ein Schritt nach vorn, Hamburg 2001, S. 333
25 Heiner Geißler, Anwaltsblatt. 2004, S. 475

Jetzt ist jede wirkliche Bewegung tausendmal wichtiger
als das beste Programm.
Aber wenn der kurze historische Moment kommt,
wo von den Massen die Machtfrage gestellt wird,
dann ist das gesellschaftliche Konzept, das Programm,
das eine andere Welt möglich macht, entscheidend.

Heinz Niemann

Die Linkspartei – ein sozialdemokratischer Phönix aus der Asche?

Von Heinz Niemann

1. Jahrelang hatten – neben den rechtskonservativen Ideologen, die den sicheren Untergang der PDS prognostizierten – führende SPD-Funktionäre vorausgesagt, daß der Zeitpunkt kommen werde, da die SPD den Blutzoll zurückerhalte, den die Kommunisten bei der »Zwangsvereinigung« von der Sozialdemokratie gezapft hätten. Andere wie Erhard Eppler, sonst oft ein weitsichtiger Analytiker, waren sich sicher, daß sich die PDS zu einer sozialdemokratischen Partei wandle und »wir dann den ganzen Laden übernehmen werden«. Ganz so ist es nicht gekommen.

Aber auch die gegenteilige Erwartung, ein signifikanter Teil der neoliberalisierten SPD würde sich mit den aus der SED gekommenen Reformsozialisten verbünden, trat in der Form nicht ein. Auf die Ursachen werden wir zum Schluß zurückkommen.

Zweifellos ist die anvisierte neue Linkspartei das Ergebnis eines zweiseitigen Annäherungsprozesses: einerseits Folge von acht verlorenen Wahlen und der mit der »Agenda 2010« sichtbar vollzogenen Neoliberalisierung oder »Entsozialdemokratisierung« der SPD, die über Hunderttausend Mitglieder austreten ließen, darunter zumindest einige Prominente.

Andererseits ist es Folge der schleichenden Sozialdemokratisierung der PDS, seitdem der Brief des marxistischen Forums »In großer Sorge« (1998) diese öffentlich gemacht hat. Oberflächlich betrachtet, könnte man rasch zu dem Schluß kommen, jetzt wachse zusammen, was zusammengehört, indem die SPD ihren linken Flügel zumindest schon teilweise abstößt, hin zur PDS, die den von der Schröder-SPD freigemachten Raum wie deren traditionelle Rolle gern übernehmen möchte, die aber noch durch ihre Herkunft und den verbliebenen Resten ihrer marxistischen Sozialisten/Kommunisten gebremst wird.

Insgesamt ist die Situation schwierig, teils verworren, und viele

Meinungen treffen aufeinander, die meist – jede einzelne – einige Wahrheiten für sich haben und zugleich von Denkblockaden und widersprüchlichen Erfahrungen genauso zerrissen sind, wie sich unterschiedliche Interessen mit naiven Hoffnungen und berechtigter Skepsis mischen. Die Kakophonie des linken Diskurses ist erst einmal unvermeidlich, aber es sind neue Töne zu hören, und Verständigung in der Einheit der Vielfalt ist möglich und letztlich zwingend, soll eine historische Chance nicht völlig vertan werden.

Wie groß diese ist, kann man schon am Geschrei aus dem bürgerlichen Lager erkennen.

Um ein wenig sachkundig über Chancen, Risiken und mögliche Entwicklungsrichtungen der neuen Linkspartei reden zu können, hilft ein Rückblick auf die Geschichte der Arbeiterbewegung, denn wenn Geschichte uns auch nichts lehrt, so kann man doch mit gutem Willen aus ihr lernen.

2. Einen stinkenden Leichnam hatte Rosa Luxemburg die Sozialdemokratie nach dem 4. August 1914 genannt, als die Politik ihrer Führer die Krise der sozialistischen Bewegung brutal offenbarte, deren international bewunderte Führerin und Lehrmeisterin sie dank Marx und Engels, Bebel, Singer und Liebknecht gewesen war. Und sie sagte voraus, daß die Sozialdemokratie, sollte sie nicht aus dem Inferno des imperialistischen Weltkrieges lernen, untergehen würde. Der »Leichnam« bewies jedoch zähe Überlebenskraft, die SPD ging nicht unter, weil sie fast ebenso rasch lernte, wie es die herrschende Klasse tat, indem sie die SPD in das bürgerlich-demokratische System einband, mithalf, durch kleine Erfolge und Verbesserungen der Lebenslage eines Teils der Arbeiterklasse der Hoffnung auf stetige Fortschritte bei der Teilhabe an der Macht und beim Ausbau von Wirtschaftsdemokratie Vorschub leistete.

Im Streit um Demokratie oder Diktatur, Reformismus oder Revolution schwächten sich die aus der Spaltung im Ersten Weltkrieg und in der Novemberrevolution hervorgegangenen zwei feindlichen Strömungen der Arbeiterbewegung, insgesamt aber ging die Sozialdemokratie aus dieser ersten großen Krise gestärkt hervor, weil durch eigene Fehler und den konzentrierten Kampf ihrer Gegner die entstandene kommunistische Massenpartei ihre gesellschaftliche Rolle bald einbüßte.

Die im Streit um die Burgfriedenspolitik 1916 abgespaltene

USPD spaltete sich bekanntlich 1920 erneut, als der sozialistische Flügel zur KPD wechselte. Der ein wenig größerer Rest kehrte 1922 fast reumütig zur Mutterpartei zurück. Alle wilden Reden waren verpufft, die USPD war trotz ihres verbalen Festhaltens am sozialistischen Endziel das geworden, was Rosa Luxemburg schon am Beginn der Novemberrevolution von ihr vermutet hatte: keine »Damaszenerklinge«, sondern nur »ein ›Schwert aus Bappe‹«. Eine reformistische Praxis mit sichtbaren Erfolgen mußte zwangsläufig eine entsprechende Ideologie und eine entsprechende Führerschicht hervorbringen.

Der revolutionäre, marxistische Sozialismus blieb ebenso zwangsläufig auf einen kleinen Zirkel von vorwiegend radikalen Intellektuellen beschränkt (ungeachtet der radikalistischen »revolutionären Gymnastik« [Otto Bauer] sogenannter Berufsrevolutionäre.)

3. Hatten bereits die relativ friedlichen Jahre vor 1914 gezeigt, daß der Reformismus in nicht-revolutionären Zeiten und erst recht in der Weimarer Demokratie und dem Jahrzehnt der wirtschaftsfriedlichen *Goldenen Zwanziger* mit ihren sozialen und kulturellen Verbesserungen die »normale«, den objektiven Bedingungen entsprechende Ideologie und Politik der Arbeiterbewegung war, nicht zuletzt bald bestärkt von der zunehmenden Deformation der kommunistischen Bewegung durch den Stalinismus, geriet er mit dem Börsenkrach von 1929 und endgültig mit dem Faschismus in seine zweite Existenzkrise. Die Nazidiktatur zerstörte radikal alle Bindungen der Sozialdemokratie an das bestehende System, nahm ihr mit dem Verbot ihr Lebenselixier, die bürgerliche Legalität, verfolgte ihre aktiven Mitglieder mit ähnlicher Brutalität wie die Kommunisten.

Die Übertragung der Macht an Hitler und die Errichtung der faschistischen Diktatur als Antwort auf die Weltwirtschaftskrise und die Gefährdung der imperialistischen Herrschaft durch die Nutzung der bürgerlichen Demokratie (als viel beschworener bester Kampfboden der Arbeiterklasse) durch die proletarischen Wählermassen stellten die reformistische Sozialdemokratie zum zweitenmal vor die Frage, wie der demokratische (reformerische) Sozialismus als Erbe der Kämpfe um geistige und politische Freiheit, um sozialen Fortschritt und demokratische Rechte darauf antworten müßte. Die sich 1931 abspaltende sozialdemokratische

Linke (SAPD) war zwar – unter Berufung auf die klassenkämpferische marxistische Tradition – mit einem weitgehend richtigen strategisch-taktischen Programm hervorgetreten, war aber zu schwach und wurde zwischen opportunistischer SPD und stalinistischer KPD zerrieben. Aktiv im antifaschistischen Widerstand und in der Emigration wurden ihre Träger mehrheitlich zu Vorkämpfern für eine sozialistische Alternative nach dem Sturz der Nazidiktatur. Dank der Neuorientierung der Kommunistischen Internationale (VII. Weltkongreß 1935) kam es zur Annäherung dieser zwei Gruppierungen und 1945/46 zur Befürwortung der Vereinigung.

4. Die Antwort auf die faschistische Barbarei und den Zweiten Weltkrieg fiel in der Sozialdemokratie gegensätzlich aus und verfestigte die sich schon im Widerstand und der Emigration vollziehende Spaltung in zwei Fraktionen nach der Befreiung. War es bei den Aktivisten des antifaschistischen Widerstands vorrangig das Problem der Einheitsfront mit den Kommunisten auf der Grundlage eines radikal-demokratischen, anti-imperialistischen und sozialistischen Programms (ähnlich dem des »Prager Manifests« des emigrierten SPD-Parteivorstandes vom Januar 1934), deren Bejahung nach 1945 im Osten ein treibender Faktor des Zusammenschlusses mit der KPD wurde, nahm der reformistische Flügel Kurs auf ein liberal-demokratisches (anti-totalitaristisches) Konzept für eine »Partei der Freiheit« (1939), eine grundsätzliche Orientierung, welche sich – nachdem Kurt Schumachers »Sozialismus als Tagesaufgabe« an den im wesentlichen unveränderten Herrschaftsverhältnissen schmählich gescheitert war – mit dem Godesberger Programm von 1959 vollständig durchsetzte. Godesberg stellte den offiziellen Abschied von der Tradition der marxistischen und klassenkämpferischen Tradition der Bebel-Partei dar.

Der demokratische Sozialismus war nun ganz offensichtlich nur noch eine Phrase bzw. ein Synonym für das reformistische Konzept des Ausbaus eines bürgerlich-demokratischen Wohlfahrtsstaates.

Die grundsätzliche Spaltung in der Welt sah man zwischen westlicher Demokratie und totalitaristischem Osten. Das damit erfolgte Bekenntnis zum bestehenden westlichen Wirtschafts- und Gesellschaftssystem einschließlich seines Militärbündnisses (NATO) krönte den »Weg zur Staatspartei«, öffnete der SPD 1966 den Zugang in die Regierung und bescherte ihr 1969 mit

Willy Brandt den ersten Bundeskanzler seit Bestehen der Bundesrepublik. Verbale Einschränkungen des Godesberger Programms wie dessen grundlegende Einsichten, daß »wirtschaftliche Macht zu politischer Macht wird« und daß die »Bändigung der Macht der Großwirtschaft darum zentrale Aufgabe einer freiheitlichen Wirtschaftspolitik (ist). Staat und Gesellschaft dürfen nicht zur Beute mächtiger Interessengruppen werden«, blieben auch in der Brandt-Schmidt-Ära (trotz beachtlicher Reformanstrengungen der Brandt-Regierung) auf dem Papier. Eine schwache akademische Linke blieb isoliert und fand auch außerhalb der Sozialdemokratie keine Partner.

Die Systemkonfrontation und günstige Wirtschaftsdaten ließen auch die herrschenden Kräfte einen Gesellschaftskompromiß in Gestalt des sogenannten rheinischen Kapitalismus am besten als Abwehr aller linken Träume erscheinen.

Als in den 70er Jahren sich eine gesellschaftskritische linke Ökologie- und Friedensbewegung (Die Grünen) formierte, zeigte sich die SPD als Folge ihrer Regierungspraxis bereits derart struktur-konservativ überformt, daß sie sich unfähig und unwillig zu ihrer Integration erwies. Eine neue Krise deutete sich an, die (durch den Schwenk der wirtschaftsliberalen FDP) zum Verlust der Regierung führte und in deren Gefolge die meisten progressiven Reformgesetze wieder geschleift wurden.

Die Hoffnung Brandts, Epplers, Lafontaines u. a., mit einer Kraft links von der SPD sich aus der bisherigen Umklammerung von ausschließlich neoliberal-konservativen Koalitionspartnern lösen zu können, erfüllte sich nicht. Die fortbestehende Integration als Regierungspartei in verschiedenen Bundesländern und auf kommunaler Ebene sowie die personelle Einbindung in viele große Wirtschaftsverbände sicherte die Fortdauer eines Prozesses der »Neoliberalisierung«, der sich aber erst gut eineinhalb Jahrzehnte später vollständig enthüllen sollte.

5. Mit der sogenannten Wende in der DDR kam die dritte große Krise der SPD zum Ausbruch. Angesichts eines gescheiterten CDU-Kanzlers Kohl, einem charismatischen SPD-Kanzlerkandidaten Lafontaine und einem vielversprechenden neuen Parteiprogramm (Berliner Programm 1989) stand sie vor einem großartigen Wahlsieg. In der DDR schien es zu einer stürmischen »Renaissance« der Sozialdemokratie (Willy Brandt) zu kommen.

Stattdessen verlor die SDP im Osten zuerst die Wahlen zur Volkskammer und ließ sich von den SDP-Pfarrern und anderen politischen Laiendarstellern in eine Große Koalition drängen; dann wurden die zu Hunderttausenden zählenden Reformkräfte aus der zerfallenen SED-PDS, die sich seit dem gemeinsamen Dialogpapier von SED und SPD (1987) ermutigt gefühlt und auf eine demokratische Erneuerung des ostdeutschen frühsozialistischen Systems gehofft hatten, verteufelt und vor den Kopf gestoßen.

In der westdeutschen SPD verwarfen die dominierenden Kräfte jede Idee, den »kapitalismusfreien« östlichen Teil Deutschlands als Chance für die zumindest teilweise Verwirklichung eigener Programmforderungen nach »mehr Demokratie in Staat und Wirtschaft« zu ergreifen. So ging auch im Westen die Wahl verloren.

Der Anschluß der DDR vollzog sich deshalb zu den Bedingungen des Großkapitals, und es verlängerte sich die Regierungsmacht seiner Parteien nochmals um acht Jahre. Die Chance einer »doppelten Modernisierung« erwies sich als kleinbürgerliche intellektuelle Illusion. Statt mit dem Pfund zu wuchern, das die Realisierung eines beträchtlichen Teils originär sozialdemokratischer Programmforderungen in der DDR durch die SED bildete, unterwarf man sich der De-Legitimierungsdoktrin der herrschenden Politik.

Trotz heftigem und nur wenig modifiziertem Antikommunismus rappelte sich die SED-Nachfolgepartei soweit auf, daß die SPD in allen ostdeutschen Ländern (trotz zeitweiliger Regierungsmacht bzw. als CDU-Koalitionspartner) gegenüber der PDS kaum mehr als eine Splitterpartei blieb. Die PDS bekannte sich (von anderen linken Kleingruppen abgesehen) als einzige Partei in ihrem Programm weiterhin zu einem Sozialismus als Ziel ihrer Politik, den sie allerdings losgelöst von der bisherigen marxistischen Begründung als Bewegung und Wertesystem definierte.

Ungeachtet dessen sind heute noch siebzig Prozent der Ostdeutschen der Meinung, daß der Sozialismus eine gute, dem Kapitalismus überlegene, in der DDR allerdings schlecht verwirklichte Idee sei.

6. Die gegenwärtige vierte Krise der SPD weist eine neue Qualität auf, die auf Grund der noch gegebenen Regierungsmacht im Bund und in zwei Ländern, einer starken Bundestagsfraktion und der erbärmlichen Schwäche der sogenannten Linken (wobei die Schwäche der linken Kräfte in den ostdeutschen Landesverbän-

den verständlich und verzeihlich scheint) zwar noch verschleiert ist, aber zu einer Existenzkrise werden kann. Dies hängt mit dem besonderen Charakter der Ursachen dieser gegenwärtigen Krise zusammen.

Die sich sammelnde Linkspartei, erst einmal nur eine Wahl-kohorte auf Zeit, ist nur eine der äußeren Erscheinungsformen dieser Krise – bei weitem nicht die wichtigste und schon gar nicht ihre Ursache. Der scheinbar vollständige Sieg des Neoliberalismus auch über den sozialdemokratischen Reformismus ist trügerisch, steckt voller Ambivalenzen, er ist ein Pyrrhus-Sieg.

Die Zäsur dieses neoliberalen Wandlungsprozesses kündigte sich mit dem SPD-Parteitag 1995 an. Damals hatte Lafontaine mit einer einzigen Rede die Delegierten zur Abwahl des Partei-vorsitzenden – ein historisch einmaliger Vorgang in der SPD – bewegt, die ihn dafür mit großer Mehrheit aufs Schild hoben, ohne daß es ihm gelang, »von oben« die Wanderung der SPD nach rechts (als *Neue Mitte* verklärt) zu stoppen. Eine andere Weichen-stellung nach dem Schröder-Blair-Papier war nun ausgeschlossen.

Es »von unten« zu versuchen, war ebenfalls chancenlos. Es gibt meines Wissens kein Beispiel, wo es einer linken Opposition in einer oligarchisch strukturierten Organisation – und dies sind Par-teien – gelungen wäre, die Führung »von unten« zu stürzen.

Lafontaines Rücktritt von allen Ämtern war in der damaligen Situation die einzig vernünftige Reaktion.

Seine persönliche Option auf einen Politikwechsel hin zu etwas mehr Gerechtigkeit, Solidarität und Freiheit war ihm zu wichtig, als daß er 1999 noch länger mit der bitteren Erfahrung Minister unter einem Kanzler sein mochte, der durch ständige »Macht-worte« die schrittweise Kapitulation vor den Bossen erzwingen wollte. Als Schröder in zunehmend rüder Weise auf seine Richt-linienkompetenz pochte und gegen Absprachen verstieß, warf Lafontaine den Bettel hin. Zuerst nahmen ihm vor allem seine Freunde übel, daß er solange geschwiegen hatte. Besonders laut aber schimpften und schimpfen diejenigen, die sich insgeheim getroffen fühlten, weil hier einer, der zu ihnen zählte, einmal moralisch und nicht, wie sonst allgemein üblich, opportunistisch gehandelt und Charakter gezeigt hatte. Was hätte er damals ande-res tun sollen?! Die Mitglieder der Regierungspartei in Opposi-tion zum Kanzler bringen? Nur wenige wären ihm gefolgt, in den Führungsgremien kaum jemand. Sich als Opportunist zu verbiegen und den Platz an der Futterkrippe für wichtiger als alle Programmgrundsätze, Wahlversprechen oder moralische Skrupel zu halten, wollte und konnte er nicht. Der Rücktritt ohne Wenn und Aber war somit ein (vorerst) letzter Dienst an seiner Sozialdemokratie. Als er ein halbes Jahr später Stellung nahm und seine Beweggründe darlegte, hieß ihn die Parteispitze, er solle »das Maul halten«!

Wie seine Bücher zeigen, tat er das mit guten Gründen nicht. Lafontaine wollte seiner Partei weiterhin dienen, um über die inhaltliche Diskussion zu einer Kurskorrektur zu kommen, die der SPD ihren traditionellen Platz als hauptsächliche Interessenvertreterin der ArbeitnehmerInnen und zu kurz Gekommenen, als Partei des sozialen Ausgleichs, bescheidener Gerechtigkeit und als Partei des Friedensnobelpreisträgers Brandt wiedergewinnen sollte. Der unvergessene Günter Gaus schrieb im »Freitag« damals: »Oskar Lafontaine ist in seiner politischen Karriere nicht den populären Weg der Anpassung an Banken, Versicherungen und andere mächtige Branchen gegangen. Er hat nicht angestrebt, so gut wie möglich den Wirtschaftsbossen zu gleichen. Einige seiner Antriebskräfte waren offenbar anderer Art, als es gewöhnlich jene sind […], mit denen man in Konzernvorstände gelangt.«

7. Der Revitalisierungsversuch, mit einer neuen und zugleich links tradierten Sozialdemokratie eine Antithese und Gegenkraft zum imperialistischen neoliberalistischen Bürgerblock zu schaffen, ist historisch wie politisch-moralisch legitim, solange die gesellschaftlichen Existenzbedingungen einer nicht-revolutionären Situation unausbleiblich nur zu einem Reformismus sozialdemokratischer Provenienz drängen. Ihm neigen die wenig oder nicht-privilegierten arbeitenden Schichten von Natur aus zu, zumindest solange durch kleine alltägliche Fortschritte die Hoffnung nicht stirbt.[1]

Jene Linke allerdings, die glaubten oder immer noch meinen, im bürgerlich-demokratischen Verfassungsstaat mit seinen nicht zuletzt von der Arbeiterbewegung erkämpften Freiheitsgütern und Bürgerrechten sei der Klassenkampf obsolet geworden, die müßten die von rechts erschallenden Töne und der praktizierte »Klassenkampf von oben« eines Besseren belehren.

Ob das begriffen wird, dürfte auch darüber mit entscheiden, was aus der gegenwärtigen Chance am Ende herauskommt.

Um eine bittere Erkenntnis werden sie nicht herumkommen: Das Jahrhundert der traditionellen Sozialdemokratie ist endgültig zu Ende, und mit alten Konzepten ist sie auch im neuen Jahrtausend nicht wiederzubeleben.

Ein kämpferischer Reformismus, der neben einer starken parlamentarischen eine starke außerparlamentarische Kraft darstellt, entspricht der Situation des »Stellungskrieges« (Gramsci), in der sich die Linke in Europa befindet:

Verteidigung der bürgerlichen Freiheiten und Menschenrechte,

Verteidigung des Sozialstaats soweit wie nur möglich,

Verteidigung der Kultur einer entwickelten Zivilgesellschaft,

Kampf dem Vordringen einer neofaschistischen Bewegung, die aus der sozialen Krise und der Entmachtung des Nationalstaates ihre Stärke zu gewinnen sucht,

Abwehr der reaktionären Elemente des EU-Verfassungsentwurfs, um nur das Wichtigste zu benennen.

Im außerparlamentarischen und parlamentarischen Kampf um diese Forderungen ist allerdings vor allem mit Enttäuschungen zu rechnen, die sich im Verhalten der Massen negativ widerspiegeln werden.

Die neue soziale Grundfrage ist die: Wie kann und wie muß der Sozialstaat mit anderen Mitteln und auf anderen Wegen verteidigt und ausgebaut werden?!

Denn damit haben die Rechten aller Couleur recht: die alten Mittel und Wege (des im Systemwettstreit existierenden) rheinischen Kapitalismus stehen nicht mehr zur Verfügung!

In seinem Buch »Victory-Kapitalismus. Wie eine Ideologie uns entmündigt« schreibt H-P. Bartels, ein SPD-Bundestagsabgeordneter, ein Paradigmenwechsel sei notwendig, damit die wirklich wichtigen existentiellen Fragen unserer Gesellschaft debattiert werden: »der demographischen Entwicklung (Familienpolitik, Generationengerechtigkeit, Zuwanderung, Integration), der technischen und politischen Durchsetzung einer Energiewende (Sonne, Wind, Wasserstoff); der Neubestimmung anthropologischer Grenzen von Globalisierung, Technisierung und Flexibilisierung (Schutz der sozialen Umwelt), einer neuen Unternehmenspolitik, deren Bezugspunkte nicht Spekulationsgewinne und Managergehälter sind, sondern das Gemeinwohl und die Wertbindung des Grundgesetzes: Eigentum verpflichtet«.

Manches davon konnte man schon vorher in Büchern bei

Helmut Schmidt oder bei Albrecht Müller (»Die Reformlüge«) und manchen anderen lesen. So unbefriedigend (und unvollständig) diese Aufzählung sein mag – es zeigt sich auch hier ein wachsendes Krisenbewußtsein bei Menschen, die völlig im bestehenden System integriert sind.

8. Unter dem Eindruck des neuen Kräfteverhältnisses nach der Niederlage der kommunistischen Bewegung und der weltweiten Diskreditierung der sozialistischen Idee gelang es, die sozialdemokratische Bewegung ideologisch fast vollständig dem Neoliberalismus unterzuordnen. Dies schuf trotz des neu belebten Antisozialismus und Totalitarismus eine neue ideologische und politische Situation, die unter der Wirkung einer wachsenden wirtschaftlichen Krise zu inneren Spannungen im bestehenden Parteiensystem in den meisten imperialistischen Hauptländern führte, die zu einer Veränderung drängen. Politikerverdrossenheit und Wahlverweigerung sind nur die Spitze eines Eisberges, der die Krankheit der ganzen Gesellschaft signalisiert.

Je totaler der Sieg des Neoliberalismus ausfällt, desto radikaler wird die Gegenantwort der Betroffenen ausfallen. Je rabiater und totaler der Sieg des Raubtierkapitalismus ausfällt, umso rabiater und räuberischer könnte die von ihm demoralisierte, pauperisierte und ideologisch verlumpte Masse zum antikapitalistischen Amoklauf ansetzen.

Das keimende Krisenbewußtsein darüber läßt auch prominente Rechte in der Sozialdemokratie (und einzelne sensible Konservative wie Geißler oder Blüm) immer öfter nach einer begrenzten Korrektur der unpopulären Politik rufen, die nichts von den versprochenen Verbesserungen gebracht, aber der Partei gravierende Imageschäden zugefügt und die Mehrheitsfähigkeit gekostet hat. Populistisches »Heuschreckengeschwätz« wird wirkungslos bleiben.

Soll der viel versprechende Aufbruch der linken Bewegung nicht sehr bald in einem neuen Katzenjammer enden, ist größtmögliche Klarheit über die Ursachen der gesellschaftlichen Krise notwendig. Erst dann kann eine erfolgversprechende Programmatik und Politik formuliert werden. Will man dabei nicht völlig in die Irre gehen, bedarf es einer genauen Analyse der historischen und ökonomischen Situation der Gesellschaft und der linken Bewegung seit dem Epochenbruch von 1989/90. Beides – die

Ursachen der Krise der linken Bewegung, insbesondere die der Sozialdemokratie, wie die den neuen Epochenabschnitt bedingenden Faktoren – hängen unmittelbar zusammen.

9. Die Ursachen dieser (auch am Beispiel der nur noch einen Popanz darstellenden *Sozialistischen Internationale* sichtbaren) Krise der Sozialdemokratie wie die Triebkräfte für die Sammlung einer neuen Linken können hier nur andeutungsweise dargestellt werden, denn diese sind äußerst komplex, wurzeln sie doch im Charakter des neuen Epochen-Abschnitts. (Es scheint mir nicht ganz unerheblich, ob man von einer *neuen Epoche* [wie Uwe-Jens Heuer in seinem Buch »Marxismus und Politik«, S. 171ff] oder von einem *Epochenbruch* ausgeht, der einen neuen Entwicklungsabschnitt innerhalb der alten Epoche einleitete, die immer noch vom Imperialismus, imperialistischen Kriegen und dem Heranreifen einer grundlegenden gesellschaftlichen Umwälzung geprägt ist.)

9.1. Die Implosion des mittel-osteuropäischen Frühsozialismus verursachte m. E. einen Bruch innerhalb der Epoche des Imperialismus, der imperialistischen Kriege und des ersten Versuchs zur Durchbrechung des kapitalistischen Weltsystems. Die Periode des Zusammenbruchs des Kolonialsystems und der Gründung unabhängiger junger Nationalstaaten sowie der Kampf der frühsozialistischen Gesellschaft gegen das System entwickelter imperialistischer Industriestaaten endete mit dem fast totalen Sieg der technologisch überlegenen kapitalistischen Weltwirtschaft, ist weltpolitisch aber nicht vollendet. Ideologisch findet dies seinen Ausdruck in der vom reaktionärsten, aggressivsten Teil des US-amerikanischen Finanzkapitals definierten neoliberalistischen Politik und Ideologie.

9.2 Ohne auf Kriege als Mittel der Politik ganz zu verzichten, zeichnet sich die neue Epochenperiode durch einen gewandelten »Sozialimperialismus« aus. Dieser Imperialismus wendet sich als neoliberalistische Globalisierung gegen die von den Volksmassen ausgehende »soziale Gefahr« und drängt zur Rückkehr und Ausweitung einer unbeschränkten Herrschaft des bestehenden Wirtschafts- und Gesellschaftssystems in seinen »Kernländern« und weltweit.

Mit dem Versuch zur militärischen Herrschaftssicherung in den Hauptländern der »Dritten Welt« (Irak, Afghanistan, Saudi-Arabien und partiell der »Zweiten« durch Militärstützpunkte in ehemaligen Sowjetrepubliken) sowie seinem Kampf gegen den Terrorismus verstopft er nicht nur ungewollt wichtige Quellen seines Reichtums (Extraprofit), sondern schafft neue Belastungen für sich, fördert einen »clash of civilisations« und weckt Kräfte, von denen schon Trotzki (in einem Brief an Lenin vom 5. August 1919) meinte, durch sie würde »der Weg nach Paris und London über die Städte Afghanistans, des Punjabs und Bengalens« frei gemacht werden.

9.3 Last but not least wären die neuen ökonomischen Existenzbedingungen des sich globalisierenden Kapitalismus zu analysieren, denn auf Dauer hat keine Politik eine reale Chance, die nicht von diesen wichtigsten, in letzter Instanz entscheidenden innergesellschaftlichen Bedingungen ausgeht. Die sozialdemokratische (wie die sozialistische) Linke steht einem qualitativ veränderten Kapitalismus, dem post-fordistischem infolge der oft beschriebenen Produktivkräfterevolution gegenüber.

Der als notwendige Reform drapierte rigide Abbau des westeuropäischen Sozialstaats ist die politische Konsequenz aus dem ökonomischen (betriebswirtschaftlichen) Zwang des einzelnen Unternehmens zur Profitmaximierung unter den Bedingungen des verschärften Konkurrenzkampfes, der Überproduktion und Überhangkapazitäten, der Entwertung der lebendigen, Mehrwert schaffenden Arbeit und damit der schwindenden Massenkaufkraft (Unterkonsumtion). Die unisono beschworene Alternativlosigkeit des neoliberalen Umbaus der Wirtschaft und Gesellschaft ist in der Logik des Kapitalismus tatsächlich relevant. Als Folge der Unterordnung des Nationalstaates unter die Monopolinteressen dient die Politik der Regierenden primär der Sicherung des jeweiligen Wirtschaftsstandortes.

Die Entwertung der lebendigen Arbeitskraft, die allein den Mehrwert produziert, schließt eine höhere Entlohnung (einen höheren Preis für die Ware Arbeitskraft) betriebwirtschaftlich aus. Aus der gravierenden Veränderung des Verhältnisses von konstantem zum variablen Kapital (c:v) durch die sprunghafte Erhöhung des Anteils des technologisch hochproduktiven konstanten Kapitals folgt neben der Entwertung der Ware Arbeitskraft die Entstehung einer Massenarmee von Dauerarbeitslosen. Die Unlösbarkeit der ökonomischen Widersprüche der kapitalistischen Warenproduktion und das Scheitern der politisch-gesetzgeberischen Maßnahmen, durch staatliches Verfügungsrecht (Reformen) der Massenarbeitslosigkeit Herr zu werden und die Finanzierbarkeit des Sozialstaates zu sichern, würden auch gut gemeinte sozialdemokratische Krisenprogramme scheitern lassen – trotz der im Grundgesetz festgeschriebenen Gemeinwohlverpflichtung des Eigentums.

Ein linkes, radikal-demokratisches Reformkonzept hätte nur dann eine reale Chance, wenn es sich der notwendigen Überschreitung der Grenzen der Logik des kapitalistischen Profitsystems bewußt ist. Linke Politik an der Macht muß einkalkulieren, daß staatliche Verfügungsmacht zur Überwindung von Massenarbeitslosigkeit, sozialer Ungerechtigkeit, Armut usw. an nationalen und/oder EU-Gesetzen sowie vielfältigen Widerständen der Herrschenden (einschließlich des Abbaus der Demokratie z. B. durch die beabsichtigte Legalisierung des Einsatzes der Bundeswehr im Innern) scheitern wird. Fast alle notwendigen Einzelreformen (des Versicherungs-, Bank-, Gesundheitswesens, der Energiewirtschaft, der Pharmaindustrie, ein am nationalen Durchschnittsverdienst [mit 60%] gekoppelter Mindestlohn, die radikale Senkung der Wochenarbeitszeit mit Lohnausgleich usw.) führen unausweichlich an die Eigentumsfrage heran.

10. Die Auswirkungen auf die Sozialstruktur sind gravierend, was zu der Frage führt, wie das »historische Subjekt« einer gesellschaftlichen Alternative denn aussieht? Die qualitative Veränderung des Charakters der Arbeit und des gesellschaftlichen Produktionsprozesses hat gravierende Auswirkungen auf die Verfaßtheit der lohnabhängig Beschäftigten, d. h. der traditionellen Arbeiterklasse, dem Dienstleistungsproletariat, den Angestellten und der Intelligenz, die zunehmend alle in mehr oder minder prekären Arbeitsverhältnissen tätig sind (»Prekariat«). Es wächst die allgemeine Unsicherheit der sozialen Existenz selbst bei denen, die in traditionell sicheren Branchen tätig sind und normal bezahlte Arbeit haben, ebenso bei den Sozialrentnern, unqualifizierten Jugendlichen; daneben nimmt die Schicht der »arbeitenden Armen« (*poor-working-class*) und die der auf Sozialleistungen angewiesenen Gruppen zu. Massenarbeitslosigkeit wird zu einer Dauererscheinung selbst unter normalen Konjunkturbedingungen. Wirtschaftlicher Abstieg bis an die Armutsgrenze und darunter gehen mit kulturellem Verfall und abnehmendem Bildungsniveau einher. Illegale Migration und gescheiterte Integra-

tion von Ausländern bei einem umkämpften Arbeitsmarkt verstärken Fremdenfeindlichkeit und fördern das Entstehen von Slums und religiösen Zirkeln mit einer eigenen Subkultur. Bildungsferne und Unterschichtenkriminalität werden zwangsläufig zu einer Massenerscheinung.

Wie soll dieses soziale Konglomerat die Funktion des neuen historische Subjekt wahrnehmen?

Trotz aller Spontaneität, moralischer Empörung, gewerkschaftlicher Organisiertheit, Massenprotest auf der Straße, starker parlamentarischer Vertretung – ohne politische Führung mit klaren strategisch-taktischem Konzept wäre die nächste historische Niederlage sicher.

Jetzt ist jede wirkliche Bewegung tausendmal wichtiger als das beste Programm, aber wenn der kurze historische Moment kommt, wo von den Massen die Eigentumsfrage und damit unvermeidlich die Machtfrage gestellt wird, dann ist das gesellschaftliche Konzept, das Programm, das eine andere Welt möglich macht, entscheidend.

11. Um für einen demokratischen gesellschaftspolitischen Wechsel die notwendige parlamentarische und gesellschaftliche Mehrheit zu schaffen, politische und geistig-kulturelle Gegenmacht aufzubauen, die es ohne oder gar gegen die PDS auf längere Sicht im Osten sicher nicht geben dürfte, ist die WASG im Westen als Startpotential für eine neue Linkspartei die realistischste Perspektive. Wenn führende Köpfe schon über eine neue Parteigründung in den nächsten zwei Jahren nachdenken, so ist das nur logisch und scheint realpolitisch vernünftig.

Hier liegt aber auch die Quelle von Vorbehalten gegen das neue Bündnis innerhalb eines Teils der PDS-Mitgliedschaft (wie der Kommunistischen Plattform, dem Marxistischen Forum sowie ihrer bis jetzt treuen Wählerschaft aus ehemaligen SED-Mitgliedern und anderweitig organisierten Sozialisten/Kommunisten.) Sie wissen: Es gibt kein Beispiel einer sozialistischen/kommunistischen Partei, welche ihren gesellschaftlichen und parlamentarischen Einfluß und ihre politische Stärke dauerhaft vergrößert hätte, nachdem sie ihre antikapitalistische Systemopposition durch pragmatische Tagespolitik (oder durch Bündnisse mit reformistischen Partnern) ersetzte. Was es gibt, ist der Zerfall solcher Massenparteien wie der IKP oder FKP u. a., auch wenn die Nachfolgeparteien dafür als Erfüllungsgehilfen sozialdemokratischer Regierungen zeitweilig am Regierungstisch Platz nehmen durften.

Ebenso ist man sich nach allen Erfahrungen sicher, daß nicht damit gerechnet werden kann, die SPD als Ganze könnte auf traditionell systemkritische und kämpferische Positionen zurückfinden. Die vielfältigen Bindungen einer Mehrheit der mittleren bis hohen Führungskräfte an das bestehende System sind dafür viel zu eng und stabil, letztlich unumkehrbar. Schröder, Clement, Hartz usw. sind Repräsentanten der dominierenden Strömung.

Nur in Extremsituationen wie zwischen 1914 und 1918, 1945 oder – die SED betreffend – 1989 sind bisher die verfestigten oligarchischen Strukturen derart erschüttert worden, daß sich neue Führungen und Organisationen mehrheitlich zu etablieren und einen Politikwechsel durchzusetzen vermochten.

Die PDS stellt das wichtigste Erbe der DDR dar, die Verkörperung all des Wertvollen des ersten alternativen Gesellschaftsversuchs auf deutschem Boden. Ein 150 Jahre alter, besonders aggressiver Antisozialismus in Deutschland hat bisher verhindert, daß dies gesamtdeutsch fruchtbar geworden ist.

Die sozialistische Idee als *einzig zukunftsträchtiges Konzept* wieder anziehend und mobilisierend zu vertreten, ist eine Seite der Verantwortung der PDS.

Die andere Seite derselben Verantwortung wäre durch die Partei der sozialistischen Linken mit der Ausarbeitung eines konkreten alltagstauglichen und zugleich zukunftsweisenden Konzeptes einer gesellschaftlichen Umwälzung wahrzunehmen.

Die Linkspartei als Frucht eines ost-westlichen Annäherungs- und Vereinigungsprozesses schafft erstmals Voraussetzungen, daß dies aus einer gesamtdeutschen Perspektive geschehen könnte und sich auch in den westlichen Bundesländern eine das Sektenwesen überwindende linke sozialistische Bewegung entwickelt.

12. Jede gesellschaftliche Massenbewegung bedarf einer politischen und strategischen »Avantgarde«, des »kollektiven Intellektuellen« (Gramsci) – eine Rolle, die die sozialistische Linke nicht aus lauter rückwärts gerichteter Bedenklichkeit und Schuldbekenntnis kampflos anderen »Eliten« überlassen darf, was zudem einer vorbeugenden Kapitulation vor dem reklamierten und praktizierten Führungsanspruch des neoliberalen Blocks der Konservativen gleichkäme. Genau diese Sorge der marxistischen Soziali-

sten um den Verlust der sozialistischen Identität, zu deren Kernstücken gerade die Parteiauffassung gehört, treibt diese um.

Die beiden Formationen der neuen Linkspartei haben ein Führungspersonal geerbt, das durch sehr unterschiedliche Erfahrungen, z. T. gegensätzliche Sozialisationen geprägt ist und seine spezifischen Interessen vertritt. Hier kann nur darauf hingewiesen werden, daß natürlich – neben sehr menschlich verständlichen subjektiven Interessenlagen und der generellen Erkenntnis, daß Richtungskämpfe innerhalb oligarchischer Organisationen immer auch personelle Machtkämpfe sind – es nicht zuletzt entscheidend davon abhängt, von welcher persönlichen Lebensplanung und Zeithorizont oder von welcher längerfristigen Perspektive der gesellschaftlichen Entwicklung der Politiker einer sozialistischen Partei ausgeht, auf welche der denkbaren alternativen Situationen man sich bewußt und gewollt einstellt und vorbereitet, was man allein »aus Überzeugung« und/oder theoretischer Kenntnis für zukunftsfähig hält.

Der beamtete Mandatsträger, der sich für seine mitregierende Partei im tagtäglichen Kleinkrieg zerreißt, dürfte wenig von der Alternative halten, als Arbeitsloser auf unbestimmte Zeit »aufs letzte Gefecht« zu warten.

So haben sich persönliche Integrität und praktizierte sozialistische Ethik (neben Erfahrung, theoretischer Befähigung und politischem Talent) gerade in unserer jüngsten Geschichte als sehr geschichtswirksame Faktoren erwiesen.

Gerade für eine weltanschaulich pluralistische Partei ist die Bewahrung der historisch-materialistisch begründeten Zielvorstellung einer anderen, gerechteren Gesellschaft eine Lebensfrage. Es gibt kein Beispiel in der Welt, daß eine linke Partei ihren Charakter als sozialistische Programmpartei bewahrt hätte, nachdem sie sich von der marxistischen Gesellschaftstheorie losgesagt hatte. (Damit wird weder der weltanschauliche Pluralismus der Linken hinsichtlich ihrer persönlichen Motive, sich als Sozialisten zu verstehen, infrage gestellt noch ignoriert, daß es einen den unterschiedlichen Bedingungen in der Welt entsprechenden pluralen Marxismus geben muß.)

13. Wie sich die neue Linkspartei in dieser Frage programmatisch positioniert und wie tolerabel sie sich erweist, das ist die entscheidende Zukunftsfrage. Auf absehbare Zeit scheint es fraglich,

daß das momentane Führungspersonal der vereinigten Linken mehrheitlich willens bzw. in der Lage wäre, die zwei Rollen auszufüllen, derer es bedarf: stringente Opposition und Führungskraft der vom Sozialabbau betroffenen Massen im alltäglichen Interessenkampf *und* sozialistische (bundesweite) Programmpartei.

Ein Lehrstück ist bereits jetzt der Streit um die Regierungsbeteiligung der PDS in einigen östlichen Bundesländern, hinter dem das Problem »Opposition oder Koalition« für eine parlamentarisch erstarkte Linkspartei auf Bundesebene lauert.

Ein Regierungsbündnis mit dieser Sozialdemokratie des 21. Jahrhunderts würde bedeuten, an der neoliberalen Politik eines Systemwechsels – weg vom »rheinischen Kapitalismus« mit seiner sozialen Marktwirtschaft hin zum globalisierten »Raubtierkapitalismus« – mitzuwirken. Dies als sozialistische Partei in Rechnung zu stellen bedeutet deshalb, Bündnis- und mögliche Koalitionsoptionen nicht zuletzt unter dem Aspekt des progressiven Einwirkens auf den potentiellen Partner anzustreben.

Die Zuspitzung gesellschaftlicher Widersprüche wird – bei allem Disziplinierungsbemühen der Oligarchie und trotz aller demagogischen Manöver mit moralisierender Kapitalismuskritik á la Müntefering – auch künftig an der Sozialdemokratie nicht spurlos vorbeigehen und innere Differenzierungsprozesse bewirken.

Natürlich ist die klassische Arbeiterbewegung in Europa an ihr Ende gekommen, was aber nicht bedeutet, daß es neben den Kapitalismus korrigierende, nicht auch ihn grundsätzlich infragestellende Kräfte bzw. Parteien geben muß. Alle historische Erfahrung spricht vielmehr *gegen* die Annahme dauerhafter Domestizierung der abhängigen Menschen, dauerhafter Zersplitterung sozialer (und heute auch ökologischer) Protestbewegungen bzw. Initiativgruppen, aus denen das antikapitalistische Potential der Zukunft erwachsen kann. Am Vorabend des Zweiten Weltkrieges hatte Otto Bauer die visionäre Hoffnung auf einen »Integralen Sozialismus«, der die revolutionären Auffassungen und Erfahrungen der Kommunisten mit denen der Sozialdemokraten vereinigt.

An diesem Ziel müßte sich eine neue linke antikapitalistische Partei messen lassen.

14. Was muß man fordern, und was darf man erwarten? Hunderttausend ausgetretene Sozialdemokraten, der Übertritt eines Dutzends relativ prominenter SPD-Funktionäre zur neuen Links-

partei – das ist Ausdruck des begonnenen Differenzierungs- und Neufindungsprozesses. Aber die tragenden Kräfte sind noch schwach.

Die Erwartung, die SPD als Ganze könnte zurückfinden zu einer linken Politik, ist irrelevant. Der sozialdemokratische Reformismus hat in nicht-revolutionären Zeiten seine legitime historische Funktion und gesellschaftliche Basis gehabt. Als illusionäre Idee überlebt er sicher noch eine Zeit, so wie die SPD als institutionelle Hülle weiter bestehen dürfte.

Die bisherigen objektiven Voraussetzungen des Sozialstaats aber sind angesichts ausbleibender Wachstumsschübe erschöpft oder vernichtet, die Bereitschaft der herrschenden Klasse zu Zugeständnissen an den Wohlfahrtsstaat auf Kosten eines Teils ihres Profits ist infolge des Kollapses des europäischen Frühsozialismus geschwunden, die Gewerkschaften kastriert (»thatcherisiert«), die Sozialdemokratie vom neoliberalen Mainstream indoktriniert, und die gesellschaftliche Basis verweigert sich zunehmend.

Worauf man angesichts dessen höchstens hoffen darf, *wäre* einmal: die Wiedergründung einer klassenkämpferischen Sozialdemokratie in der Tradition August Bebels, Otto Bauers, Kurt Rosenfelds, Max Adlers, Max Seydewitz', Otto Grotewohls, Victor Agartz', Wolfgang Abendroths, Otto Brenners u. a.

Was zu erwarten *ist*: der Versuch zur Wiederbelebung des sozialreformerischen Projekts, den entfesselten Kapitalismus zu bändigen, den sozialen Wohlfahrtsstaat zu verteidigen und schrittweise auszubauen.

So populär dies ist (und im öffentlichen Ringen um größtmöglichen gesellschaftlichen und parlamentarischen Einfluß auch unverzichtbar) – es wird dafür kurzfristig keine Mehrheiten geben.

Deshalb ist damit zu rechnen, daß eine starke Fraktion der Linkspartei erst einmal nur zu einer Großen Koalition, zumindest zum Schulterschluß aller Parteien des »Verfassungsbogens« angesichts eines drohenden »nationalen Notstandes« führt. Der Rechtsblock wird sich noch enger – ideologisch und politisch motiviert – zur *Kampfgemeinschaft gegen links* zusammenschließen und mit Hilfe der vielfältigen Korruptionsmöglichkeiten auch seine inneren Streitigkeiten leicht beilegen. Dies und die Medienmacht sichern ihm »Einheit und Geschlossenheit« bei der Fortsetzung des bisherigen neoliberalen Kurses. Die Linken werden auf vielfältige Weise demontiert werden, wo sie dies nicht selbst besorgen. Von der Enttäuschung der Wähler und Anhänger der etablierten Parteien wie von der Wirkungslosigkeit der linken Parlamentarier werden die rechten und neonazistischen Kräfte profitieren.

15. Vorausgesetzt, diese Prognose trifft im allgemeinen zu, dann schlägt die Stunde der Marxisten und Radikalsozialisten. Der Moloch der bürgerlichen Gesellschaft wird mit hunderten Krakenarmen, mit Posten und Privilegien nach den Repräsentanten der Linkspartei greifen, sie umgarnen, um sie zu domestizieren. Allein die von führenden Vertretern artikulierte Hoffnung, diese neue Linkspartei werde nun dauerhaft zur Normalität eines westeuropäischen Verfassungsstaates gehören und als Teil des »Verfassungsbogens« akzeptiert werden, signalisiert diese Gefahr – trotz oder gerade wegen möglicher großer Wahlsiege. »Die Sozialisten könnten [...] siegen, nicht der Sozialismus, der im Augenblick des Sieges seiner Bekenner untergeht«, hat schon nach seiner Analyse der SPD im Jahre 1911 Robert Michels vorhergesagt und bisher recht behalten.

Die historische Verantwortung des an (marxistischer) revolutionärer Gesellschaftstheorie festhaltenden Flügels ist angesichts dessen eine zweifache:

Sie besteht zuerst einmal darin, sich fördernd und aktiv in den Neufindungsprozeß der Linkspartei einzumischen, sich solidarisch zu verhalten und zum gemeinsamen Kampf bereitzufinden.

Aber zugleich muß sie sich auf künftige Krisen, die an gesellschaftliche Umbrüche heranführen könnten, vorbereiten, die sozialistische Idee und Konzepte wach halten und sie den sich ändernden Bedingungen entsprechend schöpferisch weiterentwickeln.

Dies geht nicht nur als theoretischer Diskurs (so sehr er lebensnotwendig ist) – dazu bedarf es der Einheit im praktischen Kampf der gegebenen Bewegung, als solidarischer und vorwärtstreibender Teil eines möglichst breiten Bündnisses.

Die gegenwärtige Chance wird für die sozialistisch/kommunistische Strömung zu einer historischen Herausforderung werden, das zu tun, was heranreift. »Rifondazione« nennen es die Italiener, die Wiedergründung der sozialistisch-kommunistischen Idee und Bewegung als eine Bedingung zur Überwindung eines Menschen entwürdigenden und Menschheit bedrohenden Wirtschafts- und Herrschaftssystems.

Wer führt das Volk, wenn aus dem Stellungskrieg der Bewegungskrieg gegen die etablierte Macht wird, wenn die Massen von sich aus erkennen, daß sie die Machtfrage stellen müssen?!

Die Führung kann keine Partei einfordern oder erzwingen, sie kann nur »passieren«, von den Massen verliehen werden. Es gilt das Vermächtnis der Rosa Luxemburg, niedergelegt im I. Parteiprogramm der KPD von 1919, daß die sozialistische Linke nie anders die Regierungsgewalt übernehmen werde als durch den klaren, unzweideutigen Willen der großen Mehrheit der Massen in Deutschland. Träte dieser Fall ein, wäre es verhängnisvoll, dann den Versuch zu starten, mit den alten Mitteln und Methoden des Sozialreformismus die Krise zu überwinden. Er würde mit höchster Wahrscheinlichkeit scheitern.

Eine neue Welt ist nicht nur möglich, sie ist zwingend notwendig. Aus diesem Zwang erwächst die Notwendigkeit der Existenz einer Partei, für die der Sozialismus nicht nur eine in Festreden beschworene Vision ist.

Ein Gespenst geht um in unserem Land, das Gespenst der neuen Linkspartei. Alle Mächte des alten Deutschlands haben sich zu einer heiligen Hetzjagd gegen dieses Gespenst verbündet.

Hoffentlich jagen sie nicht nur ein Gespenst, und dann vielleicht noch das falsche?!

Fußnote

1   Die Sozialdemokratie stützte sich in der Nachkriegszeit in ihrer Politik auf das Wirken aktiver gesellschaftlicher Gegenkräfte (Partei, Gewerkschaften, eigene Jugendorganisationen und Presse sowie gesellschaftliche Bewegungen und auf Reste sozialdemokratischer Arbeitermilieus).
    a) Eine prosperierende und sich neue Märkte erschließende Wirtschaft ermöglichte die Verteilung von Zuwächsen ohne Beschneidung des maximalen Durchschnittsprofits und ohne an ökologische Grenzen des Wachstums zu stoßen.
    b) Die Ablösung des Kolonialzeitalters konnte durch die Installation einer auf der weiteren Ausbeutung der dritten Welt beruhenden ungerechten Weltwirtschaftsordnung kompensiert werden, was insbesondere dem deutschen Kapital (durch Surplusprofit) zugute kam.
    c) Die Konkurrenzsituation gegenüber der kommunistischen Bewegung und dem embryonal existierenden Sozialismus verlieh der Sozialdemokratie eine starke Position und ließ sie für ihr sozialreformerisches Programm Partner im bürgerlich-kapitalistischen Lager finden.
    d) Der Systemkampf milderte die Konkurrenz unter den führenden westlichen Industriestaaten und schuf eine gewisse Interessensolidarität zwischen ihnen, die innere Systemwidersprüche dämpfte und organisatorisch abgesichert wurde. (IWF, EU, WTO, G 7 u. a.)
    e) International fand diese Entwicklung unter Friedensbedingungen und zumindest lange Zeit mit vergleichsweise geringeren Rüstungsbelastungen für die BRD statt. Das militär-strategische Gleichgewicht, ein Gleichgewichts des Schreckens, ermöglichte zugleich eine neue Ostpolitik, erste gleichgewichtige Abrüstungsschritte und eine Politik des Wandels durch Annäherung. Für das Konzept der gemeinsamen Sicherheit (KSZE) leistete die SPD im Westen das, was die SED im Osten dafür tat.

In vier dieser Voraussetzungen ist eine ganz entscheidende weitere Bedingung unausgesprochen versteckt: die Anerkennung und Praktizierung des Primats der Politik, was besagt, daß die Politik nicht nur der Wirtschaft gewisse Rahmenbedingungen, die Richtung und ein bestimmtes Maß ihres Wirkens vorgibt. Für sozialdemokratische Politik hieß das zuvörderst, durch Gesetzgebung und Regierungspraxis, Chancengleichheit und Mitbestimmung anzustreben und zu sichern, daß die Wirtschaft für die Menschen und nicht umgekehrt die Menschen für die Wirtschaft dazusein haben. Außerdem schied der Krieg als Mittel der Politik unter den Bedingungen des atomaren Patts zumindest in Europa aus.

Die objektive Lage
schreit nach einer Vertretung der Interessen
und Bedürfnisse der Arbeitenden, sozial Schwachen,
all der Opfer der derzeitigen neoliberalen Politik,
aber auch des Willens derer, die aus guten Gründen
der Gesellschaftsgestaltung, der Demokratie und der Menschenwürde
eine andere Politik wollen, schreit nach einer Umsetzung des sich so
formierenden politischen Willens im politischen Raum.
Das Problem ist, ob die subjektiven Voraussetzungen hinreichend
sind, der Größe der historischen Herausforderung zu entsprechen.

Erhard Crome

Linkspartei in Deutschland – Chancen und Probleme

Von Erhard Crome

»Gespenst«: Dieses Bild wurde bei der Beschreibung der sich formierenden Linkspartei mehrfach benutzt – als eine Bezugnahme auf Marx und Engels und den klassischen ersten Satz des Kommunistischen Manifestes: »Ein Gespenst geht um in Europa – das Gespenst des Kommunismus.«[1] Ist eine solche Berufung zu hoch gegriffen, oder spiegelt sie den tatsächlichen historischen Kontext wider? Gewiß, der Terminus »Kommunismus« sollte ersetzt werden, etwa durch die Aussage: »Eine andere Welt ist möglich«, oder durch den Terminus »sozialistische Idee«. Die Spezifik der gegenwärtigen politischen Auseinandersetzungen um die Linkspartei in Deutschland ergibt sich eben daraus, daß sie wahrgenommen wird als die politische Alternative zur neoliberalen Sicht- und Handlungsweise der anderen Parteien, die derzeit im deutschen Bundestag vertreten sind.

Meinte noch kurz nach dem Fiasko des Realsozialismus der ehemalige Opel-Arbeiter und damalige Minister im Kohl-Kabinett, Norbert Blüm, Marx sei tot und Jesus lebe, so wird am Anfang des neuen Jahrhunderts immer mehr Menschen deutlich, daß Marx neu zu befragen ist, wenn es um die Analyse der derzeitigen Verfaßtheit der Gesellschaft geht und die Erarbeitung von Alternativen. (Im übrigen zeigt gerade auch die Bewegung der Sozialforen, daß man von einem ernstgenommenen Jesus her ebenfalls zu einer kritischen Sicht auf die heutige Welt kommt.)

Das wurde während der vergangenen Jahre auch in anderen Kontexten so verspürt und folgerichtig ein analoger Bezug gewählt: das »Gespenst«-Problem als nicht erledigt angesehen. So überschrieb Uli Schöler, zu jener Zeit Sekretär der Grundwertekommission beim Parteivorstand der SPD, sein 1999 erschienenes Buch »über Marx und die sozialistische Idee nach dem Scheitern des sowjetischen Staatssozialismus« mit dem Titel: »Ein Gespenst verschwand in Europa«. Seine damalige Analyse führte Schöler zu dem Schluß, daß »aufgrund der heutigen Bedingungen und der Herausforderungen des kommenden Jahrhunderts als mögliche alte wie neue Prinzipien der sozialistischen Idee« anzusehen sind:

»– das Prinzip des Vorrangs langfristiger gesamtgesellschaftlicher Interessen vor dem sich naturwüchsig und weltweit durchsetzenden Kapitalverwertungsinteresse bzw. das Prinzip der Entschleunigung statt der Beschleunigung;

– das Prinzip nachhaltiger Entwicklung, des rationalen, ressourcenschonenden und energiearmen Umgangs mit der Natur, des Vorrangs der Dauer vor der Unmittelbarkeit;

– das Prinzip möglichst gerecht und gleichmäßig verteilter gesellschaftlicher Arbeit sowie das Prinzip einer demokratischen Öffentlichkeit und Beteiligung;

– das Prinzip der Aufhebung des Geschlechts als gesellschaftlicher Zu- und Rangordnungskategorie, oder anders ausgedrückt: das Prinzip der Geschwisterlichkeit;

– das Prinzip der internationalen Solidarität, des Friedens und der universellen Geltung der Menschenrechte«.

Schölers Fazit lautete dann: »Wer wollte bestreiten, daß – so verstanden – die sozialistische Idee auch im nächsten Jahrhundert noch eine ausreichende Zahl von Aufgaben zu bewältigen hat.«[2]

Da hatte Schöler recht, nur konnte er damals nicht ahnen, daß seine eigene Partei unter Gerhard Schröder sich in ihrer praktischen Politik von dieser Idee endgültig verabschieden würde. Das soll hier nicht weiter verfolgt werden. Doch gehört es zum Verständnis der jetzigen politischen Situation in Deutschland dazu.

Heute haben wir es in Deutschland mit dem »Gespenst« der Linkspartei zu tun, die gerade dabei ist, aus dem Reich der Idee in das der Wirklichkeit zu treten.[3] Nun gewinnt der zweite Satz im *Manifest* an Bedeutung, der da lautet: »Alle Mächte des alten Europa haben sich zu einer heiligen Hetzjagd gegen dies Gespenst verbündet.« Auch das könnte gestern geschrieben worden sein. Jedenfalls ist es eine exakte Beschreibung dessen, was die anderen Parteien in Deutschland, die bürgerlichen Medien, die selbsternannten Denkfabriken und Experten und auch die Demoskopen in den Wochen vor der vorgezogenen Bundestagswahl taten. Mitte Juli hatten letztere, wie der Zauberer das Kaninchen aus dem Hut, die Mitteilung aus der Umfragerei gezaubert, es würden zwölf Prozent der deutschen Wählerinnen und Wähler sofort die Linkspartei wählen wollen, um zwei Wochen später dem staunenden Publikum mitzuteilen, der Zuspruch habe abgenommen und liege nun unter zehn Prozent. Das folgte der bekannten Grundannahme der Werbeindustrie und der Wahlpropaganda, nichts sei wirksamer als der Ruch des Verlierers. Genauso wenig, wie die erste Zahl methodisch nachvollziehbar produziert wurde, ist es auch die zweite.

Unter einer strategischen Perspektive – eben weil die sozialistische Idee nicht erledigt ist – kann davon ausgegangen werden, daß das wirkliche Potential der Linkspartei deutlich über zwölf Prozent liegt. Dies allerdings unter der Voraussetzung, alle Hartz IV-Gebeutelten, Rentengekürzten, Prekärbeschäftigten, In-die-Armut-Getriebenen und alle Weiterverdienenden, die jedoch in Erinnerung behalten haben, daß es Alternativen gibt, trotz der Thatcher abgeborgten Lüge, es gäbe »keine Alternative« (die das Einfallstor des Neoliberalismus gegen soziale Gerechtigkeit und Wohlfahrtsstaatlichkeit auch in Deutschland wurde), wählten ihrer objektiven Lage gemäß. Der Neoliberalismus hatte es verstanden, in den vergangenen Jahren die Vorherrschaft auch im Alltagsdiskurs zu erringen. Insofern ist die Linkspartei Ausdruck des Schwindens der geistigen Hegemonie des Neoliberalismus in Deutschland. Dieser herrscht jedoch weiter in den Strukturen und wehrt sich mit Zähnen und Klauen gegen den Verlust seiner Dominanz.

Als eine Variante wurde auch lanciert, die Zulassung der Linkspartei zur Bundestagswahl sei fraglich. Dazu ließen sich Anfang August zwei ehemalige Richter des Bundesverfassungsgerichts in der *FAZ* aus.[4] Die *taz* versah dies mit dem Kommentar: »Das Imperium der Altparteien schlägt zurück«, und kam zu dem Schluß: »Wer jetzt immer noch ›erhebliche Wahlfehler‹ findet, dem geht es offensichtlich nicht ums Wahlrecht, sondern gegen die Kandidatur der Linken.«[5] Die evangelische Amtskirche hatte unterdessen mitteilen lassen, hauptamtliche Mitarbeiter in Kirche und Diakonie, die sich für die Linkspartei engagieren, einer »Loyalitätsprüfung« zu unterziehen; es würden »Zweifel an der Glaubwürdigkeit der Kirche« entstehen.[6] In diesem Sinne wäre dann Jesus folglich auf der Seite des Neoliberalismus verortet.

So hatten wir es im Spätsommer 2005 mit einem besonders scharfen Wahlkampf zu tun, in dem von der anderen Seite weniger auf Argumente gesetzt wurde, als vielmehr auf Denunziationen, Unterstellungen und Diffamierungen. Es standen die anderen vier Bundestagsparteien, Schwarz-Gelb auf der einen und Rosa-Grün auf der anderen Seite, zwar in einer Auseinandersetzung untereinander darum, wer im neoliberalen Lager das Wort führen sollte, aber gegen Rot, gegen die Linkspartei, standen sie alle zusammen. Das war das Besondere an der Wahlkampfsituation 2005. Doch die neue politische Lagerbildung, die auf eine tektonische Verschiebung im deutschen Parteienwesen hinausläuft, ist nichts anderes als der politische Ausdruck des Klassenkampfes, den »Die da oben« seit 1990 gegen »Die da unten« bewußt führen – und der jetzt auch in Deutschland von unten eine linke Antwort erhalten soll.

Die neue Bruchlinie

Die klassische Politikwissenschaft hat das Entstehen politischer Parteien entlang von historischen Konflikt- bzw. Bruchlinien (engl. *cleavages*) erklärt. In Europa waren die Prozesse der Industrialisierung, der Nationwerdung, der Säkularisation und der Ausdehnung des Wahlrechtes auf immer größere Teile der erwachsenen Bevölkerung bestimmend. Insofern wurden Bruchlinien unterschieden in den Problemfeldern: Staat – Kirche bzw. Konfessionen; Stadt – Land bzw. Industrie- und Handelsinteressen vs. agrarische Interessen; Kapital – Arbeit sowie Zentrum – Peripherie.[7] Die traditionellen Parteien, von den konservativen über liberale, christlich-demokratische und Parteien nationaler, kultureller oder religiöser Minderheiten sowie Bauernparteien bis hin zu den sozialdemokratischen bzw. sozialistischen Parteien lassen sich anhand dieser interessenkonstituierenden Konfliktlinien sozialhistorisch erklären.

Zusätzlich wurde seit den 1960er/1980er Jahren ein »Wertewandel« von eher traditionellen bzw. »materialistischen« Werten hin zu »postmaterialistischen« ausgemacht.[8] Dies meint kulturelle, soziale, schließlich intellektuelle Bedürfnisse und deren Befriedigung, die allerdings stets die Befriedigung der physiologischen und physischen Bedürfnisse zur Voraussetzung haben. (Marxisch gesprochen: Die Menschen müssen erst essen, sich kleiden und wohnen, bevor sie Philosophie und Politik betreiben bzw. den Umweltschutz an die Spitze der Prioritätenliste stellen können.) Von daher wurde dann das Aufkommen der Grünen Parteien in Europa erklärt.[9]

Bereits im Gefolge des Ersten Weltkrieges hatte sich die Bruchlinie Reformismus vs. Revolutionarismus innerhalb des »sozialistischen Lagers« ausgebildet, die die Ausdifferenzierung von sozialdemokratischen Parteien einerseits und kommunistischen andererseits zur Folge hatte. Im Kern ging der Streit darum, ob im Zweifelsfalle das Primat bei der Demokratie liegen solle, die nach Wahlen und Mehrheiten fragt, wenn es um die Macht geht, oder ob die Revolution – nach dem Vorbild der russischen Bolschewiki – im Sinne der raschen Enteignung der Kapitalisten Vorrang haben müsse vor demokratischen Spielregeln.[10]

Der Begriff des »politischen Lagers« ist sinnvoll für die Analyse von Parteiensystemen und Wählerverhalten über längere historische Zeiträume hinweg. Mit ihm können Kontinuitäten und Kräftekonstellationen analytisch deutlich gemacht werden, auch wenn sich die konkreten Parteiformationen durch Um-, Aus- und Neugründungen verändern. Karl Rohe hat diese Zugangsweise in bezug auf seine Analyse von Kontinuitäten und Diskontinuitäten im deutschen Parteienwesen entwickelt und betont: »Ein politisches Lager lebt in seinem Zusammenhalt im Unterschied zu einem Milieu stärker von der Abgrenzung gegen andere als von eigenen positiven Gemeinsamkeiten und kann deshalb im Prinzip sogar sehr heterogene Milieus enthalten, die irgendwann einmal, aus gegebenenfalls sehr unterschiedlichen Gründen, eine historische Koalition mit politischen Eliten eingegangen sind. Ein Milieu trägt sich u. U. aus sich heraus, ein Lager dagegen bedarf des Gegenüber. Ein politisches Lager kann nicht nur verschiedene Parteien, sondern auch unterschiedliche sozialmoralische Milieus umfassen, darüber hinaus Menschen, die aus lokalen und überlokalen Milieuzusammenhängen überhaupt herausgefallen sind. So gesehen ist das Lager ein weniger integriertes kulturelles Gebilde als das Milieu.«[11] Der tiefe Bruch zwischen Sozialdemokraten und Kommunisten prägte in vielem die politischen Kämpfe des 20. Jahrhunderts und bestimmte die historische Teilung innerhalb des »sozialistischen Lagers« bis zum Scheitern des Realsozialismus.

Nach 1989 war diese Spaltung historisch erledigt. Die realsozialistischen Gesellschaftsgefüge mit der machtausübenden kommunistischen Partei und dem zentral-planwirtschaftlichen System waren gescheitert und wurden durch die respektiven Bevölkerungen abgewählt. Damit war jedoch, im Gegensatz zu den Erwartungen der selbsternannten »Sieger der Geschichte«, die soziale Frage nicht erledigt. Sie wird vielmehr durch den realexistierenden Kapitalismus stets neu reproduziert. Damit bleibt das »sozialistische Lager« der beständige Begleiter des Kapitalismus, sein ureigenes Produkt, sein Kritiker, seine Herausforderung mit der Perspektive auf Alternatives. Die PDS bemühte sich, als linkssozialistische Partei, die mit der kommunistischen Tradition des Leninismus und

Stalinismus gebrochen hatte, aber auch nicht einfach im Duett mit der Sozialdemokratie den Kapitalismus effektiv verwalten wollte, ein eigenes, historisch neues Profil zu erringen. Derartige Versuche waren in der Vergangenheit stets im Kampf zwischen Kommunisten und Sozialdemokraten zerrieben worden.

Zunächst blieb die Situation in Deutschland allerdings zweigeteilt. Zu den oben genannten Bruchlinien kam nach 1989 in Ostdeutschland, wie in allen postkommunistischen Gesellschaften, die Linie: »Kommunismus – Antikommunismus« hinzu. Sie blieb auch dann konstitutiv, wenn politisch-programmatische Positionen nachwendisch eigentlich Nähe hätten signalisieren sollen. Im Alltagsgeschäft der deutschen Politik tauchte dies beispielsweise immer wieder im Verhältnis der SPD oder von Bündnis '90/Die Grünen zur PDS auf, oder bei bestimmten Sachthemen, etwa dem Reizthema Renten für ehemals »systemnahe« Personen der DDR-Vergangenheit.

Ein analytischer Blick auf diesen Problemkomplex wird möglich, wenn man die deutsche Situation mit der in anderen Transformationsgesellschaften postkommunistischen Typs vergleicht, etwa mit Ungarn und Polen. Nach dem Ende des kommunistischen Herrschaftssystems stellte sich in den entsprechenden Ländern das Problem eines linken politischen Feldes – programmatisch und personell – auf neue Weise. Auch wenn sich das neue Parteiensystem auf einem Links-Rechts-Kontinuum aufgebaut hatte, das sich zunächst und in erster Linie ideologisch begründete, blieb am Ende das Problem, wer das linke Feld im politischen Spektrum ausfüllen konnte. Nachdem in Ungarn sowohl jene Gruppen, die in personeller Kontinuität die alte, vorkommunistische Sozialdemokratie verkörperten, als auch die neu formierten kommunistischen Kräfte schon mit den ersten Wahlen nicht ins Parlament kamen, konnte sich die Ungarische Sozialistische Partei (USP), die aus dem Reformflügel der alten, kommunistischen Staatspartei USAP hervorgegangen war, deutlich als »die« sozialistische, linke Partei konstituieren. Das hat ihr die Wahlsiege von 1994 und 2002 erleichtert. Sie konnte weitgehend als jene Partei angesehen werden, die im Grunde das linke politische Feld repräsentiert.

In Polen agierten in den 1990er Jahren auf dem linken Feld sowohl das »Bündnis der Demokratischen Linken« (SLD), das hauptsächlich ebenfalls aus der kommunistischen Staatspartei, hier der PVAP, kam, als auch die »Union der Arbeit« (UP), die aus mehreren linksgerichteten Post-Solidarnosc-Gruppen hervorgegangen war. Die UP erreichte nach den Wahlen von 1993, als die SLD erstmals an der Regierung beteiligt war, fast neun Prozent der Sitze im polnischen Sejm und kritisierte die Regierung »von links«. Die SLD war somit die wählerstärkste Partei auf dem linken Feld, vertrat dieses aber nicht allein. Bereits hier zeigte sich, daß eine ähnliche Programmatik, sich ähnelnde Politikansätze und sozial vergleichbare Zielgruppen die Existenz mehrerer Parteien im gleichen politischen Lager nicht ausschließen, zum Beispiel dann nicht, wenn sie einen inkompatiblen historischen Kontext haben. Sich im alten System als Kombattanten gegenübergestanden zu haben, wog in den 1990er Jahren offenbar schwerer als die programmatische oder soziale Nähe.

In Deutschland stand auf dem linken Feld die PDS der traditionsreichen SPD – in gewissem Maße auch Bündnis '90/Die Grünen – gegenüber, mit deren politischem Potential und Einfluß sie sich im gesamtdeutschen Maßstab kaum zu messen vermochte. Die Wahlergebnisse der 1990er Jahre – zum Bundestag, zu den ostdeutschen Landtagen sowie zu den verschiedenen Kommunalvertretungen – wiesen allerdings darauf hin, daß die PDS zu einem festen Bestandteil des politischen Gefüges in Deutschland geworden war. Auch zwischen PDS und Sozialdemokraten in Ostdeutschland schien es zunächst nicht in erster Linie die Programmatik zu sein, die die politische Differenz konstituiert hat, sondern der Graben zwischen den Kombattanten im alten System. Die Mitgliedschaft der PDS in den ostdeutschen Bundesländern bestand mehrheitlich aus ehemaligen SED-Mitgliedern, während die Gründungs-Mitgliedschaft der SPD im Osten vor allem aus Oppositionellen bestand, die sich in den 1980er Jahren unter dem Dach der Kirche zusammenfanden, darunter etliche evangelische Pfarrer, und alten Mitgliedern der SPD, die sich gegen die SED gewandt hatten und von denen viele in der DDR inhaftiert waren. Aus Furcht vor einer ›SED-Unterwanderung‹ hatten sie es 1990 abgelehnt, die Reformer aus dem SED-Umfeld in größerer Zahl aufzunehmen.

Aus der Sicht des Vergleichs mit anderen postkommunistischen Gesellschaften und der Kenntnis historischer Analogien schien in der zweiten Hälfte der 1990er Jahre die Entwicklung auf eine dauerhafte Konkurrenz zweier Parteien auf dem linken Feld hinauszulaufen. Während die PDS sich im Osten Deutschlands als »Volkspartei« fest verankern konnte, blieb ihre Reichweite im Westen allerdings begrenzt. Auch in großen Teilen der Arbeiterschaft und der Linken wirkten dort die Stereotype des Antikommunismus fort bzw. galt sie als »ostig« und nicht »modern« genug. Die SPD beherrschte das Feld.

Geht man nun davon aus, daß es sich bei politischen Systemen um Koalitionen zwischen konkreten politischen Eliten, die Parteien gebildet haben und diese prägen, und bestimmten Wählersegmenten handelt[12], dann sind die Konstituierung, die Gestaltungen und die ›Lebenswege‹ von Parteien in einem politischen Feld durchaus als ein historisch offener Prozeß zu verstehen. Besonders bedeutsam sind »Schwellenzeiten, in denen sich ein Parteiensystem gesellschaftlich breiter auskristallisiert«. Rohe beschrieb dies in bezug auf die Situation in Deutschland im letzten Drittel des 19. Jahrhunderts; im weiteren Sinne war jedoch genau dieser Ansatz auf die Transformationsgesellschaften postkommunistischen Typs anwendbar, darunter auf den Osten Deutschlands. Es bildete sich ein neues Parteiensystem aus; neue politische Eliten suchten bei möglichst breiten Wählerschichten, die ihrerseits erst durch die historischen Umbrüche zu Wählern wurden, Unterstützung, um so Einfluß auf die politische Gestaltung unter der Voraussetzung der Demokratie zu nehmen. Rohe verfremdete einen Marxschen Ansatz und nannte dies eine »ursprüngliche politische Akkumulation«. In Deutschland war dieser Prozeß im Osten eingebettet in einen dominierenden gesamtdeutschen Kontext, er wirkte jedoch auf diesen zurück. Erstmals 2002 wurden die Bundestagswahlen wohl wesentlich im Osten entschieden, weil die Gruppierung der Wählerlager im Westen in etwa gleich groß war.

Wahlen dienen der Bekräftigung solcherlei Unterstützung bzw. dem Bekunden einer Ablehnung. Daher gilt: »Parteiensysteme und damit die Beziehungen zwischen Wählern und politischen Eliten bedürfen der ständigen Pflege und symbolischen Erneuerung, wenn sie nicht erodieren sollen. Umgekehrt heißt das: Der Wandel von Parteiensystemen kann seine Ursache nicht nur darin haben, daß ihre gesellschaftliche Basis gleichsam ›weggerutscht‹ ist, sondern auch darin, daß politische Eliten es bewußt oder unbewußt versäumt haben, die ›politische Koalition‹ mit bestimmten Wählersegmenten stets aufs Neue symbolisch zu erneuern.«[13]

An dieser Stelle ist noch einmal auf die Sozialdemokratie unter Schröder zurückzukommen. Beraten von Politikwissenschaftlern, die meinten, die Arbeiterschaft hätte keine große Bedeutung mehr

in der Gesellschaft und es sei besser, die SPD mittig zu positionie-
ren, und unter dem Druck der Unternehmerverbände sowie der
angeblichen Sachzwänge der sich globalisierenden Weltwirtschaft hat
die Parteiführung ihre, 1998 noch vorhandene soziale und politische Basis in erheblichem Maße verstoßen.

Der Reformbegriff erscheint für weite Teile der Bevölkerung
fortan negativ; bedeuteten »Reformen« unter Willy Brandt und
Helmut Schmidt politische Maßnahmen zugunsten der Arbeitenden und sozial Schwachen, so sind Reformen jetzt in eins gesetzt
mit Sozialabbau und Schlechterstellung der Arbeiter, Angestellten,
Handwerker und sozial Schwachen. Es wurde, mit dem analytischen
Zugang von Rohe zu sprechen, durch »Agenda 2010« und »Hartz«-
Gesetze bewußt versäumt, die politische Koalition mit den früheren Wählersegmenten zu erneuern. Schröder hat die Dinge in
Deutschland vereinfacht: ein linkes Gesicht in der SPD gibt es nicht
mehr.

Die SPD ist mit ihrem grünen Ableger eine neoliberale Formation ohne Wenn und Aber, ist jedoch so weit »in die Mitte«, d. h.
von links aus gesehen nach rechts gerückt, daß der offene Raum
links immer größer wurde. Den gilt es nunmehr zu füllen. Die prägende Bruchlinie heißt jetzt: Neoliberalismus vs. Soziale Verantwortung.

Sie überlagert alle andere Bruchlinien; die antikommunistische
hat ihre Wirkkraft verloren. Die Partei SPD als Organisation ihrer
»politischen Elite« hat das linke Lager verlassen und findet sich auf
der anderen Seite dieser Bruchlinie.

So entstand eine grundlegend neue politische Lage in Deutschland.

Die Linkspartei ist nicht das Konstrukt einiger Politiker. Ihr
Parteivorstand wie auch andere Akteure in Deutschland haben
begriffen, daß es nicht um die Partei als Selbstzweck geht, sondern um die Veränderung der Grundstruktur des Parteiwesens in
Deutschland. Die PDS hat es vermocht, trotz ihrer vielen inneren politischen und programmatischen Probleme, sich auf der
Höhe der historischen Herausforderung zu bewegen. Die sozial-
historische Bruchlinie Neoliberalismus vs. Soziale Verantwortung
findet in der Differenz zwischen neoliberalem Konsens aller anderen Bundestagsparteien und der Linkspartei ihren politischen Ausdruck.

61

In biblischen Zeiten galt als eine gute Zeit, wenn es dem Volke gut ging. Daran maß sich gute Herrschaft. Heute ist den Herrschenden das Volk egal. Rendite wurde zum einzigen Maßstab. Die Firmen des Frankfurter Börsenindex DAX hatten 2004 um die 60 Prozent mehr verdient als im Vorjahr. Die Dividendenzahlungen wurden um 40 Prozent erhöht. Die Vorstandsbezüge deutscher Aktiengesellschaften lagen 2003 um 88,8 Prozent höher als 1997, die Löhne und Gehälter dagegen lediglich um 1,4 Prozent. Die Zahl der Erwerbstätigen im produzierenden Gewerbe sank derweil in Deutschland von 14 Millionen im Jahre 1991 auf derzeit 10,3 Millionen, und die Anzahl der Arbeitslosen stieg von 2,6 Millionen auf 5,2 Millionen. Das alles wird auch in der bürgerlichen Presse mitgeteilt. Aber gleichsam folgenlos, als ginge es um Naturereignisse, wie den Tsunami. Da allerdings wurde geholfen. Hier heißt die »Hilfe«: Hartz IV – also Armut von Amts wegen und Arbeitsdienst.

»Der Kapitalismus hat der Arbeiterklasse den Krieg erklärt und er hat ihn gewonnen«, schrieb Lester Thurow in den 1990er Jahren. Alles Gerede vom angeblich nicht vorhandenen Geld für den Sozialetat, es hat diesen Hintergrund. Nur sagt das jetzt niemand in den bürgerlichen Medien, zumindest nicht hierzulande. Man traut sich das nicht mehr. Doch es wurde Zeit, die Dinge wieder beim Namen zu nennen. Der Name ist der alte, eben nicht abgegriffene: *Klassenkampf.*

Der Realsozialismus machte sich ein Ende, indem er sich ideologisch die Lösung allgemein-menschlicher Aufgaben halluzinierte. Die anderen lachten sich ins Fäustchen und drehten ein immer größeres Rad. Der Krieg als wieder probates Mittel der Weltpolitik, die Rückstufung der vormals kommunistischen Weltregion zur Wieder-Peripherie des Westens, das Versinken der früher »Dritten« Welt in immer größerer Armut, verbunden mit Staatszerfall, Chaos und Bürgerkriegs-Massakern, und die Demontage der sozialen Sicherungssysteme in den Ländern des Westens – das alles gehört zusammen und ist Teil eines Klassenkampfes von oben. Er ist nicht zu Ende. Die europäischen Regierungen haben kapituliert, oder besser: sie spielen dieses Spiel mit. Hatte die Sozialdemokratie in Deutschland nach Helmut Schmidt aufgehört, Wirtschaftspolitik machen zu wollen, so verabschiedete sie sich inzwischen auch von der Idee, Sozialpolitik betreiben zu wollen.

Die Kapitalseite scheint ununterbrochen stärker zu werden. Lohndumping im »Süden« wird als Erpressungsmittel gegen die Arbeitenden im »Norden« eingesetzt, Massenarbeitslosigkeit und Prekarisierung immer größerer Segmente des »Arbeitsmarktes« sollen den Druck auf die Arbeitenden und die mittlerweile arbeitslosen Unterschichten erhöhen – das ist der Sinn von Hartz-Konzept und »Agenda 2010«. Die Regierung macht sich zum Büttel der Kapitaleigner. »Wer die Arbeitslosigkeit hat, braucht keine Stasi«, das wußte Heiner Müller schon Anfang der 1990er Jahre.

An dieser Stelle ist auf eine historische Analogie zu verweisen: Der Dreißigjährige Krieg (1618-48) hatte seine tieferen Ursachen nicht einfach darin, daß Katholiken und Protestanten aus Glaubensgründen aufeinanderstießen und sich gegenseitig umbrachten. Geschichtswirksam wurde ein Unverständnis der Generationen. Diejenigen, die in der ersten Hälfte des 16. Jahrhunderts den Kampf um den ›richtigen Glauben‹ ausgefochten hatten, kamen am Ende zu dem Ergebnis, daß nur auf dem Wege der gegenseitigen Toleranz und damit des Kompromisses eine Einigung möglich war. Dieser Kompromiß war auf dem Reichstag zu Augsburg 1555 erzielt worden. Die nachwachsende Generation, die diese Glaubenskämpfe nicht mehr selbst erlebt hatte und auch nicht wußte, wie mühsam der Weg zum Ausgleich gewesen war, empfand den überkommenen Kompromiß nicht mehr als eine von den beiden Seiten des Konflikts erzielte Lösung. Sie stellte diesen Kompromiß wieder in Frage und griff Forderungen auf, die den Glaubensstreit erneut aufleben lassen mußten.

Genau das geschieht heute mit der wohlfahrtsstaatlichen Regulierung der sozialen Frage. Sie war ein solcher historischer Kompromiß, und er hatte nach 1945 aus den harten Klassenkämpfen von über einhundert Jahren herausgeführt. Die Aufkündigung dieses Kompromisses ist der Kern dessen, was gegenwärtig in Deutschland und im westlichen EU-Europa vorgeht.

Das Abdanken der Politik ist Moment dessen. Der Soziologe Erwin Scheuch und seine Frau Ute, kommunistischer Umtriebe durchaus unverdächtig, schrieben in dem Buch: »Cliquen, Klüngel und Karrieren«, daß eine »Verflüssigung« der politischen Inhalte stattgefunden hat. »Harte Themen« werden in den Hintergrund gedrängt bzw. es tritt deren mediale Darstellung in den Mittelpunkt. »Inzwischen hat sich bis hoch zu den Führungen auf Bundesebene ein politisches Personal hinaufgemendelt, das eben nur

›weiche‹ Politik mit den Mitteln des Zeichensetzens beherrscht und vor den Herausforderungen der ›harten‹ Themen ratlos bleibt.«[14] Das könnte ein Kommentar dazu sein, was Schröder, Fischer, Frau Merkel und andere derzeit so als »Reformpolitik« betreiben, aber es wurde 1992 geschrieben, in der Kohl-Zeit. Von links wäre hier anzufügen, daß diejenigen, denen dieses Land und die globalisierte Weltwirtschaft gehören, genau solche Art Politiker brauchen. Andere könnten ja ihre Kreise stören.

Ein anderer Befund Scheuchs war, daß sich eine »Feudalisierung des politischen Systems« in Deutschland vollziehe. Es finde ein Tausch von Privilegien gegen Treue statt. Und diese Treue »ist im Feudalsystem immer personenbezogen, wenngleich sie rechtlich dem Amt gilt«. Die Funktionszusammenhänge der Politik werden von Seilschaften bestimmt, die an Probleme eben nicht programmatisch herangehen, „sondern propagandistisch – nämlich über die Eignung bestimmter Standpunkte, vermittels eines guten Medienechos populistische Erfolge zu bewirken.« Die Scheuchs scheuten sich nicht zu problematisieren, ob diese Feudalisierung nur eine Übergangserscheinung oder aber »ein Systemwandel« sei.[15] Diese Frage müßte wohl heute mit einem »Ja« beantwortet werden, und es wäre hinzuzufügen, ob sich der Kapitalismus nicht überhaupt in einem dem Feudalismus analogen Zyklus bewegt, und wir heute in den Ländern des Zentrums allenthalben in die Phase eines absolutistischen Kapitalismus eintreten.

Und eben weil diese Führungsschicht nicht mehr weiß, weshalb im 20. Jahrhundert die Kompromisse zwischen Kapital und Arbeit eingegangen wurden, folgt sie heute den Forderungen der Unternehmerverbände, doch den Druck auf die Arbeitenden, die Arbeitslosen und die sozial Schwachen zu erhöhen. Aber auch die Selbstinszenierung folgt heute feudalen Mustern. Hatte Kurt Tucholsky noch in den 1920er Jahren vermerkt, daß man im Unterschied zu den Herrschenden der Vergangenheit die heute wirklich Mächtigen in ihren dunklen Autos kaum bemerke, so feierte der McKinsey-Beratungskonzern im Sommer 2004 sein 40jähriges Firmenjubiläum in Deutschland mit 5.000 Leuten in zentralen Gebäuden Berlins – von 500 Polizisten bewacht.

Das Herrschaftssystem entspricht offenbar der Wirtschaftsweise und der Konzentration des Eigentums. Das hat die Scheuchs übrigens ebenfalls umgetrieben. In einer Untersuchung über das Handeln der deutschen Groß-Manager und ihre Pleiten um die Jahrhundertwende kamen sie zu dem Schluß: »Die Akzentverschiebung in der Wirtschaft vom Produzieren zum Marketing, vom Marketing zu Dienstleistungen und innerhalb dieser zu den Finanzgeschäften hat einen Großteil des Wirtschaftens zu einer virtuellen Welt werden lassen. In dem damit entstandenen Freiraum für Entscheidungen der Manager haben dann betriebswirtschaftliche Erwägungen nicht mehr die vorrangige Bedeutung wie in der Wirtschaft überwiegend früher.« Je mehr so das Wirtschaften nach Regeln eines Casino-Kapitalismus verläuft, desto weniger ist bestimmbar, was überhaupt noch rationales Handeln ist. Die Scheuchs bestanden auf einem Verständnis von sozialer Marktwirtschaft: Deren Grundgedanke sei immer »die Sozialpflichtigkeit des Eigentums« gewesen. Unter dieser Voraussetzung gilt: »Spekulationskapital genießt hiernach keinen Eigentumsschutz, weil es in einem inhaltlichen Sinne kein Eigentum ist. Ziel einer Wirtschaftsordnung ist die Maximierung des Nutzens für eine Gesellschaft bzw. vorrangig ihre Bevölkerung. Daß einzelne Machtmenschen der Wirtschaft sich hier nicht einfügen mögen, ist selbstverständlich in einer Gesellschaft, in der Individualismus ein hoher Wert ist. Eine Selbstverständlichkeit muß aber auch sein, daß der Spielraum für solche Machtmenschen begrenzt bleibt.« Erforderlich ist eine »Wettbewerbsordnung im Dienst des Gemeinwohls«. Sie wie auch »die Demokratie selbst sind ohne Gegensteuern […] nicht überlebensfähig«. Fazit: »So wie das Wirtschaftsgebaren sich bei den Großunternehmen der wirtschaftlich führenden Staaten in den neunziger Jahren entwickelt hat, kann es nicht weitergehen, ohne auf einen Crash zuzulaufen.«[16]

Immanuel Wallerstein, Historiker und luzider Analytiker des Weltwirtschaftssystems, war Ende der 1990er Jahre zu einem ähnlichen Schluß gekommen, ging in seiner Folgerung aber weiter. Seine These lautet: das System des Kapitalismus kann nicht von Dauer sein. Die Welt befindet sich in einem Zeitalter des Übergangs. Eine strukturelle Krise hat zu Beginn des 21. Jahrhunderts die Zentren der Weltwirtschaft erfaßt. Die von der Militärmacht der USA und den Profiteuren der Weltwirtschaft dominierten Beziehungen zwischen Nord und Süd geraten aus dem Gleichgewicht und drohen ins Chaos zu stürzen. Die liberalistische Ideologie und die Wohlfahrtsprojekte in den Zentren verlieren ihre Glaubwürdigkeit. Radikalismen und Fundamentalismen rücken im Norden wie im Süden, in den Zentren wie an der Peripherie in den Vordergrund.[17]

In einem später veröffentlichten Text über die »geopolitischen

Brüche im 21. Jahrhundert« identifizierte Wallerstein drei grundlegende Brüche, die die Welt im 21. Jahrhundert bestimmen. Daß er einen Bruch »innerhalb der Triade«, insbesondere zwischen Westeuropa und den USA, ausmacht, kann nach den Turbulenzen um den Irak-Krieg des Bush II nicht verwundern, ebensowenig das Konstatieren des Bruches »zwischen Nord und Süd«. Doch die Feststellung, daß es einen »Davos-Porto Alegre-Bruch« gibt, ist in dieser Weise bemerkenswert. (»Porto Alegre« steht hier nicht für den realen Ort, sondern als Synonym für die Bewegung der Weltsozialforen.) Sowohl in dem »Geist von Davos« als auch in dem von »Porto Alegre« sieht Wallerstein Transformationsbewegungen, die beide auf die Veränderungen in der Welt, die »strukturelle Krise des Weltsystems« reagieren, allerdings grundsätzlich verschieden, entgegengesetzt. Es sind die beiden Pole, zwischen denen die politischen und moralischen Grundentscheidungen über die Zukunft getroffen werden: Ist der Mensch, sind seine Bedürfnisse und Interessen das Maß aller Dinge, oder aber ist dies eine entgrenzte Profitwirtschaft? Das sagt Wallerstein nicht mit diesen Worten. Aber er betont: »Der Bruch zwischen dem Geist von Davos und dem von Porto Alegre läßt sich geographisch nicht lokalisieren. Er ist aber der grundlegendste unter den dreien. An seinen Rändern wird nicht um die Zukunft der nächsten 25 bis 50 Jahre gerungen, sondern der nächsten 500 Jahre.«[18]

Aus den Befunden von den Scheuchs und von Wallerstein folgt dreierlei: Wir befinden uns in einer qualitativ neuen historischen Situation des Übergangs. Der Ausgang der vor uns liegenden Auseinandersetzungen, um nicht Kämpfe zu sagen, ist wesentlich von der Verteilung der Kräfte abhängig. Hier sind die sozialen Bewegungen von Bedeutung (Stichwort: Geist von Porto Alegre), im politischen Raum aber auch die politischen Parteien. Da die anderen Bundestagsparteien die Seite des Kapitalinteresses vertreten, bedürfen die Bedürfnisse und Interessen der Menschen ebenfalls einer politischen Vertretung. Das ist die historische Herausforderung, vor der die Linkspartei steht. Da die absolutistische Tendenz des gegenwärtigen Kapitalismus die Demokratie unterminiert und weiter auszuhöhlen trachtet, ist die Schaffung, Formierung und Stärkung der Gegenkräfte zugleich die Realisation von Geist und Buchstaben des Grundgesetzes, den Kampf um die Sozialpflichtigkeit des Eigentums eingeschlossen. Es geht um eine Repolitisierung der sozialen Frage(n) und um die Rückgewinnung der Gestaltungsmacht der Politik.

Nun wird die Frage nach der Chance der Linkspartei gestellt, sich langfristig in der politischen Landschaft der Bundesrepublik zu etablieren und wirksam politisch zu agieren. Ja, diese Chance hat sie – in dem Maße, wie es ihr und ihren politischen Akteuren gelingt, den Aufgaben der Stunde zu entsprechen.

Oder anders ausgedrückt, etwas altmodischer: Die objektive Lage schreit nach einer Vertretung der Interessen und Bedürfnisse der Arbeitenden, sozial Schwachen, all der Opfer der derzeitigen neoliberalen Politik, aber auch des Willens derer, die aus guten Gründen der Gesellschaftsgestaltung, der Demokratie und der Menschenwürde eine andere Politik wollen, schreit nach einer Umsetzung des sich so formierenden politischen Willens im politischen Raum. Das Problem ist, ob die subjektiven Voraussetzungen hinreichend sind, der Größe der historischen Herausforderung zu entsprechen.

Politik und Programmatik

Die letzte rot-grüne Koalition auf Landesebene wurde im Mai 2005 von den Wählern in Nordrhein-Westfalen weggewählt. Blieb die auf Bundesebene. Über die wurde am 18. September vom Wähler entschieden. Schröder wollte eine erneute Bestätigung, Schwarz-Gelb übernehmen.

Im Kern aber ging es nicht um eine andere Politik, im Gegenteil: Die Reformen, wie der Sozialabbau euphemistisch geheißen wird, sollen um so forscher fortgesetzt werden. Von der Streichung der Pendlerpauschale und der Erhöhung der Mehrwertsteuer war schon mal die Rede. Die Tarifverträge sollen weg. Rot-grün hatte das ganze System schon ausgehöhlt, nun soll es weg. In der Gesundheits-»Reform« wird dann wohl das Kopfgeld kommen. Den Schritt dorthin hatten die Schwarzen in Gestalt der »Praxisgebühr« via Vermittlungsausschuß in die vorige »Reform« reingedrückt, als Vorgeschmack. Die Wähler aber, die eben selbst den blassen Rüttgers zum Regierungschef in NRW gemacht haben, meinen nicht dies. Sie wollen weiter die Verantwortung des Sozialstaates, auch wenn sie jetzt CDU gewählt haben. So wird im nächsten Enttäuschungszyklus die Frage nach einer wirklichen Alternative dräuend hervorbrechen. Daraus folgt der Blick nicht nur auf diese, sondern bereits auf die nächste Bundestagswahl.

Wolfgang Fritz Haug hat das von Frigga Haug und von ihm herausgegebene Buch über den Sozialismus, das vor den Wahlen 2002 erschienen war,[19] im Vorfeld der diesjährigen Bundestagswahl ins Internet gestellt. In seinem eigens für diesen Zweck verfaßten Vorwort verweist er besonders auf diesen Enttäuschungszyklus: »Hinter der Legitimitätskrise der rot-grünen Regierung lauert die Legitimitätskrise der repräsentativen Demokratie.« Davon profitieren derzeit die Konservativen, »die freilich im Gegensatz zu dieser Bezeichnung nicht konservieren, sondern die neoliberale Revolution gegen den Sozialstaat weiter radikalisieren«. Da sich »die Basisdeterminanten der Arbeitslosigkeit« jedoch nicht ändern werden, ist die nächste Enttäuschung bereits vorprogrammiert. Daraus tritt dann die »Legitimitätskrise der repräsentativen Demokratie« hervor, von der die extreme Rechte zu profitieren droht. Auch von hier entspringt die historische Verantwortung der Linken. »Die Dialektik von Nah- und Fernzielen wartet unter solchen Bedingungen mit einer Überraschung auf: Das Fernste ist das Nächstliegende. Um der Demokratie willen muß die Linke bestrebt sein, die Legitimitätskrise der repräsentativen Demokratie in die Legitimitätskrise des Kapitalismus zu überführen. Weil – noch! – keine Alternative zum Kapitalismus im Ganzen in Sicht ist, werden vielfältige Formen von Solidarökonomie, die den Kapitalismus vorgreifend im einzelnen überschreiten, zur Tagesaufgabe.«[20]

Die geschichtliche Chance einer Linkspartei in Deutschland verdankt sich »den Menschen aus den ostdeutschen Bundesländern«, ihre Realisierung aber entscheidet sich im Westen. Das hatte Haug 2002 angemerkt und betont jetzt in bezug auf die Linkspartei: »Genau so ist es gekommen. Die ungleichen Kräfte aus dem Westen und aus dem Osten schicken sich an, über ihren jeweiligen Schatten zu springen und eine gesamtdeutsche Kraft links von der SPD zu etablieren. Die bloße Aussicht darauf hat genügt, die etablierten Parteien aufzustören und in eine Allparteienkoalition der Hetze […] zu verwandeln.«[21]

Dies verweist sowohl auf die historische Dimension des derzeitigen Geschehens als auch auf die immensen Schwierigkeiten. Die Linken in Deutschland haben sich erstmals seit 1918 bzw. seit 1945 in einen gemeinsamen Formierungsprozeß begeben, der auf die Herstellung durchgreifender politischer Handlungsfähigkeit zielt und die Auseinandersetzungen der Vergangenheit hinter sich läßt. Waren die Positionierungen früher dergestalt, sich stets weiter zu entzweien und den Anspruch auf Rechthaben in immer kleineren,

68

ideologisch begründeten Gemeinden zu konstituieren, die mit jeder Spaltung die eigene Politikfähigkeit weiter reduzierten, wird jetzt das Gemeinsame in den Mittelpunkt gerückt. Und dies betrifft nicht nur die bisherige PDS und die WASG, sondern *alle* Linken, die diesseits von fortgeschriebenen Avantgarde-Ansprüchen auf ein politisches Gewicht zielen.

Vor diesem Hintergrund ergeben sich für die weitere Entwicklung aus meiner Sicht folgende Herausforderungen:

1. Die Linke in Deutschland konstituiert sich bewußt als transformatorische Linke, die sich von allen Formen eines Avantgarde-Anspruchs verabschiedet hat. Das Ziel besteht in der Politikfähigkeit. Kriterium dafür ist das Wirken in die Gesellschaft hinein, nicht eine selbstgenügsame Rechthaberei. Eine solche Partei hat nicht das Ziel, in einem traditionellen Sinne »Vertreterin« politischer Ziele und sozialer Interessen zu sein, sondern sie nimmt die in der Gesellschaft vorhandenen Interessen und Bedürfnisse auf, kooperiert politisch mit den sozialen Bewegungen und trägt dort artikulierte Positionen in den politischen Raum hinein. Dabei ist sie weder nur der politische Arm der sozialen Linken noch deren Vormund. Sie grenzt sich sowohl von einem sozialdemokratischen Gesellschaftsverständnis ab, das den realexistierenden Kapitalismus nur »besser« zu verwalten meint, als auch von einem revolutionaristischen Gesellschaftsbild, das auf die große Veränderung mittels Umsturzes wartet und die realen Interessen der konkreten Menschen ignoriert.

2. Es genügt nicht, einfach nur Verteidigerin der sozialen Interessen der vom Neoliberalismus Gebeutelten zu sein und frühere Sozialstaats-Leitbilder, die aus der Vergangenheit des fordistischen Kapitalismus stammen, zu vertreten, sondern soziale und politische Leitziele in den Mittelpunkt zu rücken, die aus den Kämpfen der vergangenen Jahrzehnte im weitesten Sinne resultieren. Das Erfurter Sozialforum im Juli 2005 hat die unterschiedlichen politischen und sozialen Kräfte, die in verschiedenen Milieus und Kulturen beheimatet sind, in einen Diskussionszusammenhang miteinander gebracht: Erwerbsloseninitiativen und Gewerkschaften, Jugendliche, Studenten und Frauenbewegung, MigrantInnen, Umweltschützer, zivilgesellschaftliche Initiativen. Das ist der erreichte Stand des Ringens der sozialen Bewegungen, auf die Bezug zu nehmen ist. Auch wenn etwa der Streit, ob es vor allem um Arbeit für alle und Mindestlohn oder zuerst um ein bedingungsloses Grundeinkommen auf

einem menschlichen Niveau gehen soll, sich fortsetzen wird. Wahrscheinlich muß beides in einen inneren konzeptionellen und politischen Zusammenhang gebracht werden. Dann liegen die Positionen nicht mehr so weit auseinander. Eine andere Welt, die auch in Deutschland möglich werden soll, das ist mehr Zeit zum Leben, weniger Arbeitshetze und mehr Lebensqualität in einer Welt, die friedlich, solidarisch, sozial, gerecht, umweltverträglich und nachhaltig eingerichtet ist. Daran ist letztlich linke Politik zu messen.

3. Die in der PDS in den vergangenen Jahren erarbeiteten Positionen – daß es programmatisch um ein »Dreieck« der Politik geht, (1) sich bewußt und mit konkreten Alternativen den Anforderungen der Tagespolitik zu stellen, (2) ein kooperatives Verhältnis zu den sozialen, zivilgesellschaftlichen, feministischen, ökologischen und Friedensbewegungen zu pflegen sowie (3) an Gesellschaftskonzepten jenseits des realexistierenden Kapitalismus zu arbeiten, d. h. über Sozialismus in einem neuen, demokratischen Sinne nachzudenken – wären weiter und in wesentlich verbreitertem Maßstab zu diskutieren. Dabei kann weder darauf bestanden werden, daß die bisherige PDS einen langjährigen Prozeß der Programm-Debatte hatte, auf die die anderen sich gefälligst einzustellen hätten, noch einfach so getan werden, als hätte es nicht vielfältige programmatische Debatten in den unterschiedlichen politischen Formationen der Linken seit 1989 gegeben. Insofern wäre auch das SPD-Programm von 1989, mit dem die SPD von heute kaum noch zu tun haben will, nochmals neu zu sichten. Jedenfalls heißt, sich im Laufe der nächsten zwei Jahre zu einer neuen gesamtdeutschen Linkspartei zu formieren, auch eine umfassende neue Programmdebatte zu führen. Die jedoch muß einen, nicht erneut entzweien.

4. Allerdings darf der Platz programmatischer Bekundungen nicht überbewertet werden. Hier soll nochmals Rohe zitiert werden: »Wähler müssen sich in den Signalen und Zeichen, die eine Partei aussendet, mit ihren Interessen ›wiederfinden‹ können. Das ist nicht einfach eine Frage von Parteiprogrammen, die ohnehin mehr der Integration der Mitglieder als der Wähler dienen, sondern eine Frage des wahrgenommenen Parteicharakters, der eine komplexe Größe darstellt und aus einer Vielzahl von realen und symbolischen ›Politiken‹ gebildet wird. Dafür ist freilich nicht unterschiedslos jede konkrete Politik, die eine Partei aufgreift, in gleicher Weise bedeutsam. Wichtig sind vor allem jene ›Politiken‹ und ›issues‹, die den Nexus berühren, um derentwillen die ›politische Koalition‹ einst ein-

gegangen wurde, und das sind, bezogen auf die Stammwählerschaft, stets Politikinhalte mit einer kulturellen Dimension. Entscheidend ist deshalb die vor allem durch Führungspersonal und Politiker vermittelte Fähigkeit einer Partei, ihrer Kernklientel wenigstens von Zeit zu Zeit deutlich zu machen, wofür sie grundsätzlich steht.«[22] Für die Phase des Formierungsprozesses gilt dies noch viel stärker als in Zeiten des Formiert-Seins. Und die derzeitigen politischen Rahmenbedingungen werden nicht die Möglichkeit geben, dies in Ruhe, gleichsam unter Laborbedingungen, zu tun. Die Programmatik bleibt rückgebunden an die Politik, wie zugleich die Politik gleichsam unbehaust über den Wassern schwebt, wenn sie nicht eingebunden ist in ein programmatisches Gesamtkonzept.

5. Dieses jedoch entsteht nicht für sich genommen in den Köpfen von Intellektuellen oder Politikern, sondern in den politischen Kämpfen selbst. Insofern sind Aussagen über Regierungsbeteiligungen beispielsweise konstitutiv und in höchstem Maße politikrelevant. Die Ablehnung einer Beteiligung an der derzeitigen rosagrünen Regierungskoalition ist Bedingung dafür, daß die Verortung diesseits der Bruchlinie Neoliberalismus vs. Soziale Verantwortung überhaupt glaubhaft ist für Anhänger und Wähler der Linkspartei. Sie erwarten die Einlösung der Zusage, daß es eine Fortsetzung der derzeitigen Regierungspolitik mit Unterstützung der Linkspartei nach der Bundestagswahl 2005 nicht geben wird, weil die Unterschiede zwischen den verschiedenen neoliberalen Parteiformationen so gering sind, daß das sozialdemokratische Argument, »das kleinere Übel« zu sein, nicht hinreichend sein kann.

Zugleich sind Aussagen über Regierungsfähigkeiten nach 2009 daran gebunden, daß bis dahin eine Veränderung der Hegemonie-Bedingungen in der deutschen Politik möglich ist, in deren Zentrum die Linkspartei steht. Von daher steht die Linkspartei nicht *außerhalb* von Regierungsfähigkeiten, wie die politischen Gegner derzeit zu behaupten nicht müde werden, sondern sie steht *für* eine andere Politik.

Das gilt auch in dem Sinne, daß die Linkspartei Teil des demokratischen Spektrums in Deutschland ist, sich in demokratischen Wahlen um Mehrheiten für ihre Politik bemüht und dann nach Partnern für eine Umsetzung ihrer politischen Ziele sucht. Es ist beispielsweise Verfassungsgebot, die Sozialpflichtigkeit des Eigentums zu gewährleisten (Art. 14 Grundgesetz), die Sozialstaatsklausel zu verteidigen, die auch die öffentliche Daseinsvorsorge einschließt (Art. 20 GG), die Berufsfreiheit und das Verbot der Zwangsarbeit zu verwirklichen (Art. 12 GG) sowie das Verbot der Vorbereitung eines Angriffskrieges (Art. 26 GG) dauerhaft zu sichern. In diesem Sinne stehen alle Grundforderungen der Auseinandersetzungen mit den neoliberalen Zumutungen nicht nur in Übereinstimmung mit dem Grundgesetz, sondern sind durch Verfassungsordnung dringend geboten.

6. Vor diesem Hintergrund sind realistische Politikangebote für die verschiedenen Politikfelder grundlegend. Sie müssen zielstrebig und systematisch unter Hinzuziehung der unterschiedlichen Angebote der verschiedenen politischen und sozialen Kräfte erarbeitet werden. Zugleich jedoch gilt, daß es zunächst auch genügen muß, Nein zu sagen zu bestimmten Entscheidungen im Sinne neoliberaler Umstülpung, auch wenn die alternativen, realisierbaren und politikrelevanten Gegenkonzepte noch nicht fertig auf dem Tisch liegen. Im konkreten Politikprozeß der alltäglichen Arbeit ist es ebenfalls Herausforderung, die Fehler der Vergangenheit zu vermeiden und zu positiven Arbeitszusammenhängen im Parlament, mit den Landesparlamenten, Kommunen, nahestehenden Organisationen und Parteigliederungen zu kommen.

Die Frage nach der Verstetigung des politischen Wirkens der Linkspartei über die Bundestagswahl und die kommende Wahlperiode hinaus wird sich danach entscheiden, inwiefern es den konkret agierenden Personen, den Organisationen der Partei und den mit ihr verbundenen Bewegungen und der gesamten Linken gelingt, diese Aufgaben gleichzeitig und in Verbindung miteinander zu lösen.

Es gibt Zeiten, die Riesen brauchen, hat Friedrich Engels einstmals geschrieben.

Jetzt ist eine solche Zeit.

Fußnoten

1 Siehe: Rainer Rilling, Christoph Spehr: Die Wahl 2006, die Linke und der jähe Bedarf an Gespenstern. Rosa-Luxemburg-Stiftung: rls-Standpunkte 6/2005; Dies.: Guten Morgen, Gespenst! Annäherungen an das jähe Erscheinen eines Parteiprojekts. Rosa-Luxemburg-Stiftung: rls-Standpunkte 8/2005.
2 Uli Schöler: Ein Gespenst verschwand in Europa. Forschungsinstitut der Friedrich-Ebert-Stiftung, Reihe Politik- und Gesellschaftsgeschichte, Band 52. Bonn: Verlag J.H.W. Dietz Nachfolger 1999, S. 332f.
3 Auch die *Financial Times Deutschland* benutzt – ebenfalls nicht zufällig – den Ausdruck »Gespenst« bei der Beschreibung der plötzlichen und für sie wohl unerwarteten Attraktivität der Linkspartei im fernen Westen: Maike Rademacher: Ein Gespenst geht um in Uedelhoven, in: *Financial Times Deutschland*, 9. August 2005. Zuvor tat dies bereits *Der Spiegel*, als er am 11. Juli (Nr. 28/2005) auf S. 54 titelte: »Das Linksgespenst«.
4 K. Graßhof, Hans H. Klein: Die Wahl wäre ungültig, in: *Frankfurter Allgemeine Zeitung*, 6. August 2005.
5 Christian Rath: Ex-Verfassungsrichter fordern Wahl ohne Linkspartei. Unfair und undemokratisch, in: *taz*, 8. August 2005. Der Satz: »Das Imperium [...] schlägt zurück« bezieht sich interessanterweise auf Episode V der

»Star Wars«-Filmfolge; »Imperium« konnotiert dort negativ und ist Verkörperung der »dunklen Seite der Macht«.

6 Kirche will linke Pfarrer überprüfen lassen, in: *Handelsblatt*, 19. Juli 2005.

7 Vgl. Seymour M Lipset, Stein Rokkan (Hrsg.): Party Systems and Voter Alignments, New York 1967. Siehe auch: Klaus von Beyme: Parteien in westlichen Demokratien, München: Piper Verlag 1984.

8 Vgl. Ronald Inglehart: Wertewandel in westlichen Gesellschaften. In: Helmut Klages, Peter Kmieciak (Hrsg.): Wertewandel und gesellschaftlicher Wandel, Frankfurt a.M./New York 1979, S. 279-316; Ronald Inglehart: Kultureller Umbruch, Frankfurt a.M./New York 1989.

9 Vgl. Joachim Raschke: Die Grünen. Wie sie wurden, was sie sind, Köln 1993.

10 Ausführlicher dazu: Erhard Crome: Sozialismus als Politik, in: *Utopie kreativ*, Heft 139 (Mai 2002), S. 402-417.

11 Karl Rohe: Wahlen und Wählertraditionen in Deutschland, Frankfurt a. M.: Suhrkamp Verlag 1992, S. 21/22.

12 Vgl. ebenda, S. 19-29.

13 Ebenda, S. 25/26.

14 Erwin K. und Ute Scheuch: Cliquen, Klüngel und Karrieren. Über den Verfall der politischen Parteien – eine Studie, Reinbek bei Hamburg: Rowohlt Verlag 1992, S. 112, 114.

15 Ebenda, S. 117f.

16 Erwin K. und Ute Scheuch: Deutsche Pleiten. Manager im Größen-Wahn oder Der irrationale Faktor, Berlin: Rowohlt Verlag 2001, S. 379, 382.

17 Immanuel Wallerstein: Utopistik. Historische Alternativen des 21. Jahrhunderts, Wien: Promedia 2002 (US-amerikanische Originalausgabe 1998).

18 Immanuel Wallerstein: Wohin steuert die Welt? Geopolitische Brüche im 21. Jahrhundert, in: WeltTrends Nr. 40, Potsdam, Herbst 2003, S. 97ff., Zitat S. 109.

19 Unterhaltungen über den Sozialismus nach seinem Verschwinden, Berliner Institut für Kritische Theorie 2002 (Buchhandelsvertrieb: PapyRossa Verlag Köln).

20 http://www.hkwm.de/inkrit/framu/unterhaltungen_all.htm

21 Ebenda.

22 Karl Rohe, a.a.O., S. 27.

Sozialisten allein sind gewiß nicht die Retter der Welt.
Ohne sie aber ist die Welt verloren.

Gerhard Zwerenz

Neue Köpfe braucht das Land

Von Gerhard Zwerenz

Da sitzen wir nun mit unserem großen Wissen in Europa herum.
Der Sack voller Erkenntnisse ist im Keller abgestellt. Die Welt hält
sich nicht an die Fahrpläne. Manchmal, hols der Teufel, vermisse
ich die DDR gerade, weil sie mich aussperrte. Im Westen lernte ich
das Land, dem ich einst nur knapp entkam, zu schätzen. SU und
DDR irgendwo im Rücken – damit ließ sich leben. Die Herren des
Kapitals und ihre Wächter waren immer etwas ängstlich, das brachte sie zur Vernunft. Gehängt zu werden fürchteten sie wie ihre Vorgänger von Nürnberg im exekutionsunwilligen Landsberg. Die Sieger von 1945 sahen bald ein, die Chose geht nicht ohne deutsche
Kameraden.

Jahrzehntelang durfte ich nicht über die volkseigene Grenze.
Dafür gab's Gründe. Ich setzte den Herren Genossen zu. Dachte,
so eine einzelne Schreibmaschine kratzt die nicht. Als Mama schwer
erkrankte und als sie es wenig später satt hatte und starb, waren wir
zweimal drei Tage lang drüben bei den östlichen Disneys. Immer
bestens von Geheimen bewacht, daß uns ja nichts zustieße. Sie
führten Protokolle, verfertigten einen Fotoroman, da können wir
heute, darin blätternd, Reiseerinnerungen auffrischen, wenn wir
wollen. Die Lektüre bestärkt das Gefühl der Exotik und des Verlu-
stes.

Tatsache, die DDR fehlt mir, und je länger sie zurückliegt, desto
mehr. Ich würde sie gern wiederhaben. Und die Grenze zu. Nur alle
zwei Jahrzehnte mal für drei Tage nach drüben und dann wieder
raus aus dem Pferch. Denn die schönen siebziger Jahre im Westen
fehlen mir auch. Die würde ich genauso gerne zurückholen. Mit
dem Schiß des Kapitals vor dem roten Osten. Mit der aufmüpfi-
gen Kultur, den Hoffnungen auf Emanzipation, mit den Frauen der
Studentenrevolten und sexuellen Libertinagen, mit Dutschkes Pre-
digten und Cohn-Bendits Frechheiten, mit Joschka als Streetfigh-
ter statt als Ministerfreak, der bei Christiansen seine Vergangenheit
abhustet, als wär's 'ne Grippe. Man hätte die munteren Revoluzzer
beizeiten klonen sollen und den irrwitzigen F. J. Strauß dazu, einen
Sack mit 'ner Milliarde drin nach Ostberlin schleppend zu Schalks-

narr Golodkowski (oder so ähnlich) als Türöffner. Und keinem kam es in den Sinn, unsere tapferen Spezialeinheitskrisensoldaten nach Afghanistan zu schicken, wo damals noch die Sowjets die Birne hinhielten, bis unsere Fallschirmjäger dort heute endlich den Verkehr regeln dürfen.

Ach ja, ich bin wohl ein egoistischer Scheißnostalgiker und fühle mich auch noch wohl dabei. Mindestens deshalb, weil ich wenig Lust verspüre, wegen des Aberwitzes der Politiker Trauer zu tragen. Vergessen wir doch nicht: Die Politiker kommen und gehen, und wir sind das dumme Volk, das bleibt.

Soviel zu meinen nostalgischen Affekten, die siegreich zu überwinden ich »Die Intellektuellen« von Werner Mittenzwei las, der heimliche Seller des östlichen Untergrunds. Mittenzwei plädiert für einen *unverfälschten Marxismus.* Was aber ist das? Und was wäre, nur als Beispiel, ein unverfälschtes Christentum? Mittenzwei gibt den besiegten linken Intellektuellen jene Ehre zurück, die ihnen die Sieger bestreiten. In den Köpfen der Besiegten tut sich endlich etwas. Täuschen wir uns nicht, wird man die Geschichte der DDR bald als kommunistische Tragödie mit tragikomischen Rändern empfinden. Der Aufstand gegen die Kapitalisierung von Leib und Seele wurde von 1917 bis 1989 immerhin geprobt. Wir können sagen, wir sind in diesen Kämpfen dabeigewesen und haben verloren. Die Enkel fechten's besser aus? Der Aufstand gegen das Kapital ist mißlungen. Die Kommunisten sind zu Antiquitäten erstarrt. Letzte Sozialisten verwehen in der Diaspora. Nun soll's den Gewerkschaften an den Kragen gehen. Die suchen genau zwischen Scylla und Charybdis durchzusteuern: Folgen sie den Radikalen nach, droht ihnen Übles wie der 2. Mai 1933, kuschen sie aber, laufen ihnen die werten Mitglieder weg.

Was tun, Kollegen und Genossen?

Vor einem Halbjahrhundert schrieb ich in Leipzig einen wütenden Wahlaufruf. Unter der Überschrift AN UNSERE MASSEN hieß es:

Es ist gekommen
die große Zeit
da wir euch regieren wie wir wollen.
Daß ihr uns wählt
wissen wir.
Wenn trotzdem gewählt wird

so nur um zu zeigen
wie demokratisch es zugeht.
Wir sind die einzigen
Feinde des Volkes.
Also ist es unser Recht
euch zu regieren.
Abgesehen davon
daß ihr
uns gewählt habt.
Unser bestes Argument
im Wahlkampf
ist immer noch: Wählt uns
es bleibt euch sowieso
nichts anderes übrig.
Und schließlich
haben wenigstens wir
unser Gutes davon.

Die Partei, der ich angehörte, tat das einzig Richtige und feuerte mich. Seitdem gehöre ich keiner Partei mehr an. Es ist nur so, wo wir uns auch bewegen, wir sind von Parteien umzingelt. Was wollen und was sollen die?

Die heute am seltsamsten anmutende Aussage im Grundgesetz lautet: »Die Parteien wirken bei der politischen Willensbildung des Volkes mit.« So jedenfalls beginnt der Artikel 21 (1), in Absatz 2 wird die mögliche Verfassungswidrigkeit von Parteien definiert und die Entscheidung darüber dem Bundesverfassungsgericht zugesprochen. Absatz 3 endlich verfügt kurz und bündig: »Das Nähere regeln Bundesgesetze.«

Fragt sich nur, was geschieht, wenn die Parteien, die »bei der politischen Willensbildung des Volkes« mitwirken sollen, bei sich selbst und der eigenen Willensbildung in der Partei versagen und sich im Zustand lang anhaltender innerer Differenzen, Unschlüssigkeiten, wo nicht Unsäglichkeiten befinden, wie wir es heute wieder erleben müssen. Zu den Gründen, die zur gegenwärtigen deutschen Misere führen, dürfte der von Bonn übernommene Raumschiff-Charakter Berlins zählen, wo die politische Klasse in den Dauerzustand abgehobener Irr-Realität geriet. Zwar belebte der plötzliche Vereinigungsprozeß kurzfristig das alte Gemäuer, doch falsche Entscheidungen mündeten schnell wieder in die früheren schlechten

Gewohnheiten, und so stand bald einer entscheidungsgehemmten Regierung eine rastlos-ratlose Opposition gegenüber, die fortzeugend den Eindruck vermittelte, sie wisse nicht, was sie wolle und wolle nicht, was sie wisse.

Vonwegen die Parteien wirken bei der politischen Willensbildung des Volkes mit – deren Führungskräfte sitzen überall in Regierungen, Parlamenten, Rundfunksendern, Kirchen, Gewerkschaften, Fernsehanstalten herum. Man begegnet der hohen Dame, dem hohen Herrn so häufig in den Medien, daß die Frage erlaubt sein muß, wann diese Leute noch Zeit finden, Politik zu betreiben. Aber ja, wir wissen, Politik ist eine Machtfrage, öffentliche Auftritte erhöhen den Bekanntheitsgrad, verleihen Image, also Machtzuwachs.

So spekuliert unsere politische Klasse. Und ihre weniger prominenten Zugehörigen, die nicht hundertmal im Jahr vor Kamera und Mikrofon gebeten werden, nutzen eben andere Möglichkeiten, um ihre unmaßgeblichen Ansichten zu verbreiten. Besonders in Ferienzeiten, wenn die Ober-Bosse nicht greifbar sind, trumpfen die lieben Hinterbänkler auf.

Dem Publikum geht das eitle, wuchernde Meinungsgelaber so auf die Nerven, daß Langeweile, Unwille und Ekel überhand nehmen. Sozialwissenschaftler rechneten aus, der Mensch verbringt von seinen durchschnittlich 650.000 Lebensstunden nur noch 38.000 bis 48.000 Stunden mit Arbeit. 196 Minuten hocke der Deutsche täglich vor dem Fernseher, mit steigender Tendenz. Das Resultat des berauschenden tv-Konsums sei steigende Gleichgültigkeit. Wir »verblöden in Freiheit«. In der öffentlichen Konkurrenz mit Moderatoren, Kommentatoren, Zensoren und fragwürdigen Matadoren sowie allerhand Schicki-Micki-Treibsand, der in die diversen Studios weht, verkommt noch der beste Politiker zum provinziellen Staatsschauspieler, und so viele beste gibt es ohnehin nicht.

Nachdem die deutschen Intellektuellen sich von der kritischen Analyse verabschiedeten und zu bloßen Zulieferern von Partei- und Medieninteressen degenerierten, ist der Niedergang des Politikers zum Werbeträger seiner selbst der letzte Verlust. Der Überdruß des Publikums an Politikern, die viel reden und streiten, jedoch wenig zuwegebringen, zeigt sich als Wahlenthaltung und Abkehr von dem ganzen tv-Theater. Nicht nur die öden Berichte von diesem oder jenem Dauerstreit lassen die Einschaltquoten sinken, selbst als sicher geltende Unterhaltungssendungen schlingern, alte Gags ziehen nicht mehr. Das Publikum ist gar nicht so blöd, es merkt genau, wenn es für dumm verkauft werden soll. Das Fernsehen reagiert darauf und wechselt die Unterhaltungs-Zugpferde aus, immer häufiger mitten im Rennen. Politiker, die keine Leistung mehr bringen und die mangelnde Effizienz durch vermehrte Medienauftritte wettzumachen suchen, werden genauso abserviert. Wahltage sind Zahltage? Neue Köpfe braucht das Land.

Was waren das für Zeiten, als es auch im Westen eine Opposition gab, deren Ziel nichts weniger als ein erneut aufrüstender Staat sein sollte. War alles vergeblich? Wo sind sie geblieben: der Pazifist Gustav Heinemann, der im Zweifelsfall linke Augstein, der tapfere Wolfgang Abendroth (das sogenannte Unterschriftenkartell von Abendroth bis Zwerenz …), die Adorno und Horkheimer bis Haffner und Dutschke, die furchtlosen Christen Niemöller und Gollwitzer, die jüdischen Exilanten Jean Amery, Ludwig Marcuse, Erich Fried, Fritz und Leo Bauer, Robert Neumann, der KZ-Häftling Eugen Kogon – verstorben, vergessen? Aus dem Gedächtnis getilgt im Rausch kriegerischer Normalisierung? Sind nur eifernde Zwerge übrig, behelmte Schwachköpfe und reichtumsgeile Kapitalraffer?

Im Gegensatz zum Osten hatten die Deutschen im Westen bei den Wahlen die Chance zur Auswahl. Warum votierten sie für Adenauer statt für Niemöller oder Eugen Kogon? Neue Köpfe hätte das Land bitter nötig gehabt. Sie entschieden sich für die ganz alte Garde, und die war so alt, daß sie den fatalen Sieg der Rechten über die Linke im Jahr 1933 ungescheut fortsetzte bis ins dritte und vierte Glied – so hinkten sie ins 3. Jahrtausend.

Bei einer Lesung auf der rauhen ostthüringischen Burg Ranis tauchte ein Trupp sympathischer älterer Herren aus einem Nachbarort auf. Ausdrücklich verlangten sie nicht nach dem Buch, aus dem ich verabredungsgemäß las, sondern nach *Krieg im Glashaus oder Der Bundestag als Windmühle*, meinem ironischen Bericht über vier Jahre als MdB im Bonner Parlament, erschienen im gleichen Verlag wie eben dieses Buch hier. Wie ich schnell begriff, hatte ich PDSler vor mir, gern abwertend »Altkader« genannt, was sie durchaus nicht zu verbergen suchten.

Einer vertraute mir lächelnd an: »Für die Partei tue ich, was ich kann.« Solche Offenheit ließ keinen Platz mehr für früheren Groll, Zorn, Feindschaft. Mir war, als sei das alles vergangen, wir engagierten Greise gehörten auf einer neuen, durchreflektierten Ebene wieder zusammen. In den besten dieser Genossen steckt ein beachtliches Potential, es ist ein Skandal, daß diese Kraft durch unterwürfig falsche und bornierte Politik verschleudert wurde. Ja, die Lenin-Stalinsche Linie hatte über revolutionäre Siege zur konterrevolutionären Niederlage geführt. Doch in unseren Menschen überdauert eine Energie, die fruchtbar gemacht werden kann, bis jüngere Sozialisten antreten. Und wenn nicht, sollte uns Alten über alle Differenzen hinweg ein wenig Gerechtigkeit widerfahren.

An diesem Abend auf der Burg Ranis fand ich ein Stücklein meines beinahe verlorenen Glaubens an unsere Ideen der Veränderung und des Aufbruchs nach dem Jahr 1945 wieder. Es kann nicht alles vergeblich gewesen sein. Unter der Asche des abgebrannten Hauses DDR fänden sich bald Schätze, dachte ich, nach denen zu suchen sich nicht nur für Archäologen lohnte. Vielleicht wird es sogar mehr sein, als von den Münsteraner Wiedertäufern geblieben ist. Wir waren freiheitlich, bevor uns die Unfreiheit schluckte. Ein neuer Versuch muß das berücksichtigen. Sozialisten allein sind gewiß nicht die Retter der Welt. Ohne sie aber ist die Welt verloren.

Die vorstehende Szene ist dem von Ingrid Zwerenz und mir stammenden Buch *Sklavensprache und Revolte* entnommen. Etwas verblüfft schließe ich ein Lob der PDS-Basis an, abgedruckt ausgerechnet in der *FAZ*. Nach den vorjährigen Landtagswahlen in Brandenburg und Sachsen hieß es dort im Leitartikel, der Ministerpräsident von Sachsen-Anhalt, Böhmer, habe seinen Leuten gesagt, sie müßten »so gut arbeiten wie die PDS«, wollten sie die nächsten Wahlen gewinnen. Die noch nie durch politische Sanftmut aufgefallene Mechthild Küpper interpretierte in furioser Selbstüberwindung: »Böhmer meint [...] das Seelsorgerische, Bürgernahe der PDS-Politik. Deren [...] Mitglieder engagieren sich in allen möglichen [...] Vereinen, Clubs, Beratungsbüros für Mieter, Rentner, Arbeitslose [...] So arbeiten erfolgreiche Parteien, und so werden Parteien erfolgreich.«

Keine Bange, der umfangreiche Rest vom Milliardärs-Zentralorgan bietet das gewohnte Gebräu aus Verleumdung, ererbtem Linkenhaß und Tunnelblick-Psychose. Wir nehmen aber Frau Küppers kurzfristigen Lichtblick zum Anlaß, der altersbedingt schrumpfenden PDS-Basis den längst fälligen Dank auszusprechen. Die Abkehr von einer »Diktatur des Proletariats«, die unter sklerotischen Politbüros zum Regime einsamer »Himmelsbewohner« verkam, wie der Moskauer Himmelsmitbewohner Alexander Jakowlew das nannte, war überfällig. Sie erkämpften den Sozialismus, indem sie ihn schon im Ansatz verhinderten. Damit Schluß zu machen ermöglicht erst einen linken und freiheitlichen Zugewinn. Im Osten immerhin hat die Partei das Zeug, die rechtslastige SPD zu marginalisieren und der CDU die Spitzenposition streitig zu machen, was dringend geboten ist, wollen wir uns nicht zurückschicken lassen in Weimarer Zustände.

Diese PDS gehört, egal unter welchem Namen, in den Bundestag, wo zuletzt nur zwei einsame tüchtige Genossinnen den Platz hielten. Ein linkenfreies deutsches Parlament ist keine legitime Volksvertretung, auch wenn es legal sein mag. Hitlers Reichstag war legal, aber mindestens seit der Illegalisierung der KPD nicht mehr legitim. Der vormals grüne SPD-Minister Schily, der einmal fernsehweit daran erinnerte, daß die SPD als einzige Partei gegen Hitlers Ermächtigungsgesetz stimmte, hätte fairerweise hinzufügen müssen: Die Kommunisten konnten nicht dagegen stimmen, weil sie bereits verfolgt, eingesperrt, gefoltert, ermordet worden waren. Dies zu verschweigen ist Geschichtsverfälschung, paßt aber zu einer Partei, die von der PDS permanent Vergangenheitsbewältigung verlangt, was die braven Ossis im Übermaß lieferten, während die Sozis noch ihren Noske hochleben lassen.

Die agitatorische Geschichts-Verwertung reicht vom Berliner Minister bis in die abfallenden Provinzen. Ein Beispiel lieferte Prof. Cornelius Weiß, SPD-Fraktionsvize und Alterspräsident im Sächsischen Landtag, der am 23. Mai 2004 in der ihn befragenden Chemnitzer *Freien Presse* erklärte: »In der DDR gab es keine sachlich-historische Auseinandersetzung mit dem Nationalsozialismus. Wir waren ja die Sieger, und die Bösen saßen im Westen, obwohl hier genauso viele Nazis in hohen Ämtern vertreten waren.«

Der hochdekorierte, vielbeschäftigte Weiß gilt als linker Sozialdemokrat und war von 1991 bis 1997 Rektor der Universität Leipzig. Als Naturwissenschaftler und weil er in der Sowjetunion studierte, weiß er vielleicht zu wenig über Deutschland, etwa über die Verteilung von Nazis in hohen Ämtern in Ost und West und wo von wem worüber geschwiegen worden ist. Als der junge Assistent Weiß Ende der 50er Jahre bei der Leipziger Universität antrat, waren wir dortigen Oppositionellen gerade ausgetrieben worden. Ich bin gern bereit, mit dem tüchtigen SPD-Genossen in einer öffentlichen Diskussion darüber zu reflektieren, was es mit den Nazis in hohen Ämtern auf sich hatte und wer den »Nazi-Jargon« sprach, den Weiß der DDR unterschiebt.

Was die leidige Vergangenheitsbewältigung angeht, so ist die PDS, wie mir scheint, ein beachtliches Stück weiter als die SPD, deren Spitzköpfen von Schily bis Weiß ein wenig Sebastian-Haffner-Lektüre zu empfehlen ist, etwa der Satz: »Die deutsche Revolution von 1918 war eine sozialdemokratische Revolution, die von sozialdemokratischen Führern niedergeschlagen wurde: ein Vorgang, der in der Weltgeschichte kaum seinesgleichen hat.« Viel Erfolg beim Lesen, Genossinnen und Genossen.

Nach 15 Jahren bedarf die PDS, will sie sich gegen soviel Feindseligkeiten verstetigen, einer gründlichen Selbstanalyse. Ihre Stärke ist: sie existiert. Ihre Schwäche: Sie verkörpert nicht das notwendige sozialistische Gegengewicht zur bürgerlichen Rechtsfront in Gesellschaft und Bundestag. Es gibt aber ohne Sozialisten keine Pluralität. Will die PDS nicht ewig die Ostpartei mit einigen Sympathisanten im Westen bleiben, muß sie sich aus der mentalen Rolle des Besiegten befreien.

Zum Untergang der DDR trugen viele Faktoren bei. Der Selbstverrat der Sowjetunion war die Folge des falschen Modells, das ökonomisch dem Kapitalismus unterlegen blieb, was Trotzki schon früh exakt voraussagte. Reden wir hier und jetzt nur von uns: Die DDR führte einen verzweifelten Kampf um ihre Existenz. Bedrängt vom Kapital im Westen, trug sie die Last der Reparations- und Kontributionszahlungen an die SU allein für ganz Deutschland. Für Wismut und erhebliche Besatzungskosten wurde die kleine DDR zur Kasse gebeten. Politisch aber verlor die SED ihre antifaschistische Überlebensenergie so rasant und gründlich, wie das sowjetische Modell erstarrte, was am Ende die Politbüros in Moskau und Ostberlin zum Panoptikum von Bürokraten verformte. Ein trickreicher Helmut Kohl genügte, Gorbatschow und Honecker die Luft rauszulassen.

Die PDS hat nicht das Erbe der Verlierer anzutreten, sondern ihre Mitglieder und Wähler gegen die sich als Sieger der Geschichte aufspielenden Herren und Diener des Kapitals zu verteidigen. Die Ostdeutschen wurden entmündigt und enteignet, als seien sie Feinde.

Der Kapitalismus der Bonner Republik erwies sich im selben Maße als überständig und ausgehöhlt wie der Sozialismus der Politbürokraten. Die Linke kann dagegen keine Revolution anbieten, aber die reiche, auch an Niederlagen geschulte Erfahrung von Sozialisten, die sich nicht zu verleugnen gedenken. Die uns umgebende Welt des Kapitals ist krisenkrank und blutbefleckt, ihre Kriege, Terrorakte und Massaker können von Sozialisten weder akzeptiert noch gar unterstützt werden. Die Weltbevölkerung ist kein Indianerstamm, den zu unterwerfen oder auszulöschen ein Privileg der USA wäre.

Die Chance der Linken besteht im Potential ihrer Courage, mit der sie dem Kapitalismus pur widersteht, der jetzt sein wahres widerliches Gesicht zeigt. Es gilt ein Grundgesetz zu verteidigen, dessen erster Satz mitsamt der ganzen Substanz von Mächten bedroht wird, die Deutschland wie früher allein regieren wollen. Die Geschichte lehrt, mit dem Sieg über Spartakus öffnete die Sozialdemokratie am Ende des Ersten Weltkriegs die Tür einen ersten Spalt für den Triumphzug der Nazis.

Wer den Sieg der Bonner Republik über die DDR zu einem erneuten Rechtsschwenk eskalieren will, hat nichts gelernt, sondern alles vergessen.

»Die regierenden 68er haben Land und Leute ruiniert«, klagte Brandenburgs CDU-Innenminister General a. D. Jörg Schönbohm kohlvergessen am 24. Juli 2005 in der *Frankfurter Allgemeinen Sonntagszeitung* und fordert unter der Überschrift »Die Freiheit, die ich meine!« kurzum: »Schluß mit der Selbsttäuschung! Wir müssen Ernsthaftigkeit und Grundsatztreue gegen Beliebigkeit, Prinzipienlosigkeit und Pflichtvergessenheit setzen. Ohne eine Politik, die auf Werten basiert, wird nichts wieder gut. Wagen wir also den Wandel.« Das sind die konservativen Böllerschüsse eines Generals, der den alten Feind Sowjetunion (jüdischer Bolschewismus) durch seinen zweitältesten Feind, den »68er«, ausgetauscht hat. Im Kampf gegen die beiden längst erledigten Erzfeinde fordert er nun als wildentschlossener Frontoffizier »Disziplin und Strebsamkeit«, den Arbeitslosen gerade noch die »Bereitschaft, sich für den Erfolg auch zu quälen«, zubilligend.

Mit dieser dröhnenden Rückwärts-Marschmusik wollen Angelas Generäle endlich siegen und haben dabei Verbündete. Wolfgang Thierse etwa, kein böser 68er, mit seiner glorreichen Widerstandskarriere in DDR-ministeriellen Amtsstuben, von wo aus er sogar gegen Biermanns Ausbürgerung zu protestieren riskierte, ein Held aus dem Lehrbuch ästhetischer Grundbegriffe.

Am 24. Juli 2005 saß Thierse gottgefällig in der Christiansen-Runde und belehrte väterlich verschrödert die neben ihm plazierte

Katja Kipping von der PDS. Frau Christiansen brachte die morschen altdeutschen Klischees in Frontstellung, und die eisern postierte Herrenrunde – einzige Ausnahme der zumindest erträgliche Unternehmer (sic!) Jürgen Preiss-Daimler – randalierte, wenn die 27jährige einsame Linke im rechten Zirkus das Wort zu ergreifen suchte. Anno 1990 war sie erst zwölf? Selber schuld, diese Kommunistin – vielleicht gar IM? Die hetzten dort drüben ja sogar Kinder in den Klassenkampf.

Schönbohm schrieb vor nicht allzu langer Zeit: An der DDR-Grenze wurden Menschen abgeschossen wie Hasen. Seine deutschen Vorgänger-Generäle verteilten an ihren Grenzen bekanntlich Veilchenpastillen. Na schön, das ist Vergangenheit.

Gegenwart ist die Formierung einer rechtsnationalen Einheitsfront von CDU/CSU/SPD/FDP plus grüner Obrigkeit gegen das mögliche Eindringen einer braven USPD, genannt Linkspartei, in den Bundestag. So etwas skandalisiert hierzulande bis zur Weißglut gegen die Roten. Ab 1933 kam man im Parlament der moribunden Weimarer Republik doch auch gänzlich ohne Linke aus. Erst wurde die KPD exekutiert, dann durfte die SPD sich selbst auflösen und die Gewerkschaften entarteten zur staatsfrommen Deutschen Arbeitsfront, denn sozial ist, wer Arbeit schafft (Alfred Hugenberg), und es ging doch nur darum, die Leute in Lohn und Brot zu bringen. Da wird Merkel mindestens so erfolgreich sein müssen wie Schröder – das Volk hat die Wahl und darf das Resultat dann ausbaden. Das war schon immer so.

Der Historiker Reinhart Koselleck erinnerte vor einiger Zeit daran, daß Hitler 1941 seine Chancen für den Angriff auf die Sowjetunion u. a. mit dem deutschen Sieg von 1917 über das Zarenreich begründete. Ein zweiter Grund für Hitlers Zuversicht waren Stalins Massenmorde an den eigenen Genossen und den Armee-Kommandeuren, so daß selbst sein Finnlandfeldzug scheiterte. Zwar scheiterte auch der deutsche Rußlandkrieg, doch verlängerte er zugeich mit der Stalinschen Dominanz die Agonie der KPdSU.

Das Jahr 1945 trug den Todeskeim von 1989 bereits in sich, wie das Versagen der deutschen Sozialdemokratie von 1914 und 1918 ihr Ende von 1933 bestimmte. Die Schrödersche SPD parodiert 2004/5 die Niederlage ihrer Vorgänger in der Weimarer Republik. Der tiefe Absturz in seiner Lust am Untergang spiegelt den fatalen Verlust von Ziel, Charakter und sozialer Dimension. Indem die SPD konsequent bourgeoise Politk nachäffte, stolperte sie beflissen in die konservativen Fallgruben.

Lafontaines Versuch, die inzwischen von sich selbst entfremdete Sozialdemokratie wieder zu rekonstruieren, kann immerhin Bewegung ins dumpfe Betonland bringen, wenn die PDS sich klug und selbstbewußt engagiert.

Man gebe sich keinen Illusionen hin, die deutschen Fundis und ihre Mitläufer in der Nachfolge der Bush-Krieger stehen in Kirchen, Parteien, Militär und Staat bereit. In der Weimarer Republik bedurfte es der Nazis, Parlament und Reich linkenfrei zu fegen.

In der Berliner Republik braucht es dazu keinen Hitler. Die Bourgeoisie lernte, ihre asozialen Ziele im langen Marsch durch die Institutionen zu realisieren, wenn dieser Entwicklung nicht widerstanden wird. Wer jetzt von links her allerdings nur Muster aufbietet, die schon gegen Hiter versagten, wird sich wieder Niederlagen einhandeln.

Der vielbeschworene Untergang der bipolaren Welt von USA und Sowjetunion führt zu einer neuen bipolaren Welt: die USA contra Asien mit China und Indien als Motoren. Universal betrachtet, muß verhindert werden, daß Europa sich für den nächsten Weltbürgerkrieg aufstellt. Eurozentrisch gesehen geht es für uns darum, das Grundgesetz zu erhalten. Auch dazu braucht es neue Köpfe in den Parteien und Parlamenten.

Und notabene: Ein Parlament ohne Linke ist ein Parlament der vereinten Rechtsnachfolger des Dritten Reiches

Die Fragen, die beantwortet werden müssen, lauten:
Wollen Linke den kapitalistischen Tiger reiten
oder ihn schlachten?
Wollen sie mit sozialistischen Zielen
über den Kapitalismus hinausgehen oder nicht?

Stefan Bollinger

Brüder, in eins nun die Hände? Linke Schwierigkeiten mit der Einheit

Von Stefan Bollinger

Spalten und vereinen

»In Anbetracht der heutigen Verhältnisse ist es nicht bloß eine Notwendigkeit, sondern die Pflicht jedes denkenden [Linken], mit allen ihnen zu Gebote stehenden Kräften und Mitteln für die Vereinigung der beiden [linken] Fraktionen einzustehen.«[1] Eine »baldige Lösung der Einheitsfrage« steht an.

Das ist keine Erklärung aus diesen Tagen angesichts der überraschenden und zunächst schwungvollen Annäherung der links der SPD in Ost und West aktiven politischen Kräfte von PDS und WSAG. Vielmehr handelt es sich um die Zustimmungserklärung eines Hannoveraner sozialpolitischen Arbeitervereins vor 130 Jahren zu einer anderen Vereinigung, in der die Klammerausdrücke lediglich durch »Arbeiter« bzw. »sozialdemokratisch« zu ersetzen waren.

Ja, die Einheit ist eine der ältesten und quälendsten Fragen linker sozialer Bewegungen. Die Einsicht, daß sie ein entscheidendes »Element des Erfolges besitz(en) […], die *Zahl*«, war immer mit dem Wissen um das isolierte, oft genug auch feindliche Mit-, ja Gegeneinander verbunden. Linke lieben es, Recht zu behalten, sich abzuspalten, andere auszuschließen, neue Parteien zu gründen. Deshalb schien eine der Lehren des Widerstands gegen den Kapitalismus zu sein, wie es Marx und Engels nicht müde wurden zu beschwören, »Zahlen fallen nur in die Waagschale, wenn Kombination sie vereint und Kenntnis sie leitet. Die vergangene Erfahrung hat gezeigt, wie Mißachtung des Bandes der Brüderlichkeit, welches die Arbeiter der verschiedenen Länder verbinden und sie anfeuern sollte, in allen ihren Kämpfen für Emanzipation fest beieinanderzustehen, stets gezüchtigt wird durch die gemeinschaftliche Vereitlung ihrer zusammenhangslosen Versuche.«[2]

Wer die Zukunft gewinnen will, sollte einen Blick in die von

Siegen und noch mehr Rückschlägen reiche Geschichte der Linken werfen. Nicht, um das »Projekt« eines Zusammenführens der Kräfte von vornherein als für den Orkus bestimmt zu betrachten, sondern um nüchtern und offen Probleme zu erkennen und vielleicht die dümmsten Fehler zu vermeiden.

Im Sommer 2005 ergibt sich eine Konstellation, die der Linken tatsächlich überraschend und weitgehend unverdient die Chance für eine Neuorientierung, vielleicht Neuformierung einräumt. Die hatte es schon einmal 1998 gegeben, als eine Wählermehrheit die neoliberal agierende konservativ-liberale Dauer-Koalition unter Kanzler Kohl in die Wüste schickte. SPD und Bündnisgrüne (40,9 + 6,7 Prozent) bildeten eine Regierung, die PDS (5,1 Prozent) konnte erstmals mit Fraktionsstärke in den Bundestag einziehen. Die Hoffnung auf einen nicht nur schnöden Machtwechsel, genauer: des Wechsels der Figuren in Regierung und Ausschüssen, sondern auf einen Politikwechsel sollte sich aber schnell verflüchtigen. Denn inzwischen hatte die SPD (und die Grünen sowieso) einen Kurswechsel vollzogen, der das einst so mustergültige demokratisch-sozialistische *Berliner Programm* zur Makulatur werden ließ. Dort hatte sie sich immerhin bekannt: »Es ist ihre historische Grunderfahrung, daß Reparaturen am Kapitalismus nicht genügen. Eine neue Ordnung von Wirtschaft und Gesellschaft ist nötig.« Deshalb will sie »die Tradition der demokratischen Volksbewegungen des neunzehnten Jahrhunderts fort(setzen) und [...] daher beides: Demokratie und Sozialismus, Selbstbestimmung der Menschen in Politik und Arbeitswelt.«[3]

An Stelle dessen waren nun Ideen über eine »neuen Mitte« eines allerdings rasch in der Versenkung verschwindenden »Vordenkers« Bodo Hombach und vor allem des Blair-Schröder-Papiers im Schwange. Die Globalisierung wurde zum Alibi, um den sozialen Anspruch, das Linkssein, preiszugeben. Eine wenig sozial ummäntelte neoliberale Politik sollte verwirklicht werden. Den Wirtschaftsbossen sollte diese Beihilfe zur Aufkündigung des »Rheinischen Kapitalismus« nur recht sein.

Auch wenn erst in der zweiten Wahlperiode ab 2002 trotz leicht schwindender Wählerunterstützung (SPD 38,5; Grüne 8,6 Prozent), zudem nach dem unglücklichen, aber verdienten Ausscheiden einer lendenlahm gewordenen PDS (4,0 Prozent), der Kurs der Rosa-Grünen ganz offen in Richtung »Agenda 2010« und neue »Hartz-lichkeit« ging, so marschierten Land und Regierung schnurstracks in eine politische Krise. Hier sah der Kanzler nach dem Verlust des SPD-Kernlands Nordrhein-Westfalen nur noch den Ausweg in der Flucht nach vorn, in Neuwahlen.

Das war und ist Gelegenheit für alle Parteien, ihre Reihen neu zu ordnen, Konzepte zu schärfen und sie gleichzeitig neu zu tarnen. Aber auch PDS und andere Linke können Zukunftsziele präzisieren und vielleicht nicht nur Papier beschreiben und am Stammtisch über große Zeiten nachdenken, sondern handeln.

Zunächst zwang des Kanzlers Verzweiflungstat Linkssozialisten der PDS und enttäuschte Sozialdemokraten wie Gewerkschafter der WASG zur Entscheidung, kurzfristig gemeinsam eine Alternative zum neoliberalen Einheitsbrei aller etablierten Parteien zu entwickeln. Vorerst geht es um ein faktisches Wahlbündnis, wenn auch formal auf Listen einer sich rasch zur *Linkspartei.PDS* umnennenden PDS. Nach nur zwei Jahren soll gar der organisatorische Zusammenschluß zu einer gemeinsamen Partei folgen. Einmal abgesehen davon, ob dies so reibungslos funktioniert, ob eine mögliche Fraktion gemeinsam Tritt faßt, bleibt eine zentrale Aufgabe zu lösen: Eine gemeinsame Programmatik, die die aktuelle anti-neoliberale Politik begründet wie mittelfristig in eine Alternativpolitik wohl eher sozialdemokratischen Zuschnitts übergehen könnte und schließlich doch wieder vor der Frage steht, ob es denn Sozialismus sein soll oder nur der wiederholte Zähmungsversuch des Kapitalismus mit Rückgaberecht.

Viel war während der Kandidaten-Nominierung zu hören von der »historischen Chance« für die Einheit *der* Linken. Sachlich muß erinnert werden, daß es nicht die große Wiedervereinigung der im Ersten Weltkrieg zerfallenen und gespaltenen Linken ist. Der damalige Bruch geschah zudem nicht aus Jux und Dollerei. Die Linke zerbrach an der Stellung zum Krieg und der Bereitschaft, sich vom damals kaiserlichen, kapitalistischen Staat einbinden zu lassen. Der Bruch vertiefte sich in der Konfrontation von Revolution und Konterrevolution, von Reformpolitik und Heilungsversuchen für den Kapitalismus.

Es ist genausowenig die erhoffte Einheit all jener Linkskräfte und noch mehr der spätestens nach 1989 in Einzelschicksale zerbröselnden Linken jenseits der einst sich links verstehenden SPD und Grünen.

Es ist die – hoffentlich – zukunftsweisende Annäherung von Ost- wie West-Linken, ein anstehender Lernprozeß und vor allem ein gemeinsamer Kampf gegen eine definierte Bedrohung. Sie steht für den Gedanken einer »doppelten Einheitspartei« von Linken unterschiedlicher historischer Erfahrung und Vorbilder, *zugleich* aber auch von Ost und West.

Parteivereinigungen der Linken in Deutschland standen längerfristig nie unter einem guten Stern. Viermal hat es in ernsthaften Größenordungen bislang geheißen: »Einheit!«, wurde die historische Chance nach Niederlagen beschworen:

– 1875 beim Zusammengehen von Eisenachern (SDAP mit 9.100 Mitgliedern) und Lassalleanern (ADAV mit 15.300 Mitgliedern) zur sozialdemokratischen Sozialistischen Arbeiterpartei;

– 1920 beim Anschluß des linken Flügels der USPD an die KPD, die nunmehrige VKPD, in der sich knapp 300.000 bis 400.000 Linkssozialisten mit gut 50.000 bis 70.000 Kommunisten vereinten;

– zwei Jahre später bei der Rückkehr der Reste der USPD (ca. 200.000) zur Mehrheitssozialdemokratie; schließlich

– 1946 bei der Vereinigung von KPD und SPD zur SED mit ihrer Widersprüchlichkeit von gewollter Einheit und Zwang. Hier fanden in der Sowjetischen Besatzungszone und Ostberlin 680.000 Sozialdemokraten und 620.000 Kommunisten zueinander.

Der Anschluß der Ost-SDP an die West-SPD 1990 kann hier vielleicht ausgeklammert werden.

Der Wille, stärker zu werden, Spaltungen zu überwinden und für den Sozialismus besser kämpfen zu wollen, war in allen Fällen bestimmend. Der Vollzug der Einheitspartei war interessanterweise *zunächst* immer recht erfolgreich. Die zahlenmäßige Stärke wuchs deutlich, Führungsgremien sollten paritätisch arbeiten. Das einheitliche Handeln war in der jeweiligen Situation durchaus wirksam.

Die jeweilige langfristige Geschichte der nunmehr vereinten Parteien zeigte indes, daß der Wille zum gemeinsamen Handeln überlagert wurde. Macht- und Positionskämpfe wurden durch die organisatorisch geschickteren Teile zu Lasten des Partners entschieden, unabhängig von zahlenmäßigen Relationen. Vor allem aber erwies sich, daß programmatische Vereinigung und gemeinsame Organisation überaus problematisch sein konnten.

Charakteristisch ist hier eine überlieferte Episode vor dem Hallenser Parteitag der USPD, der über das Zusammengehen mit der KPD entscheiden sollte. Einer der USPD-Führer wurde ungewollt Zeuge eines Gesprächs von Hugo Eberlein von der KP-Zentrale mit dem KI-Redner auf dem Parteitag: »›Genosse Sinowjew [Komintern-Vorsitzender], die Genossen der [KPD-]Zentrale haben mich abgeordnet, Sie zu warnen, daß Sie den faulen Köppen von der USPD keinerlei Konzessionen in der Frage der 21 Bedingungen [der KI] machen. Sie dürfen uns keineswegs von diesen linken USPD-Führern, von denen die meisten Dummköpfe und gänzlich unmöglich sind, an die Wand drücken lassen. Nach der Spaltung in Halle müssen alle Abreden so getroffen werden, daß wir die Garantie haben, die Zentrale der verschmolzenen Partei absolut zu beherrschen.‹«[4]

Die Vereinigungsprozesse waren meist nicht durch eine dialektische Vereinigung auf höherem Niveau gekennzeichnet, sondern durch Pragmatismus und Machtgerangel. Vielleicht hat Marx' Warnung nicht nur für 1875 Berechtigung, der angesichts eines seiner Lesart nach rückschrittlichen, illusionären Programms meinte, man hätte »einfach eine Übereinkunft für Aktion gegen den gemeinsamen Feind abschließen solln. Macht man aber Prinzipienprogramme (statt diese bis zur Zeit aufzuschieben, wo dergleichen durch längere gemeinsame Tätigkeit vorbereitet war), so errichtet man vor aller Welt Marksteine, an denen sie die Höhe der Parteibewegung mißt.«[5] Damals erwies es sich allerdings, daß an und für sich das Programm eine geringere Rolle spielte als die zweckmäßigen politischen Handlungen der neuen Partei, die alsbald sich gegen Bismarcks Verfolgungen wehren mußte. Das war auch später so.

1920 hatten sich Kommunisten und linke USPD-Mehrheit auf der Basis der 21 Aufnahmebedingungen der Komintern geeinigt, die die Diktatur des Proletariats und die Verteidigung der Sowjetrepubliken in den Mittelpunkt rückten und den »vollständigen und absoluten Bruch mit dem Reformismus und mit der Politik der ›Zentristen‹« verlangten, schließlich »periodische Reinigungen« der Partei von kleinbürgerlichen Elementen.[6] Danach ging es aber um den Kurs der Partei, die Verwechslung von Abwehrkämpfen der Arbeiter mit einer revolutionären Situation, die die VKPD in den März-Kämpfen 1921 scheitern und zwei Drittel ihrer Mitglieder verlieren ließ.

Das gemeinsame Programm der frisch gegründeten SED, ihre

»Grundsätze und Ziele«, fand positiv Echo: »Die bitteren Erfahrungen der Vergangenheit lehren, daß die Arbeiterklasse nur dann die Führung im Aufbau der neuen, freien, unteilbaren deutschen Republik haben wird und zur Umgestaltung der gesamten politischen, wirtschaftlichen, kulturellen und geistigen Beziehungen, zum Aufbau des Sozialismus nur schreiten kann, wenn sie die Spaltung in ihren eigenen Reihen überwindet, die sozialistische Einheitspartei schafft und das ganze werktätige Volk um sich sammelt.«[7] Der Honigmond der Einheit war dann zu Ende, als bisherige Sozialdemokraten im Zuge der Formierung zur stalinistischen »Partei neuen Typus« Einfluß, Gestaltungsmöglichkeiten, oft auch ihre Freiheit verloren.

Unbekannte Genossen

Die ersten Streite der neuen *Linkspartei.PDS* gingen um Listenplätze und mißverständliche Äußerungen der Galionsfiguren. Der Stallgeruch der »stalinistischen SEDler« gefiel einigen West-Kollegen nicht. PDSler sorgten sich um Radikalinskis und Dauerdiskutierer. Eine inhaltliche Analyse der Gemeinsamkeiten und Unterschiede der beiden politischen Kräfte steht noch aus. Das betrifft auch den realistischen gegenseitigen Blick auf Mitgliedschaft und Funktionäre. Eine Analyse ist jenseits der Wahlprogrammatik schwierig, weil geschlossenere Positionsbestimmungen der WASG sowie ihres politischen und intellektuellen Personals im Unterschied zur PDS noch fehlen. Reformverständnis und gewerkschaftliches Denken können zwar vorausgesetzt werden, aber die Partei wurde noch in ihrer Formierung von der Einheitswut überrollt.

Die PDS hat zwar ein lange diskutiertes Programm und Theoretiker, ist aber bei näherem Hinsehen keineswegs homogen. Viele programmatische Positionen sind mühselig austarierte Kompromisse, deren Erhaltung offen ist.

Trotzdem schälen sich bei der WASG gegenüber der PDS möglicherweise unterscheidbare Positionen heraus:

- in der Anerkennung des Staates als wichtigem politischen Regulator contra einer stärker auch zivilgesellschaftlichen Ausrichtung;
- in der Verteidigung des Normalarbeitsverhältnisses contra der Anerkennung unterschiedlicher Lebens- und Arbeitsentwürfe;

- in einer eher auf die Verteidigung der Arbeit ausgerichteten Wirtschaftspolitik contra einer nicht allein auf Lohnarbeit fixierten Sichtweise;
- einer differenzierten Sicht auf ausländische Arbeitnehmer und Immigranten;
- in der gewissen Unterschätzung der Rolle der Frauen contra einer stärker feministischen Herangehensweise;
- in der Gewichtung einer entmilitarisierten Außenpolitik;
- in der Frage von Atomenergie und alternativen Energieträgern.

Möglicherweise sind dies bei der WASG tatsächlich Reminiszenzen an die Politik der 1970er Jahre, die von einer in dieser Frage moderneren PDS, genauer: ihrer tonangebenden Politiker- und Theoretikergemeinde, anders aufgefaßt werden. Die hat allerdings die Erfahrung eines gescheiterten staatlich organisierten Sozialismus mit Hierarchien, Organisationsstrukturen und Allmacht des Staates hinter sich. Damit will sie nichts mehr zu tun haben. Sie hat aus der Not eine Tugend gemacht, keine in der Arbeiterklasse mehr verwurzelte Partei zu sein. Deshalb sind ihre Funktionsträger eher aufgeschlossen für neue Ansätze von Zivilgesellschaft, Netzwerken, lockeren Organisationen, für ein stärker auf Feminismus und Ökologie ausgerichtetes Politikverständnis.

Ob dies allein modern ist, ob hier nicht zum Teil schlechte Erfahrungen mit dem Realsozialismus zum Verwerfen unentbehrlicher Prinzipien hinsichtlich einer parteimäßigen Organisation, der zentralen Rolle der Arbeit und eines nationalstaatlichen Bezugs verleiten, steht auf einem anderen Blatt. Vielleicht ist eine solche Konfrontation von Positionen nicht nur angesichts der momentan übergreifenden Abwehr des Neoliberalismus und der Verteidigung des Sozialen eher Anlaß, eigene Positionen und Programmatik auf beiden Seiten einer genaueren Prüfung zu unterziehen? WASGler mit ihrem Gewerkschaftshintergrund könnten hier z. B. wieder Erfahrungen der organisierten Arbeiterbewegung einbringen.

Gemeinsames programmatisches Ringen zielte auf ein Profil gegen aktuelle Erscheinungsformen des Neoliberalismus. Knackpunkt könnte aber die Notwendigkeit einer sozialistischen Perspektive sein. Das ist nicht zuletzt deshalb problematisch, weil marxistisches Gedankengut – auch unter PDS-Funktionären – eher ein Nischendasein führt, die notwendige Radikalität des Wandels sichtlich unterschätzt wird, die Organisation und Mobilisierung der alternativen politischen Kräfte bis weit in die betroffene Bevölkerung hinein wenig thematisiert wird und Vorstellungen von einem eher libertären Weg zum Sozialismus die Organisationsfrage auszuhebeln scheinen.

In der PDS sind erhebliche Teile des Parteiestablishments, der wohlsituierten Abgeordneten, soweit im Kapitalismus und seinem politischen System angekommen, verzahnt, versunken, daß sie den Sozialismus im Alltagsgeschäft als Ziel abgeschrieben haben könnten und ihm nur im Visionsbestand für die Sonntagsreden einen gesicherten Platz zubilligen mögen. (Viele Aktivisten der WASG, besonders in Berlin, haben sich gerade wegen dieser Etablierung von der PDS abgewandt, suchten gar das von ihr mitgetragene Regierungsbündnis in der Hauptstadt durch ein Volksbegehren zu stürzen.)

Bezahlte Gewerkschafter in der WASG dürften ähnlichen Anfechtungen ausgesetzt sein.

Das Fähnlein der Aufrechten der Kommunistischen Plattform (KPF) und die weniger beweglichen Basis-Teile brauchen den Sozialismusbegriff für ihr Selbstverständnis und wären eigentlich schon über eine Nennung froh. Aber in der aktuellen Debatte ist nicht von seiner »Renaissance« auszugehen. »Im Wahlprogramm der frisch gegründeten deutschen Linkspartei kommt der Sozialismus [...] nicht vor. Nicht einmal als ›demokratischer‹ wird er beschworen. Genaugenommen sucht man alle typischen Vokabeln aus dem alten Arsenal klassenkämpferischer Rhetorik vergebens: Kein Wort von Ausbeutung und Entfremdung, es fehlen ›der Arbeiter‹ und ›die Reichen‹, von ›Klassen‹ ist nur im Blick auf die Schulpolitik die Rede, und auch der Kapitalismus wird nicht erwähnt, also die Systemfrage nicht gestellt, sondern nur die ›Übermacht des Kapitals‹ beklagt. Vielleicht wurde mit Rücksicht auf die WASG Kreide gefressen, denn deren Milieu, das vom linken Gewerkschafter bis zum bürgerlichen kleinen Selbständigen reicht, deckt sich keineswegs mit dem der PDS. Vielleicht aber haben sich die Chancen für eine Renaissance orthodoxer Positionen in Wahrheit um keinen Deut verbessert.« Aber immerhin: Solange die Arbeitslosigkeit ebenso steigt wie der Aktienkurs gilt, so die *Neue Zürcher Zeitung* am 8. August 2005 weiter, »ökonomisch kann man das sicher befriedigend erklären. Moralisch aber bleibt ein Stachel. Solange er Menschen zu Wut reizt, wird die ›ewige Linke‹ nicht verschwinden.«[8]

Der Befund stimmt wohl. Während in den letzten beiden Europawahlprogrammen ein solcher Bezug fehlt, findet sich 1998 im Wahlprogramm neben dem ausgeschriebenen Parteinamen eine Formel, die zumindest erhellt, daß »Sozialismus« nicht moralisierende Allerweltsfloskel ist, auf die beliebig verzichtet werden kann – von Linken: »Die Vorherrschaft von Kapital und Profitorientierung in der Gesellschaft betrachtet die PDS als die entscheidende Ursache der gesellschaftlichen und globalen Krisen. Menschliches Überleben, eine soziale, ökologische und kulturelle Perspektive verlangen gebieterisch weitreichenden gesellschaftlichen Wandel. Die Kapitaldominanz über die gesellschaftliche Entwicklung zurückzudrängen ist dafür unerläßlich. Unser Ziel bleibt der demokratische Sozialismus – eine Gesellschaft, in der die freie Entwicklung des Einzelnen zur Bedingung der freien Entwicklung aller geworden ist.«[9]

Vier Jahre später ist diese Formel eingedampft, aber immerhin: »Deutschland braucht diese PDS, die gegen die Vorherrschaft des Großkapitals in Staat und Gesellschaft ankämpft, die Engagement der Menschen will und die natürlichen Lebensgrundlagen verteidigt. Ihr gesellschaftliches Ziel ist demokratischer Sozialismus – eine Gesellschaft, in der die freie Entwicklung der Einzelnen zur Bedingung der freien Entwicklung aller wird.«[10]

Gerade deshalb wird der Zusammenhang zwischen einer heute unverzichtbaren Einpunktbewegung gegen die schlimmsten neoliberalen Folterwerkzeuge, dem Entwickeln einer Strategie zur Zähmung des Kapitalismus etwa durch Neokeynesianismus und der sozialistischen Zielsetzung eigentlich immer wichtiger. Denn nur so könnte bei entsprechender Massenmobilisierung überhaupt erst die privatkapitalistische Eigentumsordnung in Frage gestellt und der Ausbau der Demokratie ermöglicht werden. Das war allerdings immer Streitpunkt unter Linken.

In Zeiten, da der Kapitalismus kenntlicher wird als jemals seit Mitte des 20. Jahrhunderts, ist dies hochaktuell. Es könnte aber auch sein, daß sich die verschiedenen Flügel in diesem Einigungsprozeß Illusionen hingeben. Die KPF hofft auf eine Vertiefung der klassenkämpferischen Aspekte durch aktive Gewerkschafter und den linken (trotzkistischen) Flügel der WASG. Pragmatische PDS-Funktionäre erwarten mehr Wirtschafts- und Gewerkschaftskompetenz für eine ansonsten offene, pluralistische Partei. PDS und WASG setzen auf die mögliche Ost-West- bzw. West-Ost-Ausdehnung einer Gesamtpartei, potentielle Funktionäre und Mandatsträger auch auf Posten und Pöstchen. Für die WASG ist die finanzielle und organisatorische Potenz der PDS interessant, für die eher schwachen PDS-Westverbände wiederum die relative Stärke des neuen Flügels bedrohlich. Vor allem: Bislang wächst von unten noch keine gemeinsame Diskussion, da dominiert der Wahlkampf. Allein traute Vorstandsrunden in Hinterzimmern werden den theoretischen und inhaltlichen Gehalt des Zusammenangehens nicht gewährleisten können.

Noch einmal ein Gedanke aus der Kritik am Gothaer Vereinigungsprozeß. Damals schrieb Engels an seinen Freund August Bebel: »Der Programmentwurf beweist, daß unsere Leute theoretisch den Lassalleanerführern hundertmal überlegen – ihnen an politischer Schlauheit ebensowenig gewachsen sind; die ›Ehrlichen‹ sind einmal wieder von den Nichtehrlichen grausam über den Löffel barbiert.«[11] Vielleicht ist diese Feststellung doch sehr aktuell, ohne daß die Rollen heute schon verteilt sein müssen.

Theorie und Programm, Programm und Politik

Ein Blick auf die heutigen Tage läßt vermuten, daß das Ringen um ein einheitliches linkes Programm für eine neue Formation gar nicht so einfach wird. Politiker der PDS wie der WASG hoffen auf eine »neue Sozialdemokratie«, die die Erbschaft der alten übernimmt und jene Partei, die diesen Namen noch trägt, verdrängt, vielleicht langfristig auch aufsaugt. Dabei kommen einige Probleme zusammen, die auf den ersten Blick nicht zu vermuten sind, wenn Linke über eine kapitalismuskritische, anti-neoliberale Politik nachdenken müssen und gemeinsam handeln wollen. Aber die einhellige Ablehnung der »Agenda 2010« wie auch der entsprechenden christdemokratischen und liberalen Konzepte reicht wohl nicht.

Zu den Eigentümlichkeiten der Niederlage der Linken 1989/90 im Osten und letztlich auch im Westen gehört eine bislang ungeahnte programmatische wie theoretische Verunsicherung. Der Crash des Staatssozialismus hat nachdrücklich keineswegs nur stalinistische Repression und Antidemokratismus, die Allmachtsträume einer Monopolpartei ad absurdum geführt und recht dauerhaft aus dem Repertoire linken Politisierens gestrichen. Bei dieser Gelegenheit sind auch einige andere Wesenszüge staatlich organisierter sozialistischer Versuche den Bach heruntergegangen, ohne daß ausreichend geprüft wurde, ob sie nicht vielleicht doch für einen künftigen sozialistischen Weg unentbehrlich sein könnten. Und auch, ob sie nicht recht seltsame Ähnlichkeiten mit linkssozialistischen wie sozialdemokratischen Modellen im Westen haben könnten, wie sie sowohl in Skandinavien wie Westeuropa, nicht zuletzt in Westdeutschland praktiziert wurden. Das betrifft die Verstaatlichung von Industrien und Banken, kollektive und organisierte Lebensformen, recht straff organisierte und dennoch demokratisch verfaßte Parteien und Gewerkschaften, die zentrale Rolle der Arbeit, die nationalstaatliche Organisation des Wirtschaftslebens, um nur die wichtigsten zu nennen.

Sozialdemokratisch und gewerkschaftlich sozialisierte und kampferfahrene Linke bringen diese Erfahrungen mit. Wenn sie selbstkritisch sind, wissen sie auch um die Versäumnisse und Verbürokratisierungen. Im Zuge der postfordistischen Entwicklungen, der Globalisierung unter den Vorzeichen der Produktivkraftrevolution waren seit den 1970er Jahren im Westen auch ihre Gestaltungsversuche ins Gerede gekommen. »Neue Heimat«- und coop-Skandale, der Mitgliederschwund der Gewerkschaften, Stagnation von Mitbestimmung und Humanisierung der Arbeit, vor allem aber Massenarbeitslosigkeit, Auflösung des Normalarbeitsverhältnisses, Scheitern der Arbeitszeitverkürzungen haben dies begünstigt. Trotzdem vertreten sie noch Konzepte einer *sozialen Linken*, die Arbeit und Organisation, soziale Gerechtigkeit als Verteilungsgerechtigkeit hochhält. Gerade deshalb wäre eine Verständigung über den Inhalt einer »neuen Sozialdemokratie« notwendig. Unterscheidet sie von der radikalen Linken nur die Ablehnung der »Diktatur des Proletariats« und der Verzicht auf Revolutionsspielerei, das Bekenntnis zur Reform als Vehikel eines radikalen (also letztlich doch revolutionären) Bruchs mit dem Kapitalismus? Dann wäre die Distanz zu geläuterten Kommunisten gering, allerdings größer zu jenen, die doch nur die Humanisierung des Kapitalismus als Daueraufgabe ansehen.

Die Erbschaft der Linkssozialisten der bisherigen PDS ist hier zwiespältig und wird durch die Morgengabe jener PDS-Mandatsträger jüngeren Alters noch überlagert, die aus biographischen Gründen und den Erfahrungen einer anerkannten politischen Einbindung für sich die Vorzüge der vermeintlich postindustrialisierten Welt entdeckt haben. Ihr eher *kulturelles Linksein* muß sich nicht mehr auf Arbeit gründen. Normalarbeitsverhältnisse kollidieren mit vielfältigen Lebens- und Arbeitsformen, traditionelle Ziele der Arbeitszeitverkürzung wie der Wirtschaftsdemokratie haben ein schwindendes Gewicht in einer verabschiedeten Arbeitsgesellschaft. Ihnen fällt es leicht, über soziale Grundsicherungen auch ohne Arbeit zu reden, die Freigabe von Drogen zur Bewußtseinserweiterung zu begrüßen, die Vielfalt von Lebensentwürfen toll zu finden und an die Stelle straffer Organisation auf Netzwerke, lockere Diskurse und Projekte zu setzen.

Gerade letztere Begriffsbilder verweisen schon auf die Probleme. Linkssein kann, wie manch anderes in den modernen Gesellschaften, zu Unverbindlichkeit verkommen.

Daneben steht jene ältere Generation der heute ab 50jährigen, die die DDR als Gesellschaftsversuch, nicht ihre repressive Ausgestaltung, tatsächlich vermissen, nicht nur aus biographischen Gründen. Sie trauern mit mehr oder weniger Tränen der DDR nach, wohl wissend, daß hier Sozialstaatlichkeit und Menschzentriertheit – trotz aller stalinistischen Züge – betrieben wurde, die im real existierenden Kapitalismus nicht zu erwarten sind. Sie haben sich allerdings mit dem Wandlungsprozeß der Partei arrangiert – aus Bequemlichkeit, aber auch aus Hoffnung, ihn einer zeitgemäßeren, vielleicht weniger strengen Strukturiertheit sozialen Wandels zu bewerkstelligen. Nach kurzem Murren haben sie die Pille Linkspartei geschluckt, akzeptieren sie unbekannte WASGler auf Kandidatenlisten. Parteidisziplin und vage Hoffnung treibt sie um. Allein die Standfesten der KPF murren etwas lauter.

Wie der Fusionsprozeß in den anvisierten zwei Jahren laufen wird, steht noch in den Sternen. Ein Einzug in den Bundestag wird Vorentscheidungen bringen, vor allem ob und wie, vor allem wie lange sich die »bunte Truppe« Gysis und Lafontaines (und die beiden miteinander) zusammenraufen können. Welchen Einfluß mag die Nähe zu einem vielleicht denkbaren Wandel der dann oppositionellen und sich neu orientierenden Sozialdemokraten und Grünen haben, kann man hier zusammengehen?

Die Erfahrungen der »bunten Truppe« von 1994 bis 1998 lassen vermuten, daß dieser Prozeß in der Fraktion recht schillernd ausfallen kann. 40, gar 60 moderne linke Abgeordnete sind heute genauso viele Individualisten, noch multipliziert mit ihren Fraktions- und Wahlkreismitarbeitern. Der sprichwörtlich »Sack Flöhe« dürfte da noch ein organisiertes und kooperatives Etwas sein.

Ein schlichter Blick auf die Erfahrungen der jüngeren Geschichte zeigt zudem, daß die Fraktionen in den Parteizusammenhängen ob ihrer erheblichen materiellen Ressourcen die größte Chance haben, auf die Partei einzuwirken. Die eigentlichen Parteistrukturen, die Ehrenamtlichen, die Partei-Mandatsträger werden eine weit geringere Rolle spielen als bei allen früheren Parteivereinigungen, wo die engeren Führungszirkel die Hauptarbeit leisteten und im Zweifelsfall überzeugten und Druck ausübten. Es wird auch darauf ankommen – dies relativ unabhängig von den Aktivitäten der künftigen Regierung, sicherlich am günstigsten zu Zeiten einer Großen Koalition, die den Unmut auch zugunsten der politischen Linken fördern könnte –, wie die Fraktion den Schwerpunkt ihrer Arbeit sieht. Begreift sie sich als *Regierung im Wartestand*, verschleißt sie sich in parlamentarischer Arbeit, vernachlässigt sie Partei und Bürger, schlägt Chancen für eine massive außerparlamentarische Arbeit aus? Oder sucht sie die Öffentlichkeit, die Straße zu mobilisieren? Wenn heute schon in der Opposition über einige Euro eines Mindestlohns gestritten wird, wo es außer um Wählerstimmen für eine starke Opposition noch um nichts geht, läßt das Zoff erwarten.

Was not tut, ist die Verständigung der Fraktion, noch mehr aber der künftig fusionierten Partei über die aktuelle, die mittel- wie die langfristige Politik der Linken. Und dies noch in einer Weise, daß andere linke Kräfte die Möglichkeit behalten, an diese Formation anzudocken. Seien es die DKPler, die Überreste der diversen K-Gruppen, die Aktivisten der NGOs, gar die Mitglieder von SPD und Grünen, Gewerkschafter.

Die Einheit der Linken sollte ja wohl die Parole sein?!

Der Tag danach

Bis zur Bundestagswahl und der Konstituierung von Parlament und Fraktionen wird – wenn nichts Unvorhergesehenes eintritt – die parlamentarische Struktur der *Linkspartei.PDS* funktionieren. Spannend wird es am Tag danach, schon in einer möglichen Konstellation, in der diese Fraktion vielleicht einer SPD-geführten Regierung noch ein Überleben verschaffen könnte. Aber selbst wenn dieser Kelch einer jäh aufscheinenden Machbarkeit linker (?) Politik, zumindest des kleinen Übels, an den Abgeordneten vorbeigehen mag, werden nun erst Herausforderungen und Risiken beginnen. Die Fraktion muß sich formieren. Ihre beiden Galionsfiguren müssen sie führen und, wie gesagt, die Individualisten zur gemeinsamen Aktion bringen. Es wird der alte Spruch greifen

»Nach der Wahl ist vor der Wahl«. Denn ein dauerhafter Bestandteil des gesamtdeutschen politischen und parlamentarischen Systems kann die *Linkspartei.PDS* nur werden, wenn sie beim nächsten Mal wieder den Sprung schafft.

Hier ist die Schaffung einer Einheitspartei neuen Typs das zentrale Problem, über das sich offenbar die Beteiligten noch recht unklar sind. Denn schnell wird sich die Frage stellen, wer denn bei der Parlamentsgewinnung und nun bei der Parteifusion wen ausgetrickst hat, erst recht in Parteibildung und Programmdebatte. Es muß ein Weg von unten gefunden werden, mit Öffentlichkeit, mit Partei und mit der Bundes- und den Landes-Stiftungen.

Es ist natürlich auch das Risiko einer Neufindung der WASG und einer Spaltung derselben wie einer linken Abspaltung von der PDS zu befürchten. Denn so verlockend der Einheitsgedanke ist – und angesichts der wirklichen Einheitspartei CDUCSUFDPSPD-Grüne als neoliberale Einheitsmasse auch erscheint – vielen WASGlern scheint diese Einheit nicht zu passen. Sie ist bislang nur bedingt zu ihren Gunsten gelaufen, vor allem, sie müssen sich mit der DDR-Erblast abfinden, die sie schon immer bekämpft hatten.

Dazu kommt jener Grundkonflikt, der ursprünglich das Aufkommen der WASG gegen alle etablierten Parteien, auch die PDS mit ihren Regierungsbeteiligungen in Schwerin und Berlin, begünstigte. Wieweit kann eine Linkspartei Regierungsverantwortung in den Ländern übernehmen, ohne ihre Glaubwürdigkeit zu verlieren? Der Streit um Hartz IV kann hier schnell zum Konflikt führen, da die PDS sich mittlerweile mit dem Generalverzicht auf dieses unsoziale Gesetz schwer tut, die Zusammenlegung von Klientel der Arbeits- und Sozialämter ebenso bedenkenswert findet wie schlechtbezahlte Zwangsjobs für Arbeitslose, wo sie nur über andere Bezahlungsformen nachdenkt. Die WASG wollte die gänzliche Abschaffung dieses Gesetzes. Wie soll nun eine neue Linkspartei agieren – nur in der Opposition, oder will sie endlich klare Kriterien für Regierungsbeteiligungen ebenso wie für deren Sollbruchstellen entwickeln?

Der Wunsch führender Politiker beider Formationen, die auch in der Einheitspartei eine Rolle spielen, ist offensichtlich. Sie wollen den Platz der Sozialdemokratie besetzen, der – ja, seit wann? – freigeworden ist. Links von der derzeitigen SPD ist das allemal, ansonsten bleibt ein solches Ziel ambivalent. Wenn es um eine SPD im Geiste von 1875 geht, die keinen Zweifel daran hat, den Kapitalismus überwinden zu müssen, die eine Revolution will und eigentlich meist nur die Reform meint, aber so oder so den radikalen Bruch wollte und will: Dann ist es gut. Eine SPD, die Arzt am Krankenbett des Kapitalismus sein möchte, die sich in staatsmännischer Verantwortung findet, nur lindern mag, ist problematisch. Die bisherige SPD hatte 1959 ihr Godesberg. Als Anpassung an Gegebenheiten, als Realpolitik mag das durchgehen. Aber Bad Godesberg steht für die Abkehr vom radikalen Bruch mit dem Kapitalismus. Ob das deutsche politische System eine solche Neuauflage der SPD braucht, ist fraglich. Die sozialistische Linke auf jeden Fall nicht.

Jeder weiß, daß Programme recht schnell Schall und Rauch werden, sich Politiker gerne ihrer nur als Alibi versichern – wegen der ach so gewichtigen Sachzwänge – und nicht als Handlungsanleitung. Trotzdem sind Programme geeignet, Politiker festzunageln. Eine Debatte um Programm und Politik würde sich nicht zuletzt um solche Themenbereiche drehen müssen wie:

- Wollen Linke den kapitalistischen Tiger reiten oder schlachten, wollen sie mit sozialistischen Zielen über den Kapitalismus hinausgehen?
- Begreifen sie Neoliberalismus, Imperialismus ebenso wie Faschismus nicht als Zufallsprodukte, sondern als folgerichtige, obschon politisch bekämpfbare Erscheinungsformen des Kapitalismus?
- Welche Rolle spielen Arbeit, Arbeitszeit, Mitbestimmung und Demokratisierung, Sozialstaatlichkeit, Verteilungsgerechtigkeit für eine Humanisierung des Kapitalismus und seine Überwindung?
- Wie sehen das Geschichtsverständnis und die Geschichtspolitik einer Linken mit unterschiedlichen Traditionen in Zeiten des Antikommunismus und Antisozialismus aus?

Allerdings erhebt sich auch die Frage, wer mit wem diskutiert? Gibt es denn die Theorieköpfe, oder tun sich nicht Pragmatiker und Eklektizisten besonders leicht und wiederum schwer, und es kommt nichts heraus, was jenseits des Tages bleibt? Können Ideologie und Weltanschauung vernachlässigt werden? Gerade auch für den heute vorherrschenden pragmatischen Flügel der PDS ergeben sich gute Chancen, bei dieser Gelegenheit die marginalen marxistischen Versatzstücke endgültig zu entsorgen.

Für die politische Wirksamkeit bleibt eines wichtig – das hat die PDS bis jetzt nur ganz selten, trotz häufiger Bemühungen (von Bischofferode über Gerechtigkeitskomitees bis zu den Hartz-IV-Protesten) versucht: Es muß gelingen, eine Verbindung zu außerparlamentarischen Bewegungen aufzubauen, diese vielleicht überhaupt erst zu schaffen. Attac und Weltsozialforum sind interessant, aber ebenso wie die Gewerkschaften doch recht partei- und politikfern. Hier könnten die WASG-Genossen mit ihrer Gewerkschaftsverankerung vielleicht etwas bewegen, wenn sich ihre neuen Politiker der Gewerkschaften noch erinnern und die nicht auf Distanz gehen.

Der Publizist Christoph Dieckmann sorgt sich: »Wer oder was soll denn den Primat der Wirtschaft vor der Politik ins Gegenteil umkehren? Die Linkspartei streichelt alte Fortschrittsillusionen. Ein bißchen Rest-Marx, ein wenig Hegelsche Staatsvernunft umweht diese alt-neue Front und ein kokettes Bundschuhfähnlein, Thomas Müntzers Panier: Die Gewalt soll gegeben werden dem gemeinen Mann. Das wird sie leider nicht, trotz aller Umverteilungsträume. Aber das Wahlrecht hat er, der gemeine Mann. Wahrscheinlich wächst die Linkspartei zur Lobby der Reformverlierer.«[12]

Das wäre die schlechteste Perspektive nicht. Die neue Linkspartei müßte nur davon überzeugen, daß viele zu Verlierern der neuen kapitalistischen Expansion geworden sind und auch jene verloren haben, die noch glauben, davongekommen zu sein.

Fußnoten

1 Aus Zustimmungserklärungen von Eisenachern und Lassalleanern zur Einheit der deutschen Arbeiterbewegung, Ende 1974. In: Geschichte der deutschen Arbeiterbewegung. Bd. 1. Berlin 1966, S. 599

2 Marx, Karl: Inauguraladresse der Internationalen Arbeiter-Assoziation. In: Marx, Karl/Engels, Friedrich: Werke. Berlin 1959ff (im weiteren: MEW). Bd. 16, S. 12f.

3 Grundsatzprogramm der Sozialdemokratischen Partei Deutschlands. Beschlossen vom Programm-Parteitag der Sozialdemokratischen Partei Deutschlands am 20. Dezember 1989 in Berlin, geändert auf dem Parteitag in Leipzig am 17.04.1998. Berlin 1998, S. 8

4 Geyer, Curt: Die revolutionäre Illusion. Zur Geschichte des linken Flügels der USPD. Hrsg. von Wolfgang Benz und Hermann Graml. Stuttgart 1976, S. 220

5 Marx, Karl: Kritik des Gothaer Programms. In: MEW. Bd. 19, S. 13-14

6 Lenin, Wladimir Iljitsch: Bedingungen für die Aufnahme in die Kommunistische Internationale. In: ders.: Werke. Bd. 31. Berlin 1974, S. 196f.

7 Grundsätze und Ziele der SED: In: Berthold, Lothar/Diehl, Ernst (Hrsg.): Revolutionäre deutsche Parteiprogramme. Berlin 1967, 8. A., S. 202

8 Güntner, Joachim: Noch steht der Sozialismus nicht wieder auf den Fahnen. In: Neue Zürcher Zeitung, vom 8. August 2005

9 Programm der PDS zur Bundestagswahl 1998: Für den politischen Richtungswechsel! Sozial und solidarisch – für eine gerechte Republik!. Berlin 1998, S. 2
10 Es geht auch anders: Nur Gerechtigkeit sichert Zukunft! Programm der PDS zur Bundestagswahl 2002.
Beschluss der 3. Tagung des 7. Parteitages der PDS. Rostock, 17. März 2002. Berlin 2002, S. 2
11 Engels, Friedrich: [Brief an Bebel]. In: MEW. Bd. 19, S. 4
12 Dieckmann Christoph: Zwei linke Schuhe. Warum die PDS im Osten zulegt. In: Die Zeit. Hamburg. H.
33/2005, S. 7

Vielleicht wird im Zuge der aktuellen Diskussion wieder das Thema interessant, ob denn eine Verteilungsform des Reichtums »gerechter« als ihre Produktionsweise sein kann?

Reinhard Jellen

Die Frage der sozialen Gerechtigkeit in der hiesigen Parteienlandschaft

Von Reinhard Jellen

> *Give us our daily bread in our individual slices*
> Elvis Costello

Manche Worte sind so gut, daß man sie zu Sprichworten macht, und daran ist nur das eine schlecht, daß man, sobald sie sprichwörtlich geworden sind, ihren Sinn vergißt. Beispiel: Wenn zwei das gleiche sagen, muß es deswegen noch lange nicht dasselbe sein. Das rührt bekanntlich daher, daß alles seine zwei Seiten hat. Wäre dies nicht nur *be*kannt, sondern auch *er*kannt, würde es den Wohlhabenden, die offensichtlich meinen, daß, was ihnen nützt, den anderen auch nicht schaden kann, nicht so leicht fallen, ihre partikularen Gelüste als allgemeine Menschheitsinteressen zu verkaufen.

So verheißt z. B. die vielbeschworene Rede vom »Rückzug des Staates« zwar für alle das gleiche, bedeutet aber mitnichten für jeden dasselbe: Für die einen verspricht der Abbau des Staates ein Heidengeschäft, weil damit profitable, im Staat verankerte Rechte verhökert werden, auf die die »happy few« leicht verzichten können, weil sie sich ohnehin Besseres zu leisten vermögen. (Diese nehmen im übrigen dann gerne einen starken Staat in Anspruch, wenn es um die Sicherung bzw. um den Ausbau ihrer Profite geht.)

Für die anderen bedeutet ein schwacher Staat den Verlust des Rechts auf öffentliche Hilfe, für die man in Zukunft mehr Geld ausgeben muß, auch wenn man sich kurzfristig Steuern spart.

Freilich muß dann ein starker Staat für die passenden Repressionsinstrumente sorgen, die diesen Rechtstransfer gewährleisten. Nimmt man auf der einen Seite Staat weg, wächst also auf der anderen Staat hinzu; und das kommt den einen zugute, den anderen nicht.

Das *Gleiche für alle* bedeutet eben mitnichten für jeden dasselbe: Wenn die Titanic evakuiert wird, und die Rettungsboote für die erste Klasse klar gemacht werden, kann dies für die Passagiere der dritten heißen, daß man soeben im Begriff ist, ihnen ein Freibad zu spendieren.

Die Forderung nach Gerechtigkeit, die zentral mit dem Sachverhalt zu tun hat, ob und in welchen Maßen gleichen und ungleichen Personen Gleiches und Ungleiches zusteht, ist also eine vertrackte Sache. Allein deswegen schon ist die Frage nach dem Sinn einer Linkspartei, die unweigerlich mit dem Thema soziale Gerechtigkeit verknüpft ist, nicht ganz so leicht zu beantworten, wie es vielleicht den Anschein hat. Um sich der Problemlage weiter zu nähern, scheint es angebracht, die politische und gesellschaftliche Entwicklung seit der Übernahme der Regierungsgeschäfte durch SPD und Grüne (die beide zumindest bis zu diesem Zeitpunkt traditionell als »Linksparteien« wahrgenommen wurden) bis zum Zusammenschluß von WASG und PDS kurz zu skizzieren und zu sehen, wie es Madame Justitia bislang ergangen ist.

I.

Die gegenwärtige Sozialdemokratie straft in beeindruckender Weise die Behauptung Lügen, daß die Politik am Ende ihrer Steuerungsfähigkeit über wirtschaftliche Prozesse angelangt sei. Denn beim neoliberalen Abbau sozialer Errungenschaften hat sie bislang ein ungeahntes Durchsetzungsvermögen an den Tag gelegt.

Entgegen der Mythologie des freien Marktes, nach welcher der Staat eine ineffektive Institution sei, dessen Wirken die Wirtschaft störe, haben die Sozialdemokraten bewiesen, daß die Regierung für das moderne kapitalistische System von zentraler Bedeutung ist, weil sie mitunter die Legitimation besitzt, im Sinne der Konzerne die direkten und indirekten Subventionen über Steuererleichterungen und Staatsverschuldung zu regeln, die sozialen Sicherungssysteme zu ruinieren und die Weichen auf deren Privatisierung zu stellen.

So hat seit dem Wahlsieg 1998 die SPD im Verbund mit den Grünen eingehend belegt, daß sie die sozialen Diskrepanzen in Deutschland entgegen den Interessen ihrer Stammwähler weit über den bislang bekannten Rahmen hinauszutreiben gewillt und imstande ist. Schon bald nach ihrer Wahl hat die rot-grüne Bundesregierung einen entscheidenden, bis dahin undenkbaren Politikwechsel vollzogen: Seit dem grundgesetz- und völkerrechtswidrigen, gegen das NATO-Statut und die UN-Charta verstoßenden Einsatz der Bundeswehr im Kosovo (der obendrein noch mit Greuelge-schichten legitimiert wurden, die den Vergleich mit der Nazipro-paganda nicht scheuen müssen), steht die Bundeswehr für Kampf-einsätze weltweit bereit.

Die bis dahin paritätisch finanzierte Rente wurde aufgesprengt und den Arbeitnehmern der Abschluß einer Privatrente nahegelegt. Dafür wurden in einem noch nie gekannten Ausmaß die Unter-nehmen von steuerlichen Verpflichtungen befreit.

Auch in der folgenden Legislaturperiode wurde der rasante So-zialabbau und der Umbau sozialer Sicherungssysteme in Verbindung mit der »Agenda 2010« mit verschärften Mitteln fortgesetzt: Neben anderem wurde die Bezugsdauer von Arbeitslosengeld gekürzt und die Arbeitslosenhilfe auf den Stand der Sozialhilfe reduziert, die Zumutbarkeitskriterien für Arbeit wurden herabgesetzt, das Recht auf freie Wahl von Wohnort und Arbeitsplatz stranguliert und die Gesundheitsversorgung und das Krankengeld zu Lasten der Versi-cherten teilprivatisiert.

Komplettiert wird diese Politik mit einer Sozialdemagogie, die auf soziale Spaltung abzielt und Rentner gegen Jugendliche, Be-schäftigte gegen Arbeitslose, Kranke gegen Gesunde ausspielt, wäh-rend wohlhabende Gauner, die ihr Geld am Fiskus vorbeigeschleust haben, mit Straffreiheit belohnt werden sollen.

Damit hat die SPD sämtliche Versprechen gebrochen, die sie im Wahlkampf gegeben hat und aufgrund deren sie die Wahlen für sich entscheiden konnte. Die Menschen sind zwar von den politischen Parteien einiges gewöhnt, und daß Wahlversprechen nicht einge-löst werden, gehört mittlerweile zum politischen Alltag. Daß man aber genau das Gegenteil des vorher propagierten Wahlprogramms ausführt, diesen Schritt auch noch als eine mutige Tat, als eine ungeheure Innovation, als der Weisheit letzten Schluß und darüber hinaus als höchstes Gebot der Moral verkauft, ist ein Quantensprung in der politischen Landschaft.

Begründet wird diese Politik in sämtlichen Medien und über die Fraktionen hinweg mit dem Sachzwang der »leeren Kassen«. Dabei besteht jedoch der berechtigte Verdacht, daß durch politische Ent-scheidung die Staatseinnahmen soweit heruntergefahren wurden, bis ein ökonomisch begründbarer »Sachzwang« für die Kürzung des Sozialstaats in der Wahrnehmung der Öffentlichkeit den Sozialab-bau unumstößlich macht. Eichel senkte die Steuern (Gewerbe-, Körperschaftssteuer, Spitzensteuersatz, Steuerfreiheit auf Gewinne aus dem Verkauf von Unternehmensbeteiligungen und Veräußerungsgewinne) soweit, bis Gerhard Schröder mittels Löchern in den Sozialbudgets eine repressive Sozialpolitik als »alternativlos« darstellen konnte. Von dem Umstand aber, daß das riesige Haushaltsloch nicht der Überalterung der Bevölkerung, den explodierenden Kosten im Gesundheitswesen oder den unerträglich hohen Lohnnebenkosten, sondern eben massiven Steuererleichterungen für Unternehmen und Wohlhabende (Schröder spricht selbst von 60 Milliarden Euro jährlich) geschuldet ist, wird vornehm geschwiegen.

Ebenfalls wird in der politischen Debatte die Existenz von Produktivvermögen überhaupt unter den Tisch fallen gelassen. Dafür wird der schon beschrittene Weg, die Multis staatlich zu fördern und öffentliches Eigentum zu verscherbeln (auch wenn diese Politik bislang nicht den geringsten kompensatorischen Effekt auf dem Arbeitsmarkt gezeigt hat) weiter und mit erhöhtem Tempo fortgesetzt. Ob dies aus Korruptheit, Blödheit oder struktureller Handlungsunfähigkeit geschieht – der Effekt ist der gleiche.

Es kommt hier nicht auf die Motive an, sondern auf die Wirkungen, und diese werden erstaunlicherweise in der öffentlichen Debatte in keiner Weise thematisiert. Fest steht, daß mit der bisherigen neoliberalen Politik der Bundesregierung, der Erfüllung von Arbeitgeberforderungen kein gegenläufiger Trend am Arbeitsmarkt geschaffen wurde. Es wird aber nicht über eine Umkehrung der politischen Strategie nachgedacht, sondern man will sie im Gegenteil gegen den Widerstand der Bevölkerung auch noch verstärken.

Die damit verbundene Erosion demokratischer Entscheidungsfindung wurde von der Politik selbst vorangetrieben, indem sie ihre durch Wahlen demokratisch legitimierte Regulationsmöglichkeit an parteiübergreifende Gremien wie etwa die Rürup- und Hartz-Kommission, denen im Regelfall ein Wirtschaftsboß vorsteht (der seinen Aktionären, aber bestimmt nicht den Wählern Rechenschaft schuldig ist), weiterdelegiert.

Es scheint, als wären die Mächtigen zu der Übereinkunft gekommen, daß Gerechtigkeitslücken, die das ökonomische System schafft, durch Demokratiedefizite geschlossen werden sollen. Die hausgemachten Probleme der Marktwirtschaft sollen durch einen potenzierten Kapitalismus kuriert werden, und ausgerechnet der Markt, der für die gravierenden aktuellen Gerechtigkeitsmängel verantwortlich ist, soll zum Moderator sozialer Gerechtigkeit, mithin also der Bock zum Gärtner gemacht werden. Das Resultat ist laut dem Armutsbericht der Bundesregierung aus dem Jahr 2005 folgendes: Mittlerweile lebt jede siebte Familie unter der Armutsgrenze. Dafür ist aber der Anteil der reichsten 10 Prozent der Bevölkerung am Gesamtprivatnetto-Vermögen auf 5 Billionen Euro angewachsen.

Der Abstand zwischen arm und reich hat sich also während der rot-grünen Regierungszeit weiter vergrößert. Ein gesamtgesellschaftlicher Zusammenhang zwischen Armut und Reichtum, Arbeitslosenzahlen und hohen Gewinnen, Sozialabbau und Steuererleichterung wird in der Öffentlichkeit aber kaum hergestellt.

II.

Wie bereits beschrieben, beinhaltet die »Agenda 2010« eine Reihe repressiver Maßnahmen, die annähernd in den Maßen zu Lasten der Lohnabhängigen gehen, wie diese die finanzielle Beanspruchung der Unternehmen mindern. Weshalb ausgerechnet diese Strategie und nicht eine andere für den Aufschwung unabdingbar sein soll, versucht der Basta-Kanzler gar nicht erst zu begründen.

Da paßt es gut, wenn die Medien gerade zu diesem Zeitpunkt völlig versagen und sich in wirtschaftspolitischem Neusprech üben: Von der ARD über RTL und N24, von der *Bild* und der *taz* über die *SZ* bis zum *Spiegel* werden keine Ansätze zur Aufklärung der Gesellschaft über sich selbst mehr vermittelt, sondern nur Phrasen, Schlagworte und mechanische Denkschemata im Sabine-Christiansen-Format produziert, die der Beeinflussung des Publikums im Sinne lobbyistischer Wirtschaftspolitik dienen.

Es wird ein medialer Diskurs mit ein paar Schlagworten (»Globalisierung«, »Standort«, »Flexibilisierung«, »Deregulierung«, »Eigenverantwortung«, »Differenzierung« etc.) erzeugt, der dem sozialen und politischen Prozeß vorhergeht und den argumentativen Handlungsrahmen absteckt, in welchem sich dann die politische Praxis bewegt.

Über Medien und Politik wird der Versuch unternommen, auf die soziale Wahrnehmung der Menschen Einfluß zu nehmen und somit die Reaktionsweise auf mögliche Alternativen im voraus schon zu fixieren. Anscheinend hofft man, die bislang unter politischer Amnesie leidenden Menschen mögen sich weiterhin als gehorsame Schüler erweisen, die sich artig ihre Bedürfnisse von den

Medien, den Institutionen und der Politik vorformulieren lassen, und versucht ihnen weizumachen, daß ihre gesellschaftliche Stellung jeweils ihren individuellen Fähigkeiten entspricht und daß sie sich dementsprechend selbst für die strukturellen Ungerechtigkeiten der Gesellschaft verantwortlich zu machen haben. Man soll sich frei fühlen, weil die nötigen Worte für die Bezeichnung der Unfreiheit aus dem Bewußtsein verschwunden sind.

Auffallend ist, daß in den öffentlichen politischen Diskursen wie dem über die »Agenda 2010« die ablaufenden ökonomischen Prozesse und gesellschaftlichen Sachverhalte und Tendenzen (wie etwa das Wirtschaftswachstum) zu Prämissen und nicht mehr zum Gegenstand der Analyse gemacht werden. Die Wirklichkeit und ihre neoliberale Deutung sind scheinbar identisch geworden. Begründet wird diese Politik in der Manier einer Margret Thatcher damit, daß es keine andere Wahl gäbe.

Dies suggerieren Journalisten, Politiker und »Wirtschaftsexperten« dem wählenden Volk, indem sie es (wie etwa bei der »Rentendebatte«, wo politische Fehlentscheidungen und soziale Sachverhalte in biologische Tatbestände umgebogen werden) mit den »Fakten« konfrontiert, ohne es darüber aufzuklären, *wie* überhaupt diese Befunde zustandegekommen sind. Eine Art Begründung, bei der man auf das Vorhandene zeigt und sich somit die grundlegende Erklärung spart.

Aber da die Menschen bislang offensichtlich stets die Neigung haben, allgemein Richtiges mit dem oft Gehörten gleichzusetzen, reicht es offenkundig aus, wenn man eine falsche Behauptung nur oft genug wiederholt, um sie in den Rang einer allgemein anerkannten Wahrheit zu erheben. Schließlich berufen sich die großen Koalitionäre dabei auf »höhere« Instanzen und Autoritäten wie Wirtschaftswissenschaftler vom Schlage der Herren Professoren Sinn oder Falter (ohne daß man über deren fachliche Qualifikation oder politische Ausrichtung Auskunft bekommt), die den neoliberalen Rosenkranz vor der Kamera weiterbeten.

Bei dem Aufbau des neoliberalen Koordinatensystems wird mit verschiedenen rhetorischen Tricks hantiert, die sich wie ein Rezept für rhetorische Windbeutel aus der Sophistenkonditorei lesen:

Man nehme einen Begriff für verschiedene Bedeutungsebenen oder unverbindliche Schlagwörter her, die jedermann nach seinem Assoziationsstandpunkt auslegen kann, verrühre diese mit sprach- und denkmöglichen, aber sachlich falschen Konstruktionen und überzuckere das Ganze mit einer ordentlichen Prise von emotional aufgeladenen Begriffen, die Affekte provozieren, die ihrerseits die geistige Durchdringung zentraler Sachverhalte durch einseitige Assoziationsketten behindern und im öffentlichen Diskurs die Funktion von Cowboys und Indianern in alten Wildwestfilmen übernehmen.

Begriffe wie »Sozialreform«, »Deregulierung«, »Eigenverantwortung«, »Differenzierung« marschieren daher auf der einen Seite des theoretischen Zauns als die Edlen und Guten auf, während die potentiellen Antithesen, mit Bezeichnungen wie »Traditionalismus«, »Bremse« oder »Besitzstandswahrer« versehen, als die zahlreichen Bösewichte dastehen (unterdessen sind es aber die Arbeitgeber, die ganz selbstverständlich an ihren herkömmlichen Positionen festhalten, ihre Besitzstände nicht nur wahren, sondern beträchtlich mehren möchten und in bezug auf den gesellschaftlichen Fortschritt schon längst den Rückwärtsgang eingelegt haben).

Hat man also generell den funktionalen Charakter der Sprache zum affizierenden umgestellt, Bedeutung durch Bilder und Metaphern ersetzt und Analogien in Schlagworte verwandelt, kann man endlich Mögliches als Unausweichliches, Relatives als Absolutes und Ähnliches als Gleiches ausgeben und unter stillschweigendem Fallenlassen der einschränkenden Bestimmungen mit Mehrdeutigkeiten operieren, die aber nur in einem bestimmten Sinne interpretiert werden (wobei hier auffallend ist, daß generell genau *die* Bedeutung als allgemeinste übernommen wird, welche am wenigsten verallgemeinerungsfähig ist): Biologische, anthropologische, gesellschaftliche, politische, ökonomische und ökonomistische Sachverhalte werden so miteinander verschränkt, daß den angebotspolitikkonformen Behauptungen eine Allgemeingültigkeit zugesprochen wird, welche die Unterschiede der mitunter immens divergierenden Bedeutungsebenen unkenntlich macht.

Die Folge ist, daß am Ende die Bedeutungen der Begriffe so weit durcheinander geraten, bis bei einem Wort genau das Gegenteil davon herauskommt, was vordergründig damit gemeint ist. Dann schließt die Wahl der Grundbegriffe bereits jede grundlegende Kritik aus, bevor diese überhaupt ansetzen kann, weil auf deren Basis der Begriffe eine Erkenntnis des eigentlichen Gegenstandes und der entscheidenden Relationen unmöglich geworden ist.

Nehmen wir als Beispiel den Begriff »Flexibilisierung«: Es ist unbestreitbar, daß der Mensch reflexionsbegabt ist und die Mög-

lichkeit besitzt, verschiedene Kenntnisse und Fähigkeiten zu vergleichen, zu hierarchisieren, auszuwählen und dementsprechend seinen
Handlungsspektrum zu erweitern, kurzum: Er ist zur Flexibilisierung fähig.

Außerdem ist die Flexibilisierung im Arbeitsleben, wo der Arbeitsplatz innerhalb der hochdifferenzierten Arbeitsteilung bereits
nach kurzer Zeit als Qual empfunden wird, weil er größtenteils auch
mit intelligenteren Menschenaffen besetzt werden könnte, nicht
nur notwendig, sondern auch wünschenswert.

Auf einem anderen Blatt steht es jedoch, wenn man die Menschen zu Variablen der Profitschöpfung macht und den Bewegungsspielraum der Menschen gleichgesetzt mit dem der frei flottieren-
den Kapitalströme, bis man mit »Flexibilisierung« nur noch die Flexibilität der Leute meint, die anstatt mit einem silbernen mit einem
Plastiklöffel im Mund geboren wurden, für weniger Geld mehr zu
arbeiten. Es ist immer wieder bemerkenswert, wie leicht es den bürgerlichen Wirtschaftsexperten gelingen will, den Kapitalismus mit
der Natur des Menschen zusammenschnalzen zu lassen. Die These,
daß der Kapitalismus der Natur des Menschen entspricht, ist aber
auch völlig schlüssig und bedarf keines weiteren Beweises. Letztlich
muß man sich einfach nur mit der Tatsache abfinden, daß schon
die Wikinger eine außerordentlich motivierte, entdeckungsfreudi-
ge, mobile und streitlustige Truppe von Ich-AGs zu Zeiten der Völ-
kerwanderung waren, die Religion der Kelten eine Art zu früh
gekommene Sehnsucht nach Börsenspekulationen darstellt, die
Steinzeitmenschen ihren Betrieb aufgrund stagnierender Aktien-
kurse einstellen mußten und die Neandertaler heutzutage vorzüg-
liche Arbeit beim BDI und der FDP leisten.

Die Grünen wiederum agieren mit einem raffinierteren Trick,
um z. B. Ökologie und Neoliberalismus zusammenzubringen: Man
passe den allgemeinen Bereich der Ökopolitik den besonderen
Interessen der Konzerne an und vertrete diesen den Sonderinteressen dienenden Neoliberalismus als allgemein ökologisch sinnvoll:
So gesehen bedeuten etwa erhöhte Energiepreise für Privathaushal-
te weniger Verbrauch von fossilen Brennstoffen, und dies garantiert
wiederum einen schonenden Umgang mit der Natur.

Nach dieser Logik leistet auch die Privatisierung von Wasser
einen wertvollen Beitrag zur Erhaltung der Erde. Diesen logischen
Zaubertrick, »mit moralisch allgemein als sinnvoll eingestuften
Begriffen im Dienste der Eliten Politik zu machen« (Peter Mühl-

bauer), hat mittlerweile auch die CDU übernommen, die mit dem Historiker Götz Aly z. B. die Abschaffung steuerfreier Zuschläge für Krankenschwestern und Polizisten quasi als praktizierten Antifaschismus verkaufen will, da diese während des Faschismus eingeführt wurden.

Im Kapitalismus werden Allgemeininteressen den Sonderinteressen, das Interesse der Menschen der Kapitalakkumulation untergeordnet und diese Partikularinteressen der wirtschaftlichen Elite zur menschlichen Norm erklärt. Die positive Konnotation von Begriffen, mit denen diese besondere Art von Interessenbestimmung begründet wird, rührt daher, daß ökonomistische Bezüge mit »natürlichen« und moralischen Kategorien verschmolzen, diese als Substanzbegriffe verwendet und ihre zwiespältigen Interessenbezüge ausgeklammert werden.

Eine unerläßliche Aufgabe der Linken wird es sein, diese logischen Kabinettstückchen wieder auf den Boden der Tatsachen zurückzuführen, die völlig widersprechenden Seiten dieser Vorgänge augenscheinlich zu machen, diese Substanzbegriffe aufzusprengen und in ihre Funktionsteile zu zerlegen. Erst dann, wenn gezeigt würde, daß die scheinbar eindeutigen Begriffen durch völlig divergierende Interessen geprägt sind, kann ein breites Bewußtsein entstehen, das für den rationalen Umgang mit der gesellschaftlichen Entwicklung Vorbedingung ist.

III.

Jenseits aller Rhetorik besitzen wir immer noch ein staatsinterventionistisches System, nur daß sich dessen Komponenten gedreht haben: Wohlfahrt nach oben, d. h. großzügige (direkte oder indirekte) finanzielle Unterstützung für die großen Konzerne, und Neo-Liberalismus nach unten, also das Abkappen der sozialen Sicherungssysteme für jene, die bei dieser Entwicklung auf der Strecke bleiben.

Momentan erleben wir eine Art Sozialdemokratie für die oberen anstatt unteren Segmente der Gesellschaft: Nicht die Reichen geben durch staatliche Umverteilungsmaßnahmen in sehr begrenztem Maße einen Teil ihres Vermögens an die Allgemeinheit ab, sondern die Armen werden zu Unternehmern-ihrer-Selbst geadelt, wobei allerdings unterschlagen wird, daß der Handlungsspielraum der Individuen exponentiell abnimmt, sobald man sich den unteren

Rändern nähert. Der »Umbau« des Sozialstaats präsentiert sich als ein Modell von Wohlfahrt, das sich allenfalls noch Millionäre leisten können.

Die Ursache des Problems der Arbeitslosigkeit wird bei diesem Konzept vor allem in der mangelnden Anpassung der »Globalisierungsverlierer« an die aktuellen und schnell wechselnden Arbeitsbedingungen gesehen. Deswegen sollen »Flexibilität« wie auch »Eigenvorsorge« und »Eigeninitiative« der Bürger gefördert werden. Ein Anspruch auf »soziale Gerechtigkeit« wird nicht verneint. Jedoch wird – im Gegensatz zur klassischen Sozialdemokratie – unter sozialer Gerechtigkeit nicht mehr die Milderung von sozialer Ungleichheit, sondern die Herstellung von Chancengleichheit, die Gleichheit im Hinblick auf ökonomische Partizipationsmöglichkeiten verstanden. Nicht die Gleichheit in Eigentum, Erwerb und Vermögen wird angestrebt. Statt dessen sollen alle Menschen die gleiche Möglichkeit haben, sich über Bildung angemessen in das Erwerbsleben zu integrieren, um sich an die Verwertungsbedürfnisse der Wirtschaft ankoppeln zu können.

Was dabei allerdings außer Acht gelassen wird, ist – zumindest wenn man der Marxschen Analyse folgt, die uns auch in diesem Zusammenhang unwiderstehlich zu sein scheint –, daß die beabsichtigte ökonomische Entwicklung, das Wirtschaftswachstum, jedoch gleichzeitig auch die Quelle sozialer Ungleichheit ist.

Die fortschreitende Arbeitsproduktivität und Wirtschaftskonjunktur schlägt sich nämlich nicht mehr wie zu Zeiten des klassischen keynesianischen Staatsmodells in einer Belebung des Arbeitsmarkts nieder, sondern zeitigt vielmehr weiteren Stellenabbau. Zwar versprechen sich die einzelnen wirtschaftlichen Betriebe von gesteigerter Arbeitsproduktivität Wettbewerbsvorteile, diese wird aber wesentlich durch den Ersatz menschlicher Arbeitskraft durch Technologie (in Form von arbeitssparenden Maschinen) gewährleistet. Heute sind es genau die Branchen des »quartiären Sektors« der »Wissens- und Informationsgesellschaft«, die fähig sind, mit ihren Technologien den Effizienzgrad der Arbeitskraft drastisch zu erhöhen und somit in einem potenzierten Ausmaß minderqualifizierte Arbeitsplätze zu ersetzen. Folglich verstärkt die durch den Konkurrenzmechanismus des Marktes vermittelte und auf Profitmaximierung ausgerichtete Ökonomie immer mehr die Tendenz, die Menschen aus der Erwerbsarbeit auszuschließen. Da die Produkte auf dem Markt dergestalt konkurrieren, daß die Produkte, welche ein geringeres Quantum an gesellschaftlich notwendiger Arbeitszeit verbraucht haben, auch auf dem Markt billiger verkauft werden können, kann bei Steigerung der Arbeitsproduktivität in einem Unternehmen ein Produkt sowohl unter dem gesellschaftlichen Durchschnittspreis als auch über dem individuellen Produktionspreis verkauft werden. Damit sind aber die anderen Unternehmen aufgrund der Konkurrenz gezwungen, ebenfalls ihre Produktivität zu erhöhen, was eine erhöhte Investition an Produktionsmitteln mit sich zieht. Der Anteil des in Produktionsmitteln investierten Kapitals steigt viel schneller als der des in lebendige Arbeitskraft ausgelegten Vermögens. Dadurch entsteht im zyklischen Ablauf von sprunghafter Anhebung und krisenhafter Schmälerung der Produktion eine industrielle Reservearmee, die gleichzeitig Ergebnis wie Voraussetzung des ökonomischen Gesamtverlaufs darstellt. Die grundlegende These, an der sowohl die Vertreter wie auch die Mehrheit der Kritiker des Neoliberalismus festhalten, nämlich daß ein starkes Wirtschaftswachstum automatisch einen Anstieg der Beschäftigungsquote zeitigen würde, muß also in Zweifel gezogen werden. Vielmehr ist die wirtschaftliche Entwicklung seit den siebziger Jahren durch eine zunehmende Entkoppelung des wirtschaftlichen Wachstums vom Beschäftigungsstand gekennzeichnet, die nach jedem konjunkturellen Aufschwung einen höheren Sockel von Arbeitslosen hinterlassen hat.

Nach der Marxschen Analyse muß also Arbeitslosigkeit entstehen, wenn die Produktionsquote, also die Ersetzung lebendiger Arbeitskraft durch die in Maschinen vergegenständlichte Arbeit, schneller steigt, als sich die Investitionen realisieren.

Außerdem ist die Position zu kritisieren, daß die wachsende Markteffizienz – die auf der normativen Grundlage von Tauschgerechtigkeit, dem Prinzip des Äquivalententauschs, der Vertragsfreiheit, der Eigentumsrechte und des freien Wettbewerbs beruht – auch mehr soziale Gerechtigkeit schaffe: Denn gerade, weil alle für den Markt Produzierenden ihre Waren zu den gleichen »terms of trade« tauschen müssen, diese aber unter unterschiedlichen Bedingungen hergestellt werden, ergibt sich für jene ein entscheidender Vorteil, welche ihre Waren unter günstigeren Voraussetzungen (z. B. wegen einer höheren Produktivität) zu einem geringeren (oder zum durchschnittlichen) Preis auf den Weltmarkt feil bieten können.

Der Markt läßt also keineswegs alle Protagonisten gleichermaßen von Gewinnen profitieren, sondern ist im Gegenteil dazu prädestiniert, gerade aufgrund der Gleichbehandlung der Marktteilnehmer, durch die Tauschgerechtigkeit, den Äquivalententausch und den freien Wettbewerb, ein Wohlstandsgefälle zu verursachen und folglich soziale Unterschiede zu verschärfen.

Es gibt also in der Tat zu einiger Verwunderung Anlaß, wenn sich konservative und neoliberale Ideologen ausgerechnet kritisch auf den »Egalitarismus« des Sozialstaats kaprizieren, denn schließlich sind die schlimmsten Gleichmacher und Menschenplanierer überhaupt der Markt und die ökonomischen Wertverhältnisse selber, in welchen die gesellschaftlichen Individuen auf abstrakte Weise gleich behandelt werden. Hinter dem Tauschverhältnis, in welchem die Lohnabhängigen ihre abgeleistete Arbeitszeit gegen Lohn eintauschen, verbirgt sich vermittelt über das Eigentum bzw. Nicht-Eigentum an den sachlichen Bedingungen der Produktion ein Herrschaftsverhältniss, daß durch das Klassenverhältnis präformiert ist: »[...] der Markt tilgt die Individualität der Individuen, macht sie einander gleich-gültig und setzt sie ins gesellschaftliche Verhältnis über ihre produzierten Sachen, die als Äquivalente getauscht werden, wodurch die menschlichen Beziehungen versachlicht oder verdinglicht werden. Der Äquivalentenwert, der im Geld verselbständigt ist, ist der Gleichmacher [...] schlechthin, der zugleich in quantitativer Hinsicht unterscheidet, während das [...] Kapital auch in qualitativer Hinsicht unterscheidet, indem es die strukturelle Ungleichheit von Kapitalbesitzer und Arbeitskraftbesitzer einschließt. [...]« (Elmar Treptow)

Es sind somit gerade die Mechanismen des ökonomischen Wachstums, die man unterstützen will, welche strukturelle Ungleichheiten verursachen und die sozialen Diskrepanzen verschärfen. Durch die Förderung der Chancengleichheit werden diese Mechanismen nicht verändert und die strukturellen Ungleichheiten nicht vermindert, während die Ungleichheit der Vermögen, Einkommen und der Einflußmöglichkeiten unangetastet bleiben.

Zwar will man die Gleichheit der Startbedingungen für das soziale und ökonomische Leben fördern, die Bedingungen der Chancenungleichheit werden dabei jedoch nicht thematisiert. Dies ergibt sich dadurch, daß die Verteilung der Produktionsmittel, von der wiederum die Verteilung der Konsumtionsmittel abhängt, nicht angetastet wird. Damit wird die Chancengleichheit zwar postuliert, aber nicht realisiert. Es wird nicht berücksichtigt, daß die Gesellschaft implizit auf Ungleichheit erzeugenden Konzepten wie etwa dem Erbrecht aufbaut. Damit bestehen aber bessere Startmöglichkeiten für wenige, die mit dem Prinzip der Chancengleichheit für alle wenig zu tun haben. Somit gestaltet sich durch die neue Sozialpolitik das ökonomische Leben für die meisten Menschen als eine Art Wettlauf, bei dem einige schon am Ziel angelangt sind, bevor überhaupt der Startschuß gefallen ist.

Paradoxerweise sind es also gerade die Sozialdemokraten der »Neuen Mitte«, die von der Verteilungsgerechtigkeit Abschied nehmen und einzig der Leistungsgerechtigkeit Geltung verschaffen wollen, die das Prinzip der Leistungsgerechtigkeit hintertreiben und einer potenzierten Verteilungs(un)gerechtigkeit den Weg bahnen. Denn der Tauschgerechtigkeit auf dem Warenmarkt und der Leistungsgerechtigkeit in der Arbeit ist eine Verteilungsfrage vorgeordnet. Bevor man nämlich seinen Arbeitsplatz betritt, sind die Bedingungen der Wertschöpfung bereits verteilt; so, daß die einen mit ihrem Einkommen ihren Lebensunterhalt bestreiten müssen, während die anderen ihr Vermögen weiter zur Abschöpfung der von der Arbeit erzeugten Profite verwenden können. Dieser feine Unterschied ist letztlich entscheidend, in welchem sozialen Wirkungskreis man es sich bequem bzw. unbequem machen kann.

Wie man weiter anhand der Marxschen Akkumulationstheorie darstellen kann, sind Armut und Reichtum die Pole des selben Akumulationsverhältnisses und somit Relationskategorien: Reichtum entsteht nicht aus sich heraus, sondern aus der einseitigen Abschöpfung der Mehrwert bzw. Profit generierenden Arbeitskraft. So gedacht, ist Reichtum nicht etwa Besitz schlechthin, sondern das Vermögen, andere für sich an seinen privaten Produktionsmittel arbeiten zu lassen (und daraufhin nicht genötigt zu sein, die daraus entspringenden Profite nicht ganz für sich auszugeben, sondern wieder gewinnbringend reinvestieren zu können). Der Lohnabhängige bekommt von seinem Arbeitgeber schlicht den Wert seiner Arbeitskraft ausbezahlt, während letzterer den vom abhängig Beschäftigten erzeugten Mehrwert einstreicht. Der Arbeitslohn stellt also kein »gerechtes« System von Entlohnung, sondern lediglich einen gesellschaftlich erfochtenen, kulturellen Standard dar.

Das soziale System ist so strukturiert, daß die Unabhängigkeit bestimmter Menschen die Abhängigkeit anderer bedingt. Dabei ist selbstverständlich nicht die Erzeugung von Mehrwert das Übel, sondern seine private Aneignung. Das Lohnniveau wird aber nirgends auf der Welt mit den Kapitalgewinnen in Relation gesetzt.

Desweiteren ergibt sich aus der Analyse der aktuellen Phase des Kapitalismus, daß dieser keine Arbeitsplätze mehr schafft, sondern diese abbaut und die übrig gebliebenen auszehrt. Wenn ein Betrieb heutzutage Gewinne macht, dann deshalb, weil er seine abhängig Beschäftigten auf die Straße setzt, und wenn er Verluste macht, baut er sie ebenfalls ab.

Daraus resultieren Wirtschaftskrisen, die nicht mehr dem Umstand geschuldet sind, daß zuwenig, sondern im Gegenteil, daß zuviel produziert wird, insofern es der Masse an Kaufkraft zum Erwerb dieser Güter fehlt. Macht man sich klar, daß die kapitalistischen Hauptländer nicht über Ressourcenknappheit oder einen massiven Rückgang an gesellschaftlicher Produktivität klagen können und daß infolge der chronischen Überakkumulation und Massenarbeitslosigkeit die Ergebnisse der gesellschaftlichen Produktion beträchtlich hinter dem Produktionspotential zurückbleiben, dann wird deutlich, daß nicht generelle Armut, sondern zu viel Reichtum in seinen kapitalistischen Formen das Grundproblem markiert.

Armut und Reichtum stellen folglich keine für sich stehenden Kategorien dar, sondern sind »Fernwirkungen des dialektischen Verhältnisses von Lohnarbeit und Kapital« (Werner Rügemer) – gewissermaßen das logische Zentrum des gesellschaftlichen Orkans, das sich die neoliberale Ökonomie beharrlich weigert, überhaupt zur Kenntnis zu nehmen.

Wenn man diese Verteilungs(un)gerechtigkeit verbirgt, indem man nur die von ihr abstrahierende Leistungsgerechtigkeit zur Geltung kommen lassen will, macht man Menschen, die sozial unterschiedlich positioniert sind, auf unzulässige Weise gleich: Man sieht von ihren sozialen Lagen ab und unterschlägt dabei die gesellschaftlichen Bedingungen, die diese erst konstituieren.

Dieser an eine gloria-von-thurn-und-taxis-gleiche Geistesschlichtheit gemahnende Standpunkt ist also der letzte gerechtigkeitstheoretische Trumpf der SPD.

Eine Linkspartei wird sich daran messen lassen müssen, ob sie diesem Konzept ein besseres entgegenzusetzen hat. Auch wird sie nicht umhin kommen zu untersuchen, wie sie die Frage der Selbstbestimmung des Menschen (Entwickeln sich die Individuen mehr zu Objekten oder Subjekten hin? Werden die Menschen weiter versachlicht und den »Sachzwängen« untergeordnet, oder beginnen sie, Ökonomie nach ihren Zwecken zu gestalten?) wieder in das

Bewußtsein der Menschen rückt und wie diese innerhalb der Gesellschaft zu bewerkstelligen sei.

Vielleicht würde im Zuge einer solchen Diskussion wieder das Thema interessant, ob denn eine Verteilungsform des Reichtums »gerechter« als ihre Produktionsweise sein kann?

Seit der Gründung der Linkspartei hat es den Anschein, als wäre in den Medien das neoliberale Meinungskartell gesprengt worden. Dementsprechend machen sich sowohl die Sozialdemokraten als auch die Grünen wieder Gedanken, wie man Kapitalbesitzer und äußerst gut Betuchte über Steuern an der Finanzierung des Gemeinwesens teilhaben lassen kann. Z. B. werden Luxussteuer, Vermögenssteuer, Unternehmenssteuer, Verringerung der Energiekosten, in summa: Ansätze zu einer gerechteren Finanzpolitik zumindest in den Medien wieder diskutiert. Jene Politik also, die von Rot/Grün seit sieben Jahren bewußt hintertrieben wurde.

Bislang ist also seit Bestehen der Linkspartei *zumindest* die Tagesschau wieder interessanter geworden.

Ein Populist, wer etwa die Phantasiepreise der Pharmaindustrie
auch nur schief anguckt.
Wer sich der Verbushung der deutschen Politik widersetzt.
Was soll's, seien wir Populisten!
Bilden wir ein immer noch vergnügtes,
unverschämtes Populistenkollektiv!

Uwe Kant

Hallodris

Von Uwe Kant

Mit dem Heraufziehen der Linkspartei hat bei der Abteilung Sprachregelung & Agitation eine fieberhafte Tätigkeit eingesetzt. Jetzt kriegen wir den ganzen Kram ab. Aus allen Spalten quillt der Schaum; manch einer/eine trägt ihn schon vor dem Mund. Allerorten geht das politische Personal des Kapitals mit den ihm zugeteilten Argumentationshilfen hausieren.

Manchmal sitzen sie gemütlich bei Frau Christiansen zusammen und zanken darüber, wer's am besten gelernt hat. Manchmal schallt es dumpf aus Bayern. Allmählich nervt es, wird es Zeit, ihnen ihren gesammelten Unsinn in den großen Hals zurückzustopfen. Zumal dem Braintrust in all der Eile und schlimmen Not nichts wirklich Neues oder Originelles eingefallen ist.

Doch halt, da war immerhin das hübsche Wort *Hallodri* für Gysi und Lafontaine, mit welchem der Urheber unterschwellig darauf hinweisen wollte, daß es diesen beiden an dem sittlichen Ernst und der staatsmannänischen Statur der kleinen Frau Merkel und des Großen Stammlers aus München mangele, wenn nicht gebreche. Listig durchdacht auch das häßlich gemeinte Wort vom *Rattenfänger*, das auf jenen beherzten Kammerjäger zurückgreift, der, von seinem Hamelner Arbeitgeber um den Tariflohn geprellt, nicht etwa die Ratten zurückbrachte, sondern vorsichtshalber die Kinder der Stadt aus Kriegswirren ins seinerzeit sichere Siebenbürgen evakuierte. Der miese kleine Trick besteht in dem Versuch, den Feuermelder per Anklang als Feuerleger zu diffamieren. Gott ja, man versucht halt manches.

Nicht lange aufhalten sollten wir uns auch mit dem Vorwurf des *Populismus*, der gerade dabei ist, sich durch langen und inflationären Gebrauch selbst zu erledigen. Mit jeder Wiederholung wird klarer: Jeder vernünftige Vorschlag zur Sozialpolitik, Gesundheitspolitik, Beschäftigungspolitik, der die Interessen des Kapitals nicht genügend berücksichtigt, wird populistisch genannt. Das Wort ist dabei, einen Bedeutungswandel ins Positive durchzumachen. Ein Populist, wer etwa die Phantasiepreise der Pharmaindustrie auch nur schief anguckt. Wer sich der Verbushung der deutschen Politik widersetzt. Was soll's, seien wir Populisten! Bilden wir ein immer noch vergnügtes, unverschämtes Populistenkollektiv!

Dann die *Verantwortungsflucht*. Das ist das Allerschlimmste. Hochverrrat ist nichts dagegen. Man reibt sich die Augen. Verantwortungsflüchter, Volksfeinde. Wer ist gemeint? Die Herren Sommer, Esser, Schrempp, Pischetsrieder, die mit dem Goldenen Handschlag Verabschiedeten? Der Scharping-Rudi – erinnert sich jemand? Peter Hartz? Dieser Landowsky, der vermutlich schon den zum Victory-Zeichen stilisierten Stinkefinger à la Ackermann übt? Der glücklich eingefangene Pfahls, der Arme? General Schönbohm? Nein, der ist nicht schuldfähig. Also doch aufgeschobener, wenngleich nächstliegender Gedanke: der Bundeskanzler, der sich oder zumindest seine Partei aus den von ihm führend angerichteten Desaster in die Große Koalition zu retten sucht? Ist der gemeint und mit ihm einige Hundert Bundestagsabgeordnete, die ihm darin folgten? Und, mit Verlaub, der Herr Bundespräsident? Demnächst das Bundesverfassungsgericht, bei allem Respekt?

Klarer Fall von populistischer Fragestellung. Gemeint sind natürlich wiederum Gysi und Lafontaine, die bösen Jungen aus der Nachbarschaft. Beide haben etwas getan, was unsere Populismuswächter sonst gerne von halbwegs gestrauchelten Kollegen reflexartig einfordern: Sie klebten nicht an ihren Sesseln, als sie einsehen mußten, daß von dorther allzu wenig zu bewegen war. Nun versuchen sie etwas ohne Dienstwagen und Macht des Amtes. Aber nun ist es auch wieder nicht recht. Bleibt als unwiderlegbarer Vorwurf das Attribut *rückwärtsgewandt*.

Also, das stimmt. Die Brüder Leichtfuß L&G wollen zurück hinter Hartz IV. Weitere rückwärts liegende Ziele sind ihrem Wahlprogramm zu entnehmen.

Karikatur: Peter Muzeniek,
aus: Neues Deutschland, 13./14. August 2005

Die verbreitete Skepsis gegen eine »Partei« ist nachvollziehbar,
aber Partei muß sein,
wenn gesellschaftliche Macht verändert werden soll.
Die politische Linke muß in einer gemeinsamen Partei agieren,
wenn sie die gesellschaftlichen Widerstände überwinden und ein
neues breites gesellschaftliches Bündnis demokratischer Kräfte zum
gestaltenden Faktor der Gesellschaft voranbringen will.

Joachim Bischoff

Ist der Kapitalismus reformierbar?

Von Joachim Bischoff

In der aktuellen gesellschaftlichen Auseinandersetzung wird immer wieder auf den ökonomischen Sachzwang verwiesen, dem sich die Gesellschaft und ihre Mitglieder zu unterwerfen hätten. Globalisierung müsse als Chance begriffen werden, behaupten die neoliberalen Politiker. »Der Hinweis auf die Globalisierung muß heute immer wieder dazu herhalten, Steuerentlastungen, Senkung der Sozialabgaben, Lohnzurückhaltung, Flexibilisierungsforderungen und dergleichen zu rechtfertigen«, meinte schon K. G. Zinn im Sommer 2000 in einem Beitrag für die Zeitschrift »Sozialismus«.

Angeblich bleibe den Volkswirtschaften nichts anderes übrig, als sich den so genannten Globalisierungszwängen anzupassen. Nationale Wirtschaftspolitik müsse sich daher darauf beschränken, die Wettbewerbsfähigkeit von Unternehmen und Arbeitskräften zu steigern.

Wir erleben seit Jahren eine internationale Konkurrenz um niedrigere Steuern und Sozialabgaben, eine Umverteilung von unten nach oben und eine oft subalterne Einstellung gegenüber den Forderungen der Unternehmensverbände.

Trotz der Dominanz der Angebotspolitik und des wirtschaftspolitischen Entgegenkommens gegenüber den Vorstellungen der Unternehmen konnte aber weder die Massenarbeitslosigkeit überwunden werden, noch gelang die Rückkehr zu hohen Wachstumsraten und dauerhaftem Wachstum kapazitätsbildender Sachinvestitionen. Insofern ist diese Wirtschaftspolitik gescheitert.

»Erklärt wird dieses Scheitern wiederum mit den Globalisierungsprozessen. Anpassungen und Flexibilisierung seien eben noch nicht weit genug gediehen; Steuern und Sozialabgaben seien immer noch zu hoch; die Lohnzurückhaltung reiche längst nicht aus usw. Gerade diese Art der Argumentation macht noch einmal deutlich, welche ideologische Funktion die Globalisierungs-Debatte erfüllt: nämlich die Ansprüche der arbeitenden Menschen in Schranken zu weisen.«[1]

Es geht daher nicht um Anpassung an äußere ökonomische Sachzwänge, sondern um die Wirkungen der krisenträchtigen Mechanismen der kapitalistischen Produktionsverhältnisse, die zu der weltweiten Verschlechterung der Einkommens-, Vermögens- und Wohlstandsverteilung geführt haben und die arbeitenden Menschen einem steigenden Druck unterwerfen. Die Wachstumsabschwächung und die damit verbundene Massenarbeitslosigkeit markieren die eigentlichen Ursachen für eine Reihe von Problemen, die angeblich der Globalisierung geschuldet sind und von der Angebotsrhetorik gegen Forderungen von Gewerkschaften und arbeitnehmerbezogenen Reformern gewendet werden.

Geschichte entsteht nicht durch Naturkräfte, sondern als Ergebnis eines gesellschaftlichen Kräfteverhältnisses, zu dessen Zustandekommen höchst unterschiedliche Willensbildungs- und Handlungszusammenhänge gesellschaftlicher Gruppierungen beitragen. Die in gesellschaftlichen Zusammenhängen agierenden Menschen schaffen ökonomische, soziale und kulturelle Strukturen. Diese erhalten im Kapitalismus den falschen Schein einer unveränderlichen »Naturgegebenheit«. Die Globalisierungsrhetorik lenkt von den eigentlichen Problemursachen ab und propagiert die vom kapitalistischen Verwertungsinteresse dominierte Wirtschafts- und Gesellschaftspolitik als sachgerecht und alternativlos.

Diese Verkehrung von sozialen Verhältnissen in vermeintlich natürliche Sachzwänge ist nicht neu. In der letzten Konsequenz wird für das gesellschaftliche Handeln behauptet, daß eine Veränderung der kapitalistischen Verwertungs- und Profitlogik nicht möglich sei. Dieses Argument von den ökonomischen Sachzwängen und der Ohnmacht der Lohnabhängigen ist auch innerhalb der gesellschaftlichen Opposition, beispielsweise bei den Gewerkschaften, nicht ohne Resonanz. Schon Marx mußte sich in der zweiten Hälfte des 19. Jahrhunderts mit dem Argument herumschlagen, daß eine organisierte Opposition gegen die ökonomische Logik oder die Willkür des Kapitalisten letztlich nichts bewirke.[2]

Die von Marx entwickelte Gegenthese, die seither zur Grundausstattung einer kritischen Gesellschaftstheorie gehört, lautete: Profite werden nicht durch Tradition, Gewohnheit oder den Willen des Kapitalisten oder eine willkürliche Methode fest gesetzt.

Es geht nicht darum, über den Willen des Kapitalisten oder ähnliches zu räsonieren. Wir müssen seine Macht verstehen, die Schranken dieser Macht und den Charakter dieser Schranken.

Es ist charakteristisch für dieses System, daß die ökonomischen Gesetzmäßigkeiten sich durch das Handeln der gesellschaftlichen Akteure verwirklichen und daß Strukturen durch gesellschaftliche Kräfteverhältnisse verändert werden können. Der Kapitalismus ist reformierbar, allerdings nicht auf eine beliebige Art und Weise.

Das System der Lohnarbeit

Zum kapitalistischen System gehört die dynamische Veränderung aller Produktions- und Lebensverhältnisse. Wie bei jeder anderen Ware verändert sich historisch der Wert des Arbeitsvermögens, das Niveau der Arbeits- und Lebensbedürfnisse. Zugleich ist der Wert jeweils ein Schwankungszentrum, um das herum es konjunkturelle, branchenmäßige, nationalstaatliche etc. Abweichungen gibt. Die Aneignung von unbezahlter Arbeit (Mehrarbeit) unter dem Schein der Äquivalenz (d. h. daß sie bezahlt worden sei) ist für den Kapitalismus schlechthin charakteristisch. Andererseits wird dieses Ausbeutungsverhältnis stets durch das gesellschaftlich-kulturelle Kräfteverhältnisse modifiziert.

Hat man die Ausbeutung, d. h. die Aneignung von Mehrarbeit und dem Schein des Äquivalententausches, also der eingebildeten Gleichwertigkeit der Kontrahenten Kapital und Lohnarbeit, erfaßt, kann selbst erklärt werden, weshalb in der historischen Tendenz eine Steigerung des Lebensstandards zustande kommt.[3]

Der entscheidende Punkt ist: Die sozialen Regulationen – angefangen vom Normalarbeitstag, der Elementarbildung und Qualifizierung der Arbeitskraft, der soziale Sicherheit etc. – entwickeln sich allmählich aus den kapitalistischen Verhältnissen heraus. »Ihre Formulierung, offizielle Anerkennung und staatliche Proklamation waren das Ergebnis langwieriger Klassenkämpfe.«[4]

Diese Errungenschaften sind keineswegs stabil, sondern müssen in gesellschaftlichen Konfliktsituationen und Knotenpunkten verteidigt und weiterentwickelt werden. An der Erzeugung und Ausgestaltung des gesellschaftlichen Kräfteverhältnisses hat das Kapital selbst noch einen Anteil: »Es ist nur die Scham und rücksichtslose Maßlosigkeit des Kapitals, das die Naturgrenzen der Arbeitszeit ins Tolle überschreitet [...], die selbst die auf der kapitalistischen Produktion beruhende Gesellschaft (wobei natürlich die Rebellion der Arbeitsklasse selbst der Hauptreiber) zwingt gewaltsam den normalen Arbeitstag auf festbestimmte Größen einzuschränken. Es tritt dies erst ein, sobald die kapitalistische Produktion schon aus ihrer Lümmelzeit, Steckenzeit heraus und ihre eigene materiell Basis geschaffen hat. [...] Erst auf einer höheren Entwicklung der Produktion tritt diese Tendenz hervor [...] Es ist dies eine gewisse Bedingung des gesellschaftlichen Fortschritts. Es wird so freie Zeit auch für den Arbeiter geschaffen und die Intensität in einer bestimmten Arbeit hebt daher nicht die Möglichkeit in anderer Richtung auf, die im Gegenteil dagegen als Erholung wirken kann. Daher die außerordentlichen wohltätigen folgen, die dieser Prozeß [...] auf die körperliche, moralische und intellektuelle Amelioration der *working class* in England ausübte.«[5]

Was hier für den 10-Stunden-Tag festgehalten wurde, gilt für alle weiteren Komponenten des Lohnarbeitsverhältnisses. Daraus folgt eindeutig: Wir können und müssen den Kapitalismus verändern. Die Frage ist allerdings: Was sind die Ausgangspunkte und welche Richtung können wir den gesellschaftlichen Widersprüchen geben? Und: »Gleichzeitig, und ganz unabhängig von der allgemeinen Fron, die das Lohnsystem einschließt, sollte die Arbeiterklasse die endgültige Wirksamkeit dieser tagtäglichen Kämpfe nicht überschätzen. Sie sollte nicht vergessen, dass sie gegen Wirkungen kämpft, aber nicht gegen die Ursachen dieser Wirkungen.«[6]

In der aktuellen Konstellation in den europäischen Hauptländern des Kapitals geht es um eine zivilisatorische Ausgestaltung der Lohnarbeitsgesellschaft und die Öffnung des Weges in Richtung der Überwindung der Lohnarbeitsgesellschaft.

Vom Fordismus zum Vermögenskapitalismus

In den letzten Jahrzehnten sind wir in den kapitalistischen Hauptländern mit einer Krise des fordistischen Kapitalismus und den Elementen der Kultur eines neuen Kapitalismus konfrontiert. Die nationalstaatlich geprägten Lohnarbeitsgesellschaften hatten durchaus verschiedene nationale Einfärbungen, waren aber alle durch ein System gesellschaftlicher Regulation bestimmt. Es gibt allerdings keine breit akzeptierte Erklärung über den seit Mitte der 1970er Jahre in allen kapitalistischen Hauptländern einsetzenden Prozeß der Umwälzung des in der Nachkriegszeit erarbeiteten Sozialstaatskompromisses. Die Zerstörung des »Rheinischen Kapitalismus« ordnet sich in diesen umfassenden Transformationsprozeß ein.

Das Stichwort »Fordismus« steht für folgenden Zusammenhang: »Die Macht der Großunternehmen, eine standardisierte Arbeitsorganisation und mächtige Gewerkschaften sorgen für die Dominanz dieser kollektiven Regulierungsformen. Die Arbeiter, die sich zu großen Verbänden zusammenschließen und von ihnen vertreten werden, beugen sich den Anforderungen des sich entwickelnden Industriekapitalismus und profitieren im Gegenzug von umfassenden Sozialleistungen auf der Basis stabiler Beschäftigungsbedingungen […] Die beiden Pfeiler, auf denen die kollektiven Sicherungssysteme erreichtet wurden – der Staat und die homogenen sozioprofessionellen Gruppen –, beginnen nun seit den 70er Jahren brüchig zu werden.«[7]

Der Übergang von den fordistisch geprägten Sozialstrukturen im 20. Jahrhundert hin zur Flexibilisierung und Prekarisierung der gesellschaftlichen Arbeit schlägt sich in einer politischen Ökonomie der Unsicherheit nieder, deren Auswirkungen in allen Bereichen der Gesellschaft nachweisbar sind.

Zugespitzt: Die soziale Sicherheit und der soziale Zusammenhalt fallen der Flexibilität zum Opfer. »Die soziale Unsicherheit schafft nämlich nicht nur Armut. Wie ein Virus, der das Alltagsleben durchdringt, die sozialen Bezüge auflöst und die psychischen Strukturen der Individuen unterminiert, wirkt sie auch demoralisierend, als Prinzip sozialer Auflösung. Sie zersetzt den Charakter, wie es bei Richard Sennett in anderem Zusammenhang heißt. Sich in einer Situation ständiger Unsicherheit zu befinden bedeutet, weder die Gegenwart meistern noch die Zukunft positiv gestalten zu können.«[8]

Massenarbeitslosigkeit, scharfe Verteilungskonflikte und eine seit Jahren anhaltende Tendenz der Verschlechterung sozialer Leistungen prägen sowohl die privaten Lebensverhältnisse vieler Menschen als auch die gesellschaftlichen Verhältnisse und die politische Öffentlichkeit. Trotz intensiverem Arbeitseinsatz, trotz teilweise verlängerter Arbeitszeiten, trotz höherer Qualifikation und Leistung während des letzten Jahrzehnts ist der Wohlstand der Lohnabhängigen und vor allem auch der BürgerInnen ohne Arbeitseinkommen zurückgegangen. Stagnierende Einkommen, verlängerte Arbeitszeiten, schlechtere Fortbildungsmöglichkeiten sind die eine Seite; auf der anderen stehen höhere Aufwendungen für die Gesundheitsversorgung und steigende Eigenbeteiligung bei der Vorsorge für das Rentenalter. In einem Satz: Der gegenwärtige

Kapitalismus hat sich weit von den Zeiten eines regulierten kapitalistischen Systems entfernt.

Den Kern der Restrukturierung der Kapitalakkumulation bildet die über die Liberalisierung des Kapitalverkehrs Ende der 1970er Jahre herausgebildete neue Qualität der Finanzmärkte. Die Vorherrschaft der Finanzmärkte setzt sich einzelwirtschaftlich in eine Hegemonie des *shareholder value* um, was zu einem beschleunigten Umbau der Unternehmenslandschaft und zu einer Ausweitung der Finanztransaktionen führt.

In den beiden letzten Jahrzehnten des 20. Jahrhunderts wurde auf Basis einer Liberalisierung des Kapitalverkehrs und einer starken Expansion der Finanzmärkte der *shareholder value* zur dominierenden Unternehmensphilosophie der Kapitalgesellschaften. Aus den Betrieben werden überdurchschnittliche Gewinne herausgepreßt – zum Nachteil der Beschäftigten, zum Nachteil der Lieferanten und Kooperationspartner und zum Nachteil der Innovationspotentiale. Eine solche Unternehmenspolitik liefert den Kapitalgesellschaften auf kürzere Sicht durchaus Impulse und stützt zunächst die Shareholder-Orientierung. Auf mittlere Sicht läßt sich diese Verschlankung der Unternehmenssubstanz nicht durchhalten.

Der Rückschlag der unter dem Imperativ des *shareholder value* veränderten betrieblichen Wertschöpfungsprozesse auf die Makroökonomie zeigt sich zum einen in einer höheren Volatilität der Finanzmärkte, der Rückkehr der Finanzkrisen, einem hohem Niveau von Unternehmenszusammenbrüchen über den gesamten ökonomischen Zyklus und der Verdichtung deflationärer Tendenzen. Die zeitweilige Steigerung der Aktienwerte ist Ausdruck der Tatsache, dass keine nachhaltige Wertschöpfung implementiert wurde. Durch massiven Aufkauf von und Fusionierung mit anderen Unternehmen ist die strukturelle Verschlankung der Wertschöpfung (Kernkompetenz) nicht zu kompensieren.

Entscheidend ist zum andern die Rückwirkung auf die Verteilungsverhältnisse und die chronische Schädigung des Sektors der Binnenwirtschaft, vermittelt über stagnierende und rückläufige Massenkaufkraft und einen ruinösen Wettbewerb der kleineren und mittleren Unternehmen. Die anhaltende Zersetzung des fordistischen Produktions- und Akkumulationsmodus verändert nicht nur die Konsumtionsbedingungen der Arbeitskraft, sondern auch die Verteilungsverhältnisse. Die Ausrichtung am *shareholder value* und die dahinter steckende Begünstigung der leistungslosen Kapital-

und Vermögenseinkommen schlägt sich in einer gesamtgesell-schaftlich fallenden Quote der Arbeitseinkommen und einer relativen Verselbständigung der Finanzmärkte nieder. Empirisch läßt sich feststellen, daß sich »die Ungleichheit der am Arbeits- und Kapitalmarkt erzielten Einkommen der privaten Haushalte [...] seit Beginn der 1990er Jahre in Deutschland kontinuierlich erhöht« hat.[9]

Mit der neoliberalen Politik wird diese Entwicklungstendenz verfestigt. Die öffentlichen Finanzen und die finanziellen Grundlagen der sozialen Sicherungssysteme geraten sowohl durch die Verschiebungen in den primären Verteilungsverhältnissen zwischen Löhnen und Kapitaleinkommen als auch durch wachsende Anforderungen infolge der chronischen Krisenprozesse in eine immer stärkere Schieflage. Konsequenz der neoliberalen Wirtschaftskonzeption ist die anhaltende Verschärfung der Fiskalkrise. Die Erosion der finanziellen Fundamente bei öffentlichen und Sozialkassen wird durch eine Steuersenkungs- und Steuerverlagerungspolitik zu Gunsten der Kapital- und Vermögenseinkommen verschärft. Das abflachende Wirtschaftswachstum, die Auflösung der Normalarbeitsverhältnisse, das Anwachsen von krisenbedingten Unterstützungszahlungen und die Ausbreitung des informellen Sektors haben entsprechende Rückwirkungen auf die öffentlichen Finanzen.

Die Reaktion auf diese Zuspitzung ist zum einen eine Verschärfung des Konsolidierungskurses, was durch weitere Kürzungen der Sozialausgaben und eine Beschränkung der Kriseninter-vention selbst wiederum zu einer Verfestigung der Akkumulations- und Wachstumsschwäche führt. Zum anderen verschlechtern die herrschenden Eliten durch die Privatisierung von öffentlichen Einrichtungen und die Verminderung der öffentlichen Investitionen die Rahmenbedingungen für eine gesellschaftliche Steuerung des Reproduktionsprozesses.

Krise der Sozialdemokratie und Aufstieg einer neuen Linken

Die regulierte Kapitalakkumulation der ersten Nachkriegsjahr-zehnte wurde durch die Erosion der fordistischen Strukturen der Wertschöpfung und die relative Verselbststständigung der Finanz- und Vermögenswerte unterminiert. Politisch umgesetzt wird der neoliberale Rückbau des Sozialstaates und die Entfesselung des Kapitalismus in klassenübergreifenden Allianzen zwischen Lohnarbeit und Kapital. Neoliberale Politik zielt auf eine politisch gewollte Veränderung der Einkommensverteilung. Mit jedem Schritt in diese Richtung verstärkt sich der Verdrängungswettbewerb der Kapitale, der Versuch der Behauptung und Erweiterung ihrer individuellen Marktanteile. Durch die einsetzende Abwärtsspirale radikalisieren sich die Vertreter neoliberaler Politik. Im Laufe der Verallgemeinerung und Radikalisierung neoliberaler Politik verändert sich vor allem die Sozialdemokratie. Wir sind mit einem schleichenden Übergang der Sozialdemokratie von einer Sozialstaatspartei hin zu einer Formation der »Neuen Mitte« konfrontiert, die sich einer sozial abgefederten neoliberalen Angebotspolitik verpflichtet weiß. »Im deutschen Parteienspektrum erweist sich die SPD als politische Förderin des Finanzmarktkapitalismus, die kooperative, koordinierende und deshalb marktbegrenzende Beziehungen zwischen Unternehmen aufzubrechen sucht«.[10]

Der Positionswechsel der Sozialdemokratie schlägt sich in einem chronischen Krisenprozeß nieder: »Wählerverluste und damit verbunden der Verlust von Regierungsmacht, eine langanhaltende geistig-politische Defensive durch die Vorherrschaft des Neoliberalismus in der Wissenschaft und im öffentlichen Diskurs, Mitgliederschwund, interne Spannungen und Identitätszweifel in den sozialdemokratischen Parteien selbst.«[11]

Die Sozialdemokratie zerstört sich als Volkspartei. Was gegenwärtig als faktische Zerreißprobe der deutschen Sozialdemokratie sichtbar wird, findet sich in fast allen europäischen Parteien der Mitte-Links-Koalitionen. Wenn die sozialdemokratischen/sozialistischen Parteien in einer organisatorischen und politisch-strategischen Krise stecken, dann sind dies die Spätfolgen dieser aktiven Rolle in der Transformation des Fordismus oder »Rheinischen Kapitalismus«. Der Großteil der SPD-Mitglieder und der Stammwähler beharrt hingegen nach wie vor auf der Position einer wohlfahrtsstaatlichen Sozialdemokratie. Durch diese Veränderungen ist die Möglichkeit eröffnet worden, eine neue Partei der demokratischen Linken mit einer starken Wählerunterstützung zu etablieren. Die politische Linke hat eine reelle Chance das politische Kräfteverhältnis der etablierten Parteien aufzusprengen. Es geht nicht nur um eine Umgruppierung der unzufriedenen WählerInnen, die den etablierten Parteien trotz wachsender Unzufriedenheit bislang die Treue gehalten haben. Es geht vor allem auch darum, dem großen Block der NichtwählerInnen ein über die Abstimmung zum neuen Bundestag hinausreichendes Angebot einer Aktivierung in einer zu erneuernden politischen Kultur der Linken zu machen.

Der Großteil der Wahlbevölkerung läßt sich weder durch die Linksmanöver von SPD und Grünen noch durch die im Pakt für Deutschland angekündigten Grausamkeiten beeindrucken. In einem aktuellen Bericht des Instituts für Demoskopie Allensbach heißt es: »Kühl, fast emotionslos sehen die Wähler der Wahl entgegen – überzeugt, daß es einen Wechsel geben wird und muß, aber ohne große Hoffnung, daß dieser Wechsel zu einem Aufbruch wird. Die Grundstimmung in der Bevölkerung ist skeptisch, fast resignativ […] Zwei Drittel nehmen an, daß sich die künftige Bundesregierung mit der Lösung der Probleme ähnlich schwer tun wird wie die derzeitige Koalition […] 44 Prozent der Bevölkerung rechnen bei einer CDU/CSU-geführten Regierung mit härteren Schnitten in das soziale Netz.«[12]

Die Entwicklung wird durch folgende Faktoren geprägt:

– Das Linksbündnis ist zwar noch nicht über die vertraglichen Verabredungen herausgekommen, die praktisch-politische Umsetzung auf der Länderebene, dem eigentlichen Terrain der Stimmensammlung steht noch aus. Sicherlich sind bei dem Zweckbündnis zwischen Wahlalternative und Linkspartei etliche Umsetzungsprobleme zu erwarten. Aber bei den WählerInnen ist das Linksbündnis bereits angekommen. Insofern ist die Gefahr des Scheiterns erheblich verringert. Das Linksbündnis wird in Fraktionsstärke in den Bundestag einziehen. Die Chance, Alternativen sichtbar zu machen, ist gegeben – den erneuten Generalangriff auf die sozialen und demokratischen Rechte des Volkes wird die Fraktion nicht aufhalten können.

– Die Gewerkschaften bereiten sich schon jetzt auf eine Konfrontation im Herbst vor. Betriebsverfassung, Mitbestimmung, Tarifautonomie und die Beteiligung der Beschäftigten sollen verteidigt werden. Entscheidend für den Erfolg dieser Defensivkämpfe wird sein, ob es gelingt, andere soziale Interessen und soziale Schichten mit in die gesellschaftliche Situation einzubeziehen. Das politische Ziel muß die Formierung einer breiten zivilgesellschaftlichen Allianz sein, die sich für Lohnarbeit, Alterseinkommen, Krankenversorgung, qualifizierte Bildung für alle, Innovation und soziale Gerechtigkeit engagiert.

– Die Hoffnung vieler Wähler auf eine konjunkturelle Belebung wird sich rasch als Illusion erweisen. Die weltwirtschaftlichen Rahmenbedingungen deuten eher auf eine Verstärkung des Abwärtstrends hin. Die Fortführung der Umverteilungspolitik von unten nach oben wird die geringe Investitionsneigung in Deutschland verfestigen. Weil die Bevölkerung mit dem Regierungswechsel keine großen Hoffnungen verbindet, wird die anfängliche Unterstützung für die Parteien des bürgerlichen Lagers deutlich zurückgehen.

– Die mittelfristige Perspektive des Linksbündnisses, die Schaffung einer neuen politischen Formation, in der neben Wahlalternative und Linkspartei.PDS auch andere Kräfte aufgehoben sein könnten, ordnet sich in dieses Szenario ein.

Bereits wenige Monate nach den Bundestagswahlen stehen mehrere Landtagswahlen ins Haus. Das Linksbündnis wird sich dann als zukunftsfähig erweisen, wenn es seinen politischen Kurs durchhält und auch in den gesellschaftlichen Auseinandersetzungen erkennbar bleibt. Das Parlament ist ein zentrales politisches Forum, und es gilt, hier Alternativen zur Regierungspolitik, aber auch zu den Konzeptionen von Rotgrün sichtbar zu machen. Darüber hinaus müssen sich die wesentlichen Kräfte des neuen Linksbündnisses in den gesellschaftlichen Konflikten engagieren und die Bündelung der oppositionellen Initiativen und Bewegungen befördern. Zugleich besteht die Chance auf Foren, Arbeitskonferenzen und Kongressen die politischen Inhalte und Konzeptionen des Linksbündnisses zu Debatte und kritischen Korrektur zu stellen.

Gelingt es die gemeinsame Frontstellung gegen den neoliberalen Gesellschaftsumbau stark zu machen und zugleich die Unterschiede und politisch-theoretischen Differenzen in einem Klima von Fairness und Respekt zu verhandeln, dann war die gemeinsame Liste zu den vorgezogenen Bundestagswahlen der Startzuschuß zu einer weiterreichenden Umgruppierung der politischen Linken. Treffend warnen die Demoskopen: »Der Einzug eines Linksbündnisses in den Deutschen Bundestag hätte für sich genommen noch keine destabilisierende Wirkung, sondern entfaltet erst dann Sprengkraft, wenn die Konsolidierung der SPD mißlingt.« Nutzen wir die Chance zum Aufsprengen! Erstmals seit langer Zeit besteht die reelle Chance, aus den beiden Faktoren der politischen Linken – WASG und Linkspartei.PDS – eine wirklich neue, Traditionalismen, Verkrustungen und die parteipolitische Enge überwindende politische Formation zu entwickeln. Damit ist aber die Frage nach der Programmatik einer solchen Partei aufgeworfen.

Nach wie vor sind die hochentwickelten kapitalistischen Gesellschaften mit ihrer »reifen Ökonomie« durch eine bereits von Keynes kritisierte doppelte Illusion beherrscht: Auf der einen Seite akzeptierte die Arbeiterklasse aus Unwissenheit oder Machtlosigkeit eine Situation, in der sie nur auf niedrigem Niveau am gesellschaftlichen Reichtum beteiligt wird. Auf der anderen Seite beansprucht die Kapitalistenklasse den größten Teils des Kuchens für sich.

Wir müssen diese doppelte Illusion aufbrechen. Eine reife kapitalistische Ökonomie kommt nur dann aus der sozioökonomischen Stagnation und Abwärtsspirale heraus, wenn die Verteilung des gesellschaftlichen Reichtums radikal verändert wird. Demokratisierung der Wirtschaft bezeichnet kein allgemeines Modell, sondern eine Methode der Politik, ausgehend von der vorherrschenden Tendenz des neoliberalen Rollback oder der wachsenden Entdemokratisierung.

Die kapitalistische Marktwirtschaft ist gegenwärtig nicht in der Lage, die arbeitsuchenden Menschen und die unausgelasteten Produktionskapazitäten so zu kombinieren, daß diese Menschen durch den Verkauf ihrer Arbeitskraft eigenständig und unter Achtung ihrer Würde ihre Existenz gestalten können. Zudem gerät die kapitalistische Rationalität immer stärker in Widerspruch zu einem ressourcensparenden und umweltverträglichen Einsatz der Natur. Auch die Verteilung der gesellschaftlichen Ergebnisse der kapitaldominierten Marktwirtschaft wird immer stärker in Richtung der leistungslosen Vermögenseinkommen verschoben. »Selbst wenn das Vermögen durch eigene Leistung erworben wurde und nicht (wie in der Mehrzahl der Fälle) von den Vorfahren ererbt wurde, läßt sich die Vermögensvermehrung durch Zinsen und Dividenden nicht mit dem Leistungsprinzip rechtfertigen.«[13]

In der kapitalistischen Wirtschaftsordnung liegt die Macht bei den Eigentümern und den von diesen beauftragten Managern und Vermögensverwaltern. Eine leistungsbezogene Verteilung findet nicht statt. Diese undemokratische Eigentums- und Unternehmensverfassung ist der Grund für die Mängel innerhalb der kapitalistischen Hauptländer sowie das wachsende Mißverhältnis zwischen diesen Hauptländern und Peripherie des kapitalistischen Weltsystems.

Die unzureichende Besteuerung der Rentiervermögen und Vermögenseinkommen verschärft diese zerstörerische Tendenz im entfesselten Kapitalismus. Lange Jahre war die Trennung von Eigentum und Kapitalfunktion mit einer sozialen Einbettung und Steuerung vereinbar. In den letzten Jahren werden mit der zunehmenden Rückkehr zum Laisser-faire-Kapitalismus die Widersprüche und Schattenseiten deutlich.

Die Schlüsselthese lautet: Mit Deregulierung und Privatisierung wird die Tendenz zur Transformation in Richtung leistungslosen Einkommen verstärkt. Die Abwärtsspirale der Ökonomie dreht sich schneller. Immer stärker tritt eine Tendenz zur Entdemokratisierung in Erscheinung. Daher: Eine Demokratisierung der Wirtschaft würde zu einem entschiedenen Politikwechsel führen, d. h. einer wesentlichen Verminderung der Massenarbeitslosigkeit und der Umweltgefährdung.

Der Sozialstaat als »historische Fortschrittsleistung«[14] war von Beginn ein Ansatz zum Schutz gegen die Katastrophen des Kapitalismus im 20. Jahrhundert (Weltwirtschaftskrise und Faschismus) und ein Ansatz für eine durchaus systemimmanente, aber den Kapitalismus sozial einbettende Gesellschaftsreform. Mitte der 1970er Jahre gelang es nicht mehr, die Schranken sozialstaatlicher Entwicklung durch eine neue, solidarische Fortschrittsperspektive (Ausbau von Mitbestimmung und Wirtschaftssteuerung) zu überwinden. Das Ende der beschleunigten Kapitalakkumulation, die die ökonomische Substanz des »goldenen Zeitalters« ausmachte, und der nachfolgende Übergang zu einer chronischen Überakkumulation unterminierte die sozialstaatliche Sekundärverteilung schrittweise.

Schon Joan Robinson hatte darauf hingewiesen, daß der Managerkapitalismus sich in ein höchst eigenartiges Wirtschaftssystem transformiert, in dem die Rentiers und die leistungslosen Einkommen die Akkumulation mehr und mehr prägen. »Die alte Rechtfertigung für die Existenz einer reichen Klasse – daß sie nämlich notwendig ist, um für die erforderlichen Ersparnisse zu sorgen – hat sich schon stark abgenützt [...] Das Haupthindernis bei der Beseitigung des funktionslosen Reichtums ist [...] der Mangel an Einfallsreichtum bei der Entwicklung von Ideen und Institutionen, wie sie einer Wirtschaft angemessen sind, die über den Berg starker Akkumulation ist und einen vernünftigen Weg finden muss, um die Früchte einzuheimsen.«[15]

In der konkreten Ausgestaltung der Zivilgesellschaft ist zugleich ein wachsendes emanzipatives Potential impliziert, das sowohl zur realen Ökonomie, der dieser entsprechenden Sozialstruktur und erst Recht dem politischen Feld in einen sich verschärfenden Widerspruch tritt. Die Anforderung an eine emanzipatorische Politik besteht demzufolge darin, diese Potentiale freizusetzen, was eben nicht über eine ökonomische oder sozialstaatliche Reformperspektive allein geht, sondern nur im Zusammenhang zivilgesellschaftlicher Entwicklungen. Die gesellschaftliche Arbeit im entfesselten flexiblen Kapitalismus bleibt die Grundlage für die Entwicklung der emanzipatorischen Potentiale, aber wir können politisch-konzeptionell diesen Prozeß nicht nur ausgehend von den vorhandenen Strukturen der organisierten oder direkt vergesellschafteten Arbeit vorantreiben. Es läßt sich – selbst bei deutlich reduziertem gesellschaftlichen Gewicht der Arbeiter- und Gewerkschaftsbewegung – für den entfesselten Kapitalismus (mit der vorherrschenden Tendenz, die flexible Massenproduktion als herrschendes Produktionsverhältnis zu etablieren) die Perspektive eines Bündnisses für gesellschaftliche Arbeit begründen: Es geht um die Formierung eines breiten gesellschaftlichen Bündnisses, das neben Gewerkschaften eben auch viele politische Subjekte der Zivilgesellschaft – u. a. der sozialen Bewegungen – umfaßt, die gegenüber dem Neoliberalismus eine gesellschaftliche Zukunftsperspektive eröffnen und die kulturellen Werte der Arbeit wiederbegründen könnten.

Konsequenzen für die neue Linke in Deutschland

Die Verständigung von *Linkspartei.PDS* und *Wahlalternative* hat die Hoffnungen beflügelt, daß die Linke in Deutschland die trennenden politischer Lager wie auch die Ost-West-Spaltung überwindet. »Die Linkspartei hat, wenn sie keine großen Fehler macht, eine beträchtliche Sicherheit auf den Wahlerfolg am 18. September. Sie hat jedoch ganz und gar keine Sicherheit auf eine dauerhafte Perspektive und darauf, die mögliche und notwendige parteipolitische Plattform einer modernen, neuen Linken in Deutschland zu werden«, meinte der Europaparlamentarier André Brie.[16]

Mit den Bundestagswahlen wird eine Fraktion von Abgeordneten des linken Wahlbündnisses von Linkspartei.PDS und Wahlalternative (WASG) in das Parlament einziehen. Diese Opposition gegen neoliberale Politik drückt zugleich ein Aufbrechen des bisherigen Parteiensystems der Bundesrepublik aus. Unbestritten ist, dass die Rolle der Opposition nicht auf diese Fraktion der Linkspartei.PDS übergehen kann; ein grundsätzlicher Politikwechsel wird auch in außerparlamentarischen Auseinandersetzungen vorangebracht werden müssen.

Der Druck der gesellschaftlichen Probleme, die im Jahr 2006 anstehenden Landtags- und Kommunalwahlen und nicht zuletzt der stärker werdende Widerstand gegen eine Neuformation der Linken zwingen die bisherigen linken Parteien, zügig einen Prozeß der Bildung einer gemeinsamen politischen Formation einzuleiten. Gelingt es in den Monaten nach der Bundestagswahl eine Verständigung auf eine solche Entwicklung herzustellen, könnte das politische Terrain weit radikaler verändert werden.

Das jähe Auftauchen einer linken Partei mit relevantem gesellschaftlichem Rückhalt hat alle Akteure auf der politischen Bühne überrascht. Die politisch-juristischen Scharmützel um die Zulassung der Wahllisten der *Linkspartei.PDS* waren nur Symptome einer sich aufbauenden Ausgrenzungspolitik der Eliten und der etablierten Parteien. Ein Wahlerfolg kann dann die Eröffnung eines neuen Entwicklungsabschnittes sein, wenn die politische Linke ihre programmatischen Gemeinsamkeiten ausbaut. Dabei ist nicht die umfassende Verständigung auf eine neue Gesellschaftskonzeption angesprochen. Es existiert seit längerem ein programmatisches Fundament, gelernt und entwickelt werden muß die Debattenkultur die offenen Fragen und Differenzen vor dem Hintergrund der real existierenden Gemeinsamkeiten einzuordnen.

Die verbreitete Skepsis gegen eine »Partei« ist nachvollziehbar, aber Partei muß sein, wenn gesellschaftliche Macht verändert werden soll. Die politische Linke muß auch in einer gemeinsamen Partei agieren, wenn sie die gesellschaftlichen Widerstände überwinden und ein neues breites gesellschaftliches Bündnis demokratischer Kräfte zum gestaltenden Faktor der Gesellschaft voranbringen will. Aber die noch zu schaffende Linkspartei muß sich die Offenheit und das Spannungsverhältnis zu den vielen Bewegungen und Organisationen der Zivilgesellschaft bewahren. »Wenn sie ihre politische Bedeutung stärken will, muß sie sich zurücknehmen. Sie muß anerkennen, daß die Neugründung einer relevanten Linken ein breiter Prozeß ist und schon einiges in den Bewegungen geschehen ist«, so U. Brandt im Sommer 2005 in »Sozialismus«.[17]

Fußnoten

1 Zinn. K. G.: Gewinner und Verlierer der Globalisierung? in: Supplement der Zeitschrift »Sozialismus« 7-8/2000, Hamburg
2 Marx, Karl: Lohn, Preis, Profit, in MEW Bd. 16, 103ff.
3 Marx, Karl: Ökonomische Manuskripte 1863c-1867, in MEGA II, 4.1, S. 8
4 MEW Bd. 23, S. 299
5 Marx, Karl: Zur Kritik der politischen Ökonomie 1861-1863, in MEGA, II, 3.6, S. 1919
6 Marx, Karl: Lohn, Preis, Profit, in: MEW Bd. 16, S. 152
7 Castel, R. (2001): Der Zerfall der Lohnarbeitsgesellschaft, in: Bourdieu, P. (Hrsg.) Liber, Jahrbuch 3, Konstanz 2005, S. 77
8 ebenda, S. 38
9 DIW-Monatsberichte 10-2005, S. 175
10 Höpner, M.: Kapitalmarktfreundliche Linke, in: FAZ vom 18. Mai 2005
11 Walter, F.: Geradezu neurotisch, in: Süddeutsche Zeitung vom 18. November 2003
12 Köcher, Renate in FAZ vom 15. Juni 2005
13 Stein, E.: Demokratisierung der Marktwirtschaft, Baden-Baden 1995, S. 39
14 Zinn, a. a. O.
15 Robinson, J.: Die fatale politische Ökonomie, Frankfurt am Main, 1966, S. 73ff
16 Brie, André: Sechs Thesen zur Perspektive der Linkspartei: offene Fragen, Probleme, Herausforderungen; in: Brie, Michael: Die Linkspartei, Berlin 2005
17 Brand, U.: Weniger wird mehr sein, in: »Soz« 8/2005

Die Politik der Linkspartei muß sich,
wenn sie nicht in Pragmatismus erstarren soll,
an einer Gesellschaftsvision orientieren.
Eine noch so radikale Kapitalismuskritik allein
kann diese nicht ersetzen.

Christa Luft

Entwicklungspfade über den Kapitalismus hinaus suchen

Von Christa Luft

Plötzlich ist die zur Zersplitterung neigende Linke zum Zusammenwirken in der Lage. Stattliche Umfragewerte für eine Listenverbindung von PDS und WASG zur Bundestagswahl widerspiegelten den Wunsch vieler Menschen in Ost und West nach einer kräftigen Opposition zur faktischen neoliberalen Konsenspolitik von SPD-CDU-CSU-FDP und Grünen im Deutschen Bundestag. Dieser Schulterschluß ließ die anderen Parteien schon vor der Wahl nicht unbeeindruckt. Er drängte SPD und Union zu »roten Geschenken im Wahlkampf«, wie bürgerliche Zeitungen titelten.

Dabei war allein die Namensgebung für das Dach, unter dem die Verbindung zustandekam, keine einfache Geburt. Unter dem Logo »Die Linkspartei« ist die PDS nun vom lange für unverzichtbar gehaltenen Kernbestandteil des Aufdrucks auf ihren offenen Listen zu einem Kann-Zusatz nach Länder-Gusto geworden.

Wo zwei zusammengehen, sind Kompromisse unvermeidlich. Rasch auszuräumen jedoch gilt es die Befürchtung, es könnte mit dem mittelfristig geplanten Zusammenschluß beider Parteien zur Preisgabe des Antikapitalismus, ja zur »Entsorgung« des demokratischen Sozialismus als programmatisches Ziel kommen. Für ein solches Ziel sind viele gerade im Osten seit der Wende eingestanden und haben manch persönliche Diffamierung eingesteckt.

Dessen lautlose Aufgabe würde bedeuten, daß sich die neue politische Kraft im Parteienspektrum der Bundesrepublik längerfristig überflüssig macht. Beide Partner müssen sich also alsbald auf mehr als große Überschriften für ein Wahlprogramm einigen und sich dazu bekennen, was für eine Gesellschaft sie als gemeinsamen Horizont anstreben.

Natürlich ist Sozialismus keine Tagesaufgabe, auch kein Projekt von ein, zwei Legislaturperioden und schon gar nicht in vorgestanzten Strukturen. Jetzt geht es erst einmal darum, den weiteren Vormarsch der neoliberalen Sachzwangprediger schwarzgelb-rot-grüner Couleur zu stoppen. Aber die Politik der Linkspartei – ob von der Oppositionsbank oder in eventueller Beteiligung an Landesregierungen – muß sich, wenn sie nicht in Pragmatismus erstarren soll, an einer Gesellschaftsvision orientieren. Eine noch so radikale Kapitalismuskritik allein kann diese nicht ersetzen. Neue mediale, personelle und finanzielle Möglichkeiten nach Einzug der Linkspartei in den Bundestag können bessere Chancen bieten – für eine Gegenöffentlichkeit zur neoliberalen Politik sowie zur Ausarbeitung und Präsentation zeitgemäßer, überzeugender Alternativen im real existierenden Kapitalismus und von Entwicklungspfaden, die über ihn hinausführen.

Aufklärung über Mythen und Legenden neoliberaler Politik

Nach dem Ende der Ost-West-Blockkonfrontation präsentiert sich der Kapitalismus in Deutschland wieder in seiner »Reinform«. Der »rheinische« mutiert zum »reinen« Kapitalismus. Das ist nicht das Urteil frustrierter Kommunisten, sondern die Sicht eines prominenten Liberalen.[1]

Eigentum entledigt sich der grundgesetzlich gebotenen Sozialpflicht. Der Aktienkurs wird zum Maß aller Dinge. »Überarbeit« der einen steht erzwungener »Müßiggang« der anderen gegenüber. Aus den privaten Taschen einer kleinen Schicht quillt Reichtum, während ein wachsender Teil der Bevölkerung in die Armut abdriftet und die Schulden öffentlicher Kassen überborden. Güter der Daseinsvorsorge werden zur Privatisierung freigegeben. Mit der »Agenda 2010« und den so genannten »Hartz-Reformen« hat eine SPD-geführte Bundesregierung die soziale Verunsicherung von Millionen zum Programm erhoben. Die Realität ist durch Gnadenlosigkeit am Arbeitsplatz, soziale Kälte, Brüchigkeit von Beziehungen und Orientierungslosigkeit gekennzeichnet. Kult verdrängt Kultur. Kriegsbeteiligung ist kein Tabu mehr. Statt mobilisierender Visionen gibt es »Sachzwänge«.

Tonangebende Vertreter von Regierung und Opposition demonstrieren die Unverbindlichkeit von Aus- und Zusagen. Immer mehr Menschen verfallen in Resignation und Depression. Freiheit und Gleichheit befinden sich wie im verblichenen sozialistischen System im Dauerkonflikt. Immer häufiger fühlt man sich an die launig-mahnende Sentenz aus Wendezeiten erinnert: »Der Sozialismus ist gescheitert, weil er keiner war. Der Kapitalismus wird scheitern, weil er einer ist.«

»Die Zufriedenheit mit dem Leben in Deutschland sinkt, die Sorgen der Deutschen nehmen zu«, bilanzierte der frühere Bundespräsident Richard von Weizsäcker Ende April 2005 die Ergebnisse der Studie »Initiative Perspektive Deutschland«.[2] Sie beruht auf einer Umfrage, an der 511.000 Bundesbürger teilnahmen. Nur ein gutes Viertel der Befragten meint, daß es sich in Deutschland auch in fünf bis zehn Jahren noch sehr gut leben lassen würde. 42 Prozent der Deutschen sorgen sich inzwischen um ihren Arbeitsplatz. Fast zwei Drittel befürchten, daß sich ihre finanzielle Lage verschlechtert.

Neoliberale Rezepte (Steuersenkung für Unternehmen, Lohnzurückhaltung, Flexibilisierung des Arbeitsmarktes, Lockerung des Kündigungsschutzes, Aushöhlung der Mitbestimmung, Privatisierung öffentlichen Eigentums …) haben sich als untauglich erwiesen, lebenswichtige Probleme breiter Bevölkerungsschichten zu lösen. Dennoch hat die ihnen zugrunde liegende Ideologie in Politik, Wirtschaft, Wissenschaft und Medien immer noch die Oberhand. Von der parlamentarischen Bühne des Bundes und der Länder mit beweiskräftigen Fakten und schlüssigen Argumenten an der »ökonomischen Alphabetisierung der Massen« mitzuwirken, wie Pierre Bourdieu das genannt hat, sowie mit Daten aus der Erfahrungswelt der Bürgerinnen und Bürger wider den neoliberalen Zeitgeist zu streiten und für mutmachende Alternativen zu werben, ist eine vorrangige Aufgabe der Linkspartei. Sie wird dabei um so erfolgreicher sein, je besser es ihr gelingt, Ideen aus der außerparlamentarischen Opposition (Attac, Gewerkschaften, Frauenverbände, Jugendorganisationen …) und Belange von Bevölkerungsschichten aufzunehmen, zu denen Linke in der Vergangenheit eher Distanz bevorzugt haben (Kleinunternehmer, auch Teile des Mittelstandes und der Selbständigen).

Die Abkehr von der weit vorangeschrittenen radikalen Marktgesellschaft wird schwierig, zumal sie keine einfache Rückkehr zur »sozialen Marktwirtschaft« und zum Sozialstaat der 50er, 60er oder 70er Jahre sein kann. Sie hat die neuen sozialen, kulturellen, demografischen, ökologischen und weltwirtschaftlichen Bedingungen aufzunehmen.[3] Aber es obliegt der Linkspartei, mit Vorschlägen zur Neujustierung der sozialen Sicherungssysteme Alternativen zur Zertrümmerung des Sozialstaates zu setzen, Wege zu existenzsichernder Arbeit für alle, die das wollen und können, zu zeigen, für ein bildungs- und wissenschaftsgestütztes umweltfreundliches Wachstum einzutreten und geeignete Maßnahmen zur Zügelung des internationalen Finanzkapitals einzufordern. Das geht freilich nicht, ohne auch über gewachsene kapitalistische Strukturen hinauszudenken.

Makroökonomisches Denken intensivieren

Linke Alternativen müssen sich von neoliberalem Politikverständnis vor allem im Maßstab unterscheiden, den sie für das Funktionieren eines Gemeinwesens, gar einer ganzen Gesellschaft setzen, und das kann nicht die betriebswirtschaftliche Logik sein, also die Maximierung unternehmerischen Gewinns. Was einzelwirtschaftlich als rational und logisch erscheint, wirkt gesamtwirtschaftlich in der Tendenz häufig kontraproduktiv und sozial zerstörerisch. Am deutlichsten wird das in kapitalistischen Ländern an der Parallelität zwischen Explosion von Konzernprofiten und Exklusion von immer mehr erwerbsfähigen Menschen aus dem Arbeitsprozeß. Umgekehrt darf das nicht heißen, betriebliches Gewinnstreben zu delegitimieren. Wohin das führt, haben wir in der realsozialistischen DDR und anderen Ländern des Ostblocks schmerzlich erlebt. Es geht vielmehr um eine neue, gemeinwohlorientierte demokratische Regulationsweise der Wirtschaft, die sich betriebliches Gewinninteresse zunutze macht, es sowohl stimuliert, als ihm auch Grenzen zieht.

Die Linke braucht überzeugende Konzepte, wie das natürliche Spannungsverhältnis zwischen betriebswirtschaftlicher Logik und gesamtgesellschaftlicher Vernunft im Interesse sozialer Gerechtigkeit, ökonomischer Effizienz und ökologischer Verträglichkeit unter den veränderten globalen Bedingungen sowie angesichts der demografischen Entwicklung produktiv gemacht werden kann. Sie muß finanzierbare Maßnahmen und Schritte vorschlagen, die in ihrer Gesamtheit neoliberalem Handeln entgegengesetzt und unter den obwaltenden Umständen alltagstauglich sind, für die sich Akteure abzeichnen und die den Einstieg in einen alternativen Entwicklungspfad bedeuten können. Dafür ist die Antwortsuche auf nachstehende Fragen zu intensivieren:

– Welche staatlichen Rahmensetzungen sind geeignet, die gesellschaftliche Profitdominanz einzudämmen?

– Ist Arbeit tatsächlich – wie es heißt – ein »knappes Gut«, um das wie um andere knappe Güter eine gnadenlose Wettbewerbsschlacht mit sich ständig verschlechternden Sozialstandards unvermeidbar ist?

– Wie soll das gesellschaftliche Zusammenleben gestaltet werden, wenn die soziale Integration, die Einbeziehung aller in den volkswirtschaftlichen Produktions- und Konsumtionsprozeß nicht über die Erwerbsarbeit gewährleistet ist?

– Wie läßt sich eine gerechte Verteilung des Sozialprodukts organisieren, wenn die Volkswirtschaft keine Wirtschaft für das ganze Volk mehr ist und einem erheblichen Teil der Gesellschaftsmitglieder die Möglichkeit eines selbst bestimmten Lebens durch Erwerbsarbeit chronisch vorenthält?

– In welche Bahnen muß die wirtschaftliche Freiheit der einen gelenkt werden, damit sie die individuelle Freiheit der anderen nicht abschnürt?

– Wie können soziale Sicherungssysteme jenseits der Lohnarbeitszentriertheit solidarisch finanziert werden?

Eigentum in linker Alltagspolitik[4]

Wie Eigentum als gesellschaftliches Verhältnis und konstituierend für eine Wirtschaftsordnung in zukünftigen Generationen verfaßt sein mag oder sein sollte, wird die Gemüter noch lange und immer wieder beschäftigen. Die Linkspartei aber ist in der Gegenwart in Landes- und Kommunalpolitik täglich gefordert, mit dem Eigentumsproblem praktisch umzugehen. Daher muß die Verständigung über Grundprämissen, Herangehensweise und Erfahrungen intensiviert werden. Einige wichtige Problemfelder werden im Folgenden genannt.

1. Die Frage, welcher Stellenwert privatem und öffentlichem Eigentum in der Wirtschaft zukommen soll, schien nach dem gescheiterten Realsozialismus in der Volksmeinung auf absehbare Zeit vorherrschend zugunsten der erstgenannten Form beantwortet zu sein. Die ökonomische Unterlegenheit der auf Staatseigentum beruhenden Wirtschaft hatte ihre Spuren im Bewußtsein der Bevölkerung hinterlassen. Das kann im linken Lager nicht ausgeblendet, darauf muß konstruktiv reagiert werden. So berechtigt und unverzichtbar verbale Attacken auf privatkapitalistisches Wirtschaften und politisch-moralische Appelle zum Schutz öffentlichen Eigentums vor dem Ausverkauf sind – sie vermitteln noch keine positive Begründung für Eigentum in öffentlicher Hand.[5] Dafür

sind nachvollziehbare Argumente aus dem Alltagsleben der Bürger notwendig. Die Geschichte hat gezeigt, dass privates, auf maximale Verwertung setzendes Eigentum dem öffentlichen hinsichtlich betriebswirtschaftlicher Effizienz oft überlegen scheint. Beim Anlegen des volkswirtschaftlichen Maßstabes, das heißt unter Einschluß der sozialen und ökologischen Folgewirkungen profitorientierten Wirtschaftens, sieht das Bild jedoch anders aus. Davon können sich Millionen Menschen täglich auch in diesem Lande überzeugen.

Ein besonders anschauliches Beispiel ist die 1999 unter einem CDU-SPD-Senat vonstatten gegangene Teilprivatisierung der Berliner Wasserbetriebe an die Wasserkonzerne RWE und Veolia.[6] Das Hauptargument dafür war, wie bei der Privatisierung anderer öffentlicher Unternehmen auch, Private würden wirtschaftlicher und effektiver arbeiten , da sie sich im Wettbewerb bewähren müssen. Wettbewerb unter Privaten besteht jedoch nur vor der Privatisierung, in der Phase der Ausschreibung. Ist ein öffentliches Unternehmen erst einmal verkauft, hat der private Betreiber eine Monopolstellung, und das oft über 20, 30 Jahre. Ein staatliches wird durch ein privates (regionales) Monopol ersetzt – mit dem Unterschied, daß letzteres keiner demokratischen Kontrolle unterliegt. Der Private will profitabel arbeiten. Welches Interesse sollte er haben, freiwillig den Gewinn zu senken, damit die Gebühren niedriger werden?

Im Falle der Berliner Wasserprivatisierung müssen RWE und Veolia noch nicht einmal wirtschaftlich arbeiten. Ihnen ist eine Mindestrendite von acht Prozent garantiert, die liegt damit um zwei Prozent höher als die durchschnittliche Rendite zehnjähriger Bundesanleihen. Der Wasserpreis aber stieg in Berlin allein 2004 um 30 Prozent. Die Bürger zahlen doppelt: 15 Prozent Preiserhöhung über die Betriebskosten, und 15 Prozent werden vom Land Berlin gezahlt – aus Steuermitteln. Abgebaut wurden seit 1999 rund 2000 Arbeitsplätze, Zulieferbetriebe nicht eingerechnet. Daß es zunehmend zornige Fragen aus der Bevölkerung an den rot-roten Senat gibt, wie es mit den Wasserpreisen weitergehen soll und ob die Teilprivatisierung nicht rückgängig zu machen ist, ist nur zu verständlich.

2. Das Grundgesetz der Bundesrepublik läßt Enteignung, also eine Sozialisierung von Eigentum, zu. Laut Artikel 14, Absatz 3

ist dies »nur zum Wohle der Allgemeinheit zulässig. Sie darf nur durch Gesetz oder auf Grund eines Gesetzes erfolgen, das Art und Ausmaß der Entschädigung regelt«. Und in Artikel 15 heißt es: »Grund und Boden, Naturschätze und Produktionsmittel können zum Zwecke der Vergesellschaftung durch ein Gesetz, das Art und Ausmaß der Entschädigung regelt, in Gemeineigentum oder in andere Formen der Gemeinwirtschaft überführt werden.« Bislang wird von diesen Optionen lediglich Gebrauch gemacht, wenn es um die Bereitstellung von Bauland für öffentliche Straßen, Autobahnen und Flughäfen auf privatem Grund und Boden geht. Dennoch sind sie der FDP ein Dorn im Auge. Ihr wirtschaftspolitischer Sprecher Rainer Brüderle verlangte 2001 schon mal, Grundgesetz-Artikel 15 komplett zu streichen. »Wir wollen nicht offen bleiben für sozialistische Experimente welcher Couleur auch immer«, war seine Rede.[7]

Die Linke müßte demgegenüber Vorschläge entwickeln, auf welche weiteren als die vorgenannten Fälle unter welchen Bedingungen die Vergesellschaftungsoption zum Wohle der Allgemeinheit Anwendung finden könnte. Wäre so ein Fall zum Beispiel gegeben, wenn Chemiekonzerne aus Profitgründen hochgiftige Abfallstoffe in Flüssen oder im offenen Meer verklappen und Mensch, Tier und Umwelt gefährden? Oder wenn Pharmakonzerne um der Marktanteile willen unzureichend getestete Medikamente in den Handel bringen und Gesundheitsschäden bei Anwendern in Kauf nehmen? Und was spricht dagegen, den immer noch rund 800 Millionen Hektar umfassenden »Rest« ehemals volkseigener Acker- und Waldflächen der DDR in Bundes- oder Landeseigentum zu belassen und langfristig an Bauern zu verpachten, statt ihn schließlich komplett zu verkaufen und Spekulationspotential zu schaffen?

3. Im Alltag der Bürger stellt sich die Eigentumsfrage kaum als Systemfrage, sondern sehr direkt auf anderen Ebenen. Soll zum Beispiel der öffentliche Nahverkehr privatisiert werden oder in der Hand der Kommune bleiben? Ist das Erheben der LKW-Maut eine originär staatliche Aufgabe, oder kann dieses Recht an ein Privatkonsortium verpachtet werden? Was würde die Privatisierung städtischer Krankenhäuser für die Gesundheitsversorgung der Bevölkerung bedeuten? Welche sozialen Auswirkungen hätte es, wenn der Dienstleistungssektor für den weltweiten Wettbewerb

privater Anbieter geöffnet würde? Bei diesen Fragen geht es nicht in erster Linie um Vergesellschaftung im Sinne eines Systemwechsels. Es geht um Verhinderung der fortschreitenden Privatisierung von Gütern und Leistungen, die heute noch von der öffentlichen Hand angeboten werden und öffentlich-rechtlich organisiert sind. Jede Privatisierung von kommunalem, Landes- oder Bundeseigentum – aus welchen Gründen sie auch immer erfolgt – schränkt Steuerungsmöglichkeiten der jeweiligen Gebietskörperschaften ein und entzieht der demokratischen Mitwirkung Raum.[8]

Wenn ein Privater vorgibt, eine zum Beispiel von der Gemeinde bisher erbrachte Leistung günstiger anbieten zu können, ist zunächst zu prüfen, ob die in Aussicht gestellte Kostenersparnis nicht von der Kommune selbst realisiert werden kann. Weiter ist abzuschätzen, zu welchen Dauerbelastungen eine Privatisierung für die Allgemeinheit führen wird und ob der Einmalerlös für die klamme kommunale Kasse dazu in einem angemessenen Verhältnis steht. Werden die Löhne der Beschäftigten drastisch reduziert, dann spüren das nicht nur die Betroffenen, sondern ebenfalls der ortsansässige Einzelhandel, die Gastronomie und andere Bereiche. Es sinken die Lohn- und Mehrwertsteuereinnahmen, wovon auch die Kommune betroffen ist. Meist kommt Personalausdünnung hinzu, Urlaubstage und Pausenzeiten werden gekürzt. Der Stress für die Noch-Beschäftigten nimmt zu und damit die Gesundheitsgefährdung. Es bleibt nicht bei den anfänglichen Tarifen für die Müllentsorgung, die Straßenreinigung oder die Verkehrsleistung. Die Kosten für die privaten und gewerblichen Kunden steigen. Das Argument, diese und jene Einrichtung rechne sich für die Kommune nicht, muss also genau hinterfragt werden.

4. Grundsätzlich kann für die Beantwortung der Frage, welche Aktivitäten privat und welche öffentlich durchgeführt werden sollen, die Klassifizierung der Güterwelt hilfreich sein. Die Volkswirtschaftstheorie unterscheidet private (Individual-), öffentliche (Kollektiv-) und Mischgüter. Private Güter sind dadurch charakterisiert, daß ihre Nutzung durch bestimmte Wirtschaftssubjekte den gleichzeitigen Gebrauch durch andere ausschließt. Als Beispiele wären Haus- und Grundbesitz zu nennen. Öffentliche Güter hingegen stehen allen gleichermaßen zur Verfügung, niemand kann von der Nutzung ausgeschlossen werden. Ihr Konsum

durch Einzelne schränkt den Konsum durch alle anderen nicht ein. Es gibt keine Rivalität. Das ist typisch für öffentliche Sicherheit (Polizei), Währungsstabilität, kulturelles und wissenschaftliches Erbe, Weltmeere, Flüsse, Naturparks, aber auch öffentliche Infrastruktur. Um Mischgüter handelt es sich, wenn das eine und das andere zutreffen kann, wie bei Versorgung mit sauberem Wasser, mit Bildungs-, Kultur- und Sportangeboten oder den Leistungen öffentlicher Krankenhäuser, der Wohnungsbaugesellschaften und des öffentlichen Personennahverkehrs. Für die politische Praxis muß gelten, daß reine öffentliche Güter von der Privatisierung grundsätzlich auszuschließen sind. Solche Mischgüter, von deren Teilhabe bzw. Gebrauch trotz Rivalität niemand ausgenommen werden kann, sind vom Staat bereitzustellen, ohne dass er sie in jedem Fall in Eigenregie hervorzubringen oder zu betreiben hätte. Er kann sie bei Privaten aufkaufen und zu Konditionen, die nur er bestimmt, der öffentlichen Nutzung zuführen. Das ist besonders für die unteren Einkommensgruppen wichtig, stärkt den sozialen Zusammenhalt und die politische Stabilität der Gesellschaft.

Es wird zwischen den verschiedenen politischen Lagern, ja selbst innerhalb dieser immer Streit um die Zuordnung von Gütern und Leistungen zu der einen, anderen oder dritten Art geben. Immer werden Interessen eine Rolle spielen. Letztlich hängt die Positionierung vom jeweiligen Gesellschaftsbild ab.

5. Verfehlt ist es aus meiner Sicht, undifferenziert von »privatkapitalistischem Eigentum an Produktionsmitteln« zu sprechen und darin einen monolithischen Block zu sehen. Aufgabe von auf Alternativen setzenden linken Kräften muss es sein, Inhaber von kleinen und mittleren Unternehmen für eine demokratische Politik sozialer Ausgewogenheit, angemessenen wirtschaftlichen Wachstums und ökologischer Vernunft zu gewinnen. Das darf keine zeitweilige taktische Entscheidung sein, sondern ist eine strategische Voraussetzung für das Erreichen gesellschaftlicher Akzeptanz und von politischem Zuspruch. Antikapitalismus des demokratischen Sozialismus beschreibt keine Strategie flächendeckender Vergesellschaftung des Eigentums an Produktionsmitteln. Er richtet sich nicht gegen das Privateigentum schlechthin, sondern gegen die Privatisierung von Naturgütern, gegen den ungezügelten Verkauf öffentlichen Vermögens an Private, gegen Monopol-

macht, die sich demokratischer Kontrolle entzieht und gegen soziale Enthemmung des Unternehmertums.

6. Zu den Forderungen der Linken an die Politik muß gehören, endlich die Folgen bisheriger Privatisierungen kritisch zu überprüfen. Zu denken geben die desaströsen Erfahrungen Großbritanniens mit den privatisierten Eisenbahnen. Diese sind für die Nutzer teurer und zugleich technisch unsicherer geworden. Nicht ohne Grund hat die britische Regierung eine Rückverstaatlichung eingeleitet. Sie kaufte den privaten Unternehmen den Gleiskörper wieder ab, brachte ihn in ein quasi-öffentliches Unternehmen ein und stellte ihn unter öffentliche Verwaltung. Eine Warnung geht hier zu Lande auch von der Privatisierung der Stromversorger aus. Die entstandenen Giganten mißbrauchen – wie schon bei den Wasserkonzernen festgestellt – ihre Preisfestsetzungsmacht zum Nachteil der Kunden. Das gleiche ist zum Beispiel bezogen auf die nach 1990 in den neuen Bundesländern privatisierten Abwasseranlagen zu beobachten.

Noch immer gibt es in Deutschland keinen offiziellen Privatisierungsbericht, woraus ersichtlich wäre, was in den letzten Jahren alles zu welchen Konditionen und mit welchen Effekten privatisiert worden ist und in welchem Grade sich die Eigentumsstruktur im Lande verändert hat. Ebenso wenig gibt es einen der Öffentlichkeit vorgestellten Privatisierungsplan oder ein Privatisierungskonzept mit weiteren derartigen Vorhaben. Das nährt den Eindruck, die Umwandlung öffentlichen Eigentums in privates erfolge nach Kassenlage.[9] Öffentliches Eigentum im Bereich der Infrastruktur oder am Wohnungsbestand ist aber nicht schlechthin Vermögen, das notfalls zur Haushaltssanierung mobilisiert werden kann. Es hat eine soziale Funktion.

7. Schutz und Förderung verdienen Genossenschaften als gemeinschaftliche Wirtschaftsform. Vornehmlich in Landwirtschaft, Handwerk und Handel sind sie zukunftsträchtig. Das Stimmrecht ist im Unterschied zur Aktiengesellschaft personen- und nicht kapitalgebunden. Das stimuliert die demokratische Mitwirkung. In den Agrargenossenschaften sind die Mitglieder Bodenbesitzer und in dieser Eigenschaft gleichzeitig Landverpächter, Kapitalgeber und Beschäftigte in einem. Dieses Dreiecksverhältnis wirkt stabilisierend auf die Betriebe. In den neuen Bundesländern beste-

hen trotz mancher Hürden, die sie nach der Wende zu nehmen hatten (z. B. Behinderung beim Bodenkauf, Belastung durch Altschulden) noch immer rund 1.100 solcher Genossenschaften. Sie bewirtschaften eineinhalb Millionen Hektar Nutzfläche, sind in vielen Dörfern wieder produktive und soziale Zentren und erweisen sich ähnlich Agrar-GmbH und GmbH & Co KG gegenüber kleinen bäuerlichen Familienbetrieben als wettbewerbsfähiger. Genutzt werden kann die Genossenschaft auch als effiziente, bürgernahe Alternative zur Privatisierung kommunaler Aufgaben wie Wasser-, Abwasser- und Energieversorgung.

8. Steuergeld ist Gemeineigentum. Daraus an private Unternehmen ausgereichte Fördermittel gehören an Gegenleistungen für die Allgemeinheit (Erhalt und Ausbau von Arbeitsplätzen, Schaffung von Ausbildungsplätzen, Steuerehrlichkeit) gebunden, um »verlorene« Zuschüsse zu vermeiden. Geboten ist die Rückforderung von öffentlichem Fördergeld, wenn ein privates Unternehmen zwecks Profitsteigerung mit seiner Produktion ins Ausland zieht, obwohl es am bisherigen Sitz schwarze Zahlen schreibt. Es reicht nicht, Produktionsverlagerung in kostengünstigere Länder als mangelnden Patriotismus der Manager oder Eigentümer zu geißeln, also moralisch zu verurteilen. Es geht vielmehr darum, Gerechtigkeit gegenüber denen zu wahren, die den Fördertopf mit ihren Steuern füllen und sich nicht von den Pflichten gegenüber dem Staat freirechnen können.

Erhalten Konzerne zur Kapitalerhöhung Subventionen oder eine andere Förderung aus Steuergeldern, sollten sie Aktienpakete an die öffentliche Hand abtreten. Das machte gewählten Volksvertretungen eine Einflußnahme auf strategische Entscheidungen möglich, die Kleinaktionäre auf Grund der Bindung des Stimmrechts an das Kapital nicht erlangen. Die Aktienpakete könnten zurückgekauft werden, sobald der Konzern über entsprechende Mittel verfügt. Priorität bei der Vergabe von Fördermitteln gebührt der Beschäftigungseffekte wegen kleinen und mittleren Unternehmen. Sie sind auf eine Wertschöpfungseinheit bezogen in der Regel deutlich personalintensiver als Großunternehmen und rationalisieren weniger als diese. Zum Vergleich: Zwischen März 1995 und Juni 2001 beispielsweise bauten die Großunternehmen ihr Personal um 11 Prozent ab, KMU stockten es im gleichen Zeitraum um zweieinhalb Prozent auf.[10]

Eine der vordringlichsten Aufgaben linker Politik ist, auf die Zügelung des Finanzkapitals zu drängen. Dazu müßten die Finanzinvestoren unter Kontrolle der Aufsichtsämter in der Bundesrepublik und in der EU gestellt und die erst 2004 auf Wunsch der Banken sowie der von ihnen betriebenen Fondsgesellschaften durch die Schröder-Regierung am hiesigen Finanzplatz zugelassenen spekulativen Hedgefonds zumindest begrenzt und scharf kontrolliert werden.

Antworten sind fällig auf die Frage nach der Verantwortung für wirtschaftliches Handeln, wenn anonyme Finanzinvestoren Unternehmensleitungen zwingen, in kürzesten Fristen möglichst viel Profit zu machen. Die Zerschlagung von Unternehmen durch Finanzbeteiligungsgesellschaften ist gesetzlich zu erschweren. Das könnte geschehen, indem letztere auf Hauptversammlungen nur noch dann das Stimmrecht ausüben dürfen, wenn sie eine Mindestzahl an Jahren am Unternehmen beteiligt sind. Die Steuerbefreiung für Gewinne aus der Veräußerung von Kapitalbeteiligungen gehört unverzüglich zurückgenommen. Die Macht privater Geldinstitute wäre durch Abschaffung des Depotstimmrechts der Banken, Erweiterung der Rechte von Minderheitenaktionären und Stärkung der Rechte der Verbraucher per Einführung von Verbandsklagerechten einzuschränken.

Zu untersagen sind Aktienoptionen für Manager. Fällig ist über die Offenlegungspflicht hinausgehend eine Initiative, Managergehälter statt ausschließlich an DAX-Werte oder Gewinnmargen zugleich an die Beschäftigungsentwicklung des Unternehmens zu koppeln. Vor allem darin widerspiegelt sich, ob das Führungspersonal erfolgreich war. Eine Firma, die Gewinne nur noch durch Personalabbau steigern kann, signalisiert nach außen, dass sie schrumpft und ihr strategisches Ziel verfehlt hat. Der genannte Maßstab würde die Anstrengungen der Manager auf markterschließende Innovationen, auf die Optimierung des Produktionsprozesses sowie des Energie- und Materialverbrauchs richten. Es flössen in die Vergütung der Manager gesamtwirtschaftliche Aspekte ein. Dafür müßten sich – flankiert von entsprechendem öffentlichen Druck – nachdrücklich die Gewerkschaftsvertreter in den Aufsichtsräten einsetzen, und der Bund hätte eine neue Aktienrechtsgesetzgebung auf den Weg zu bringen. Durch gesetzliche

Haftungsbedingungen wäre schuldhaftes Verhalten von Managern zu ahnden bzw. ihm sanktionsandrohend vorzubeugen. Sie gehen immerhin auch mit dem häufig zur Altersvorsorge gedachten Geld vieler Kleinaktionäre um, das durch Mißmanagement im Handumdrehen verbrannt sein kann.

Ohne Illusionen zu nähren und den zu erwartenden heftigen Einspruch orthodoxer »Vordenker« und Wirtschaftsbosse zu unterschätzen – es gibt Möglichkeiten, die gesellschaftliche Profitdominanz unter den gegenwärtigen kapitalistischen Bedingungen einzuschränken. Die Linkspartei muß sie immer wieder ins Gespräch bringen und sie im Parlament wie außerparlamentarisch als Forderungen erheben. Schritte in vorgenannte Richtungen, plausible Alternativen zur gegenwärtigen neoliberalen Praxis können Mut machen, vor Lethargie und Depression schützen. Sie sind unspektakulär, sie sind sozusagen irdisch.

Daher bieten sie die Chance, den Zuspruch von immer mehr Menschen in der gegenwärtigen kapitalistischen Gesellschaft zu finden und damit zugleich schrittweise über deren Grenzen hinauszuwachsen.

Fußnoten

1 Dahrendorf, Ralf: Reiner und rheinischer Kapitalismus. Die Welt, Berlin, 16. 8. 2004.
2 Wüpper, Thomas: Die Angst vor Job-Verlust wächst. Frankfurter Rundschau, Frankfurt a. M. , 28. 4. 2005.
3 Brie, André: Nomen est Omen – oder Schall und Rauch. Freitag, 1. 7. 2005
4 Siehe dazu auch Luft, Christa: Wendeland. Fakten und Legenden. Berlin 2005
5 Busch, Ulrich: Warum öffentliches Eigentum? Versuch einer theoretischen Begründung. In: Das Eigentum im Widerstreit alternativer Wirtschaftskonzepte (II). Diskurs Streitschriften zu Geschichte und Politik des Sozialismus. Heft 16. Rosa-Luxemburg-Stiftung Sachsen e.V., 2004, S. 66; Nick, Harry: Wem gehört was? Neues Deutschland, 14./15. 5. 2005
6 Wasser gehört uns allen. Flyer der AG-Argumente, Attac Berlin 2005
7 Dümde, Claus: Streit FDP-PDS um Vergesellschaftung. Neues Deutschland, 21. 8. 2001
8 Leibinger, Jürgen: Neue Dimensionen der Eigentumsfrage in der politischen Praxis der Gegenwart, S. 9.
9 Busch: Warum öffentliches Eigentum? In: Das Eigentum im Widerstreit alternativer Wirtschaftskonzepte (II). Diskurs Streitschriften zu Geschichte und Politik des Sozialismus. Heft 16. Rosa-Luxemburg-Stiftung Sachsen e.V., 2004, S. 68.
10 Angaben nach der Statistik der Bundesanstalt für Arbeit.

Wer die bürgerliche Gesellschaft
nicht mehr als Struktur- und Entwicklungsform
eines sich gegenwärtig brutalisierenden Realkapitalismus
zu erkennen wagt,
der hat sich bereits zu ihrem Mitspieler gemausert.

Hermann Klenner

Eine Linkspartei im gesamtdeutschen Interesse? Ansichten eines alten Juristen

Von Hermann Klenner

1

Um mit Persönlichem zu beginnen: Nachdenkend darüber, warum ich als Sozialist ein Linksdenker bin (und nicht nur ein Linkshänder), sehe ich mich mit einer in den sogenannten alten Bundesländern vorherrschenden Auffassung konfrontiert. Danach gelten vor allem solche Intellektuelle als »Linke«, die der Achtundsechziger-Generation angehören, jenen also, die in den *Roaring sixties* der bombenreichsten Aggression der Weltgeschichte: dem Vietnam-Krieg der USA, aber auch ihrem damaligen willigen Vasallen, der bundesdeutschen Regierung mit ihrer unterdrückerischen Notstandsgesetzgebung, trotzten (auch wenn es einigen von ihnen, heutigen Regierungsmitgliedern etwa, auf dem »Marsch in die Institutionen« inzwischen gelungen ist, ihre Gesinnung auszuwechseln).

Zu dieser Generation gehöre ich nicht: Meine damalige Regierung stand moralisch und finanziell auf Seiten Vietnams.

Ich mit ihr.

Tatsächlich gehöre ich der Fünfundvierziger-Generation an. Als ich am Ende des opferreichsten Krieges der Weltgeschichte zu begreifen begann, was und in welchem Interesse die Regierenden im Innern Deutschlands zuerst und danach in vielen Ländern Europas für eine Mord- und Aggressionsdiktatur exekutiert hatten, wurde ich ein bekennender »Anti-Rechter«, ein Linker also, denn die Nazis gehörten in Deutschland zur Rechten, und dem Ermächtigungsgesetz des Reichstags für die kommenden Untaten des Hitler-Regimes hatten die Abgeordneten *aller* Parteien zugestimmt, die ihrem Selbstverständnis nach jedenfalls keine linke waren.

So wurde ich zu einem Linken, guten Gewissens und, wie sich

155

zeigt, wohl lebensendgültig, mit Vernunftgründen den Herrschaftsverhältnissen im Lande und in der Welt opponierend. Freilich mit den bescheidenen Mitteln meines Kopfes.

2

Wie bekannt, sind »rechts« und »links« aufeinander bezogene
Relationsbegriffe. Mit ihnen werden sich entgegensetzende politische Richtungen im Denken und im Handeln von Personen
und Parteien charakterisiert. Auch wenn sich ein Funktionsträger der gesellschaftlichen Elite Deutschlands über das Rechts/
Links-Schema als einer »politischen Gesäßgeographie« lustig
machte, und sich gleichzeitig die etablierten Parteien gegenwärtig weder als linke noch als rechte zu bezeichnen getrauen, sondern der (ausgewogenen) Mitte zugehörig *Volks*parteien zu sein
beanspruchen, so ist doch die übergroße Bevölkerungsmehrheit
bereit, ihren eigenen politischen Standort auf einer Selbstein-
stufungsskala von *links* über eher *links* bis eher *rechts* und *rechts*
anzugeben.

Und das hat seine Geschichte wie seinen Sinn: Im Mutterland
des Parlamentarismus, in England, saßen seit 1730 im Unterhaus
die regierungstreuen Parlamentarier rechts vom *Speaker* und die
oppositionellen Parlamentarier links von ihm.

In Frankreichs Nationalversammlung trat zu Beginn des
19. Jahrhunderts insofern eine zukunftsträchtige Veränderung ein,
als die Anhänger der französischen Revolution ihren vom Par-
lamentspräsidenten aus gesehen linken Sitzplatz auch bei Regie-
rungsumbildungen behielten.

Über das französische Parlament hat sich diese Sitz- und Sichtweise in ganz Europa durchgesetzt: Die Linken rechtfertigten
Gesellschaftsveränderungen in Richtung auf eine größere soziale
Gleichheit, während die Rechten die historisch gewachsene Ge-
sellschaftsordnung samt den ihr eigentümlichen Hierarchien legitimierten; »links« galt als progressiv, radikal oder gar revolutionär,
und »rechts« als konservativ, reaktionär oder gar autoritär.

Im übertragenen Sinne hatte übrigens Immanuel Kant in
seinem Spätwerk, dem *Streit der Fakultäten*, zwischen der rechten
und der linken Seite des »Parlaments der Gelahrtheit« unterschieden; auf die rechte Seite plazierte er die Fakultäten, deren Maß
autoritativ bestimmt ist, und auf die linke Seite als Oppositions-

partei diejenige Fakultät, deren Maß allein die Vernunft sei. Rechts also saß bei ihm die Autorität, und links die Vernunft. Ein nachdenklich machender Gegensatz. Hatte doch der Apostel Paulus fast zweitausend Jahre zuvor Jesus von Nazareth zur Rechten Gottes, der allerhöchsten Autorität, sitzen gesehen.

3

Zur Gegenwart: In trauter Gemeinsamkeit tragen die Regierungs- wie die Oppositionsfraktionen des deutschen Bundestages die gemeinsame Verantwortung für die teils direkte, teils indirekte und jedenfalls verfassungs- und völkerrechtswidrige Beteiligung Deutschlands an Aggressionskriegen; für das vorgesehene europarechtliche Festklopfen des Kapitalismus (samt Sozialabbau und Aufrüstung) in einer künftigen EU-Verfassung; für den als Kampf gegen die Arbeitslosigkeit firmierten Permanenzdruck auf die Arbeitenden wie die Arbeitslosen; für die Steuerbegünstigungen und sonstigen Privilegierungen zugunsten der ohnehin Reichen; für die Unverschämtheit von Kulturbürokraten, sich diktatorische Eingriffe in die historisch gewachsene Schreibweise der nicht ihnen, sondern nun einmal den Menschen gehörenden deutsche Sprache angemaßt zu haben.

Daß sich unter solchen Bedingungen innerhalb einer realkapitalistischen Gesellschaft, wie sie gegenwärtig in Deutschland existiert, ein Sozialist oder ein Kommunist (ob mit, ob ohne Parteibuch) der Linken zugehörig weiß, versteht sich von selbst. Um zu sein, wie er ist, braucht er keine »neue soziale Idee«. Wer sich der politischen, der wirtschaftlichen und der medialen Macht/ Ohnmacht-Struktur der Gesellschaft samt ihren eigentumsbedingten Herr-und-Knecht-Gegensätzen nicht im Großen und im Kleinen widersetzt oder sich wenigstens zu widersetzen bereit ist, hat seinen Frieden mit dem Kapitalismus geschlossen und demzufolge aufgehört, als Sozialist oder als Kommunist zu wirken. Aber nicht diese Zuordnung soll hier debattiert werden. Eine Linkspartei, die sich als Mitglieder oder Wähler ausschließlich Sozialisten oder Kommunisten herbeiwünscht, wäre parlamentarisch verloren.

Sie wäre aber auch verloren, wenn sie Sozialisten oder Kommunisten als kompromittierend von sich fernzuhalten begänne.

4

Um als Oppositionspartei zu agieren – und etwas anderes unter den gegenwärtigen Bedingungen anzustreben, bedeutete Substanz*verlust* als Vorstufe von Selbstaufgabe –, bedürfen die organisierten Linken meiner unmaßgeblichen Meinung nach vor allem Klarheit über die Interessenstruktur in Deutschland. Von irgendeiner sozialen Idee zu erwarten, daß sie auf die ungeteilte Zustimmung des »Volkes« stößt, hieße einer Illusion nachzujagen, und endete in Irreführung, Betrug und – zuvor – Selbstbetrug. Wer statt Volk *Bevölkerung* sagt, kann man bei Bertolt Brecht lesen, unterstütze schon viele Lügen nicht, denn er nehme dem Wort Volk die »faule Metaphysik«. Die Losungsverwandlung von »*Wir* sind das Volk« über »Wir sind *ein* Volk« bis hin zu »Wir sind *das* Volk« dürfte in Erinnerung sein, aber auch deren ernüchterndes Ende: »Wir waren das Volk«!

Gerechtigkeit, gegenwärtig die Lieblingsphrase aber auch aller Parteien, bleibt eine leere Abstraktion, wenn in einer Gesellschaft die Staatsgewalt laut Verfassungstext (Art. 20 II) vom Volk ausgeht, in der Verfassungswirklichkeit aber die Elite einer personell vernetzten politischen Klasse mit ihrer arbeitsteilig organisierten institutionellen Macht, ihren finanziellen Potenzen, ihren medialen Möglichkeiten und ihren gemeinsamen Shareholder-Interessen regiert. Deren bestimmender Einfluß ist jedenfalls um ein Tausendfaches größer als der von Arbeitenden und von Arbeitslosen, der Mehrheit der Bevölkerung.

Gleichwohl lohnt die Frage, ob das tatkräftige Wirken einer Linkspartei im gesamtdeutschen, vielleicht sogar im europäischen Interesse liegt. Angesichts der in der Welt von heute in Gestalt einer Imperialisierung der Herrschafts-, Wirtschafts- und Kulturverhältnisse vor sich gehenden Globalisierung ist das eine ernstzunehmende, eine, wie sich zeigen wird, buchstäblich lebenswichtige Angelegenheit.

5

Das bisherige Fehlen einer gleichermaßen in ganz Deutschland agierenden Linkspartei hat dazu beigetragen, daß sich innerhalb der Bundesrepublik zwei Teilgesellschaften entwickelt haben, von denen die östlich gelegene diskriminiert und die westlich gelegene privilegiert ist. Formal ist die Einheit Deutschlands seit dem soziologisch als Anschluß zu wertenden Beigetretensein der DDR zur BRD, also seit Anbruch des dritten Oktobers 1990 vollendet, real aber sind die Lebens-, Wirtschafts- und Rechtsverhältnisse innerhalb Deutschlands zwischen West und Ost ungleichwertig. Weder Bundestag noch Bundesrat, weder Bundesregierung noch Bundesverfassungsgericht sind in den letzten anderthalb Jahrzehnten insoweit ihrer Verantwortung gerecht geworden.

Das geltende Grundgesetz hat nämlich nicht nur (in seinem Art. 3 I) die Gleichheit aller Menschen vor dem Gesetz und (in seinem Art. 33 I) die staatsbürgerliche Gleichstellung aller Deutschen in allen Bundesländern geboten, sondern auch (in seinem Art. 72 II) dem Bund das Gesetzgebungsrecht übertragen, »soweit die Herstellung gleichwertiger Lebensverhältnisse im Bundesgebiet oder die Wahrung der Rechts- und Wirtschaftseinheit im gesamtstaatlichen Interesse eine bundesgesetzliche Regelung erforderlich macht«. Verfassungsverbindlich ist also der Auftrag, eine die Gleichheit vor dem Gesetz übersteigende Gleichwertigkeit unter dem Gesetz zu erreichen!

Davon kann aber in der Verfassungsrealität keine Rede sein. Insofern ist ein flächendeckendes Dauerdelikt zu konstatieren, verursacht durch Tätigkeit wie durch Untätigkeit von Bundesorganen. Dieser Unrechtszustand ist objektivierbar, zu einem beträchtlichen Teil sogar quantifizierbar. Unter Berufung auf die Dokumente und Analysen, wie sie in den von der Gesellschaft zum Schutz von Bürgerrecht und Menschenwürde (GBM) seit 1992 herausgegebenen sechs Bänden *Unfrieden in Deutschland* (WEISSBUCH) mit insgesamt mehr als dreitausend Seiten und in der von ebendieser Gesellschaft seit 1995 publizierten Zeitschrift für soziale Theorie und Menschenrechte *ICARUS* enthalten sind, sei hier nur summarisch darauf verwiesen, daß in den sogenannten neuen Bundesländern

– die Arbeitslosigkeit doppelt (in einigen Regionen drei- bis vierfach) so hoch ist wie anderwärts;

– bei in etwa gleichen Preisen die Einkommen (Lohn, Gehalt, Renten, Sold und selbst das Arbeitslosengeld) um insgesamt zwanzig bis dreißig Prozent geringer sind;

– zwar länger und zumeist unter Tarif gearbeitet wird, es aber weniger Urlaub gibt;

– in einem beispiellosen Ausmaß alteingesessene Eigentümer, Pächter und Mieter aus ihrem Besitztum vertrieben wurden;

– im Ergebnis eines umfassenden Managementtransfers die ehemaligen intellektuellen Eliten bis hin zu den Hochschullehrern im Ergebnis von Abwicklungen ohnegleichen aus ihrer Tätigkeit rechtsstaatswidrig verdrängt wurden;

– die industriellen und kommerziellen Produktionsmittel sich nahezu vollständig nicht mehr im Eigentum ihrer Bewohner, sondern in den Händen west- oder nichtdeutscher Banken, Konzerne, Versicherungen und Handelsketten befinden, in dieser Weise einmalig in Europa;

– signifikante Teile des Rentenrechts zu einem Kryptostrafrecht umfunktioniert worden sind, in dessen Ergebnis formell und materiell berechtigt erworbene Rentenansprüche unter Verletzung des Gleichheitsgebotes und des Eigentumsschutzes enteignet wurden;

– ganze Bevölkerungsschichten unter ein systemwidriges Sonderrecht gestellt wurden und offensichtlich gestellt bleiben sollen.

6

Die im Kolonisierungsstil durchgeführte »Wiedervereinigung« mit ihrem grundgesetzwidrigen Vorhandensein und -bleiben ungleichwertiger Lebensverhältnisse in einem Deutschland, das im Oktober 2005 geteilter ist als im Oktober 1990, hat dazu geführt, daß die Vereinigungseuphorie von ehedem in eine Vereinigungsphobie von heute umzuschlagen droht. Im Osten eher als Enttäuschung ausgeprägt: Produkt von Getäuschtwordensein, vor allem aber von Selbsttäuschung, während im Westen separatistisch anmutende Politiker bereits begonnen haben, ihren benachbarten »Brüdern und Schwestern« von einst, wenn schon nicht das Wahlrecht, so doch die intellektuellen und moralischen Voraussetzungen für seine Wahrnehmung abzusprechen. Die kaum zu übersehene Kluft hat begonnen, groteske Züge anzunehmen.

Es wird keine andere als eine wirklich linke Partei den Nachweis zu erbringen imstande sein, daß die ihrem Anschein nach zwischen West und Ost stattfindenden Verteilungskämpfe tatsächlich solche zwischen Reich und Arm innerhalb der ganzen bundesrepublikanischen Gesellschaft sind. Die sowohl durch Staatseingriffe als auch durch deren Unterlassen bewirkte und offensichtlich auf Dauer angelegte Ungleichwertigkeitssituation zweier Gesellschaften innerhalb eines Staates vollzieht sich im Rahmen einer Rechtsordnung, in der ohnehin die sozialstaatlichen Elemente gegenüber den rechtsstaatlichen Elementen, gelinde gesagt, unterbelichtet sind.

Zwar ist inzwischen höchstrichterlich anerkannt, daß die ohnehin zum Ewigkeitskern des Grundgesetzes (Art. 79 III) zählende Sozialstaatsklausel (Art. 20, 23, 28) kein substanzloser Blankettbegriff, keine nebulöse Propagandaformel, sondern eine staatskonstituierende Fundamentalnorm ist, aber die gleichzeitige Entblößung dieses angeblich objektiven Rechts von subjektiven, durch die betroffenen Einzelnen gerichtlich einklagbaren, Rechten hat dazu beigetragen, daß der Sozialstaat inzwischen von der neoliberalen Elite in konzertierter Aktion zum Abschuß freigegeben worden ist; in der selbst von der Gewerkschaftsführung verinnerlichten Sprachregelung: Man müsse den Sozialstaat neu definieren. Nur durch einen entschlossenen, parlamentarisch wie außerparlamentarisch ausgeübten Druck der Linken in West wie in Ost wird erreicht werden können, daß die Gesellschaft in allen ihren Gliederungen gezwungen wird, den Sozialstaat endlich zu realisieren, statt den Erpressungsversuchen der Kapitaleigner nachgebend ihn Schritt für Schritt solange zu reduzieren, bis das bereits schon ausgesprochene Ziel erreicht ist: ihn zu liquidieren!

7

Die Mindestvoraussetzungen eines menschenwürdigen Daseins für alle zu schaffen, ist die gleichermaßen in West wie in Ost sich jedenfalls weder im Selbstlauf verwirklichende noch von den Herrschenden freiwillig wahrgenommene Aufgabe innerhalb Deutschlands. Sie ist höchstens durch den Druck der Linken als deren ureigenes Anliegen durchzusetzen. Das schließt auch den Anspruch jedes Bürgers auf Ausgleich sozialer Verwerfungen ein wie auf Chancengleichheit. Die begonnene (und, wenn kein Widerstand Linker geleistet wird, sich rapid verschärfende) Reduktion des Sozialstaates auf bloße Armenfürsorge ist ein Rückschritt auf das Niveau frühkapitalistischer Armenunterdrückung und auf Preußens Allgemeines Landrecht von 1794; sie steht im Widerspruch zum geltenden Sozialgesetzbuch (I, § 1), das von einem unkonditionierten Recht eines jeden auf ein »menschenwürdiges Dasein« ausgeht, und in dem die Aufgabe des Sozialrechts darin gesehen wird, »gleiche Voraussetzungen für die freie Entfaltung der Persönlichkeit« sowie »den Erwerb des Lebensunterhalts durch eine frei gewählte Tätigkeit« schaffen zu helfen. Auch hatte vor bereits fünfzig Jahren das Bundesverwaltungsgericht (E 1/159) aus der grundgesetzlich (Art. 1 I) durch den Staat zu schützenden Menschenwürde geschlußfolgert, daß es untersagt sei, den Menschen selbst dann, wenn es sich um die Sicherung seines notwendigen Lebensbedarfs, also seines Daseins überhaupt, handelt, lediglich als Objekt staatlichen Handelns zu betrachten, denn er sei doch als Bürger Subjekt des Staates. Schön wär's.

Aber auf die programmatische Abkehr von genau diesen wenigstens humanen Ideen zielt die sogenannte Agenda 2010 nebst den als Hartz IV bekannt gewordenen Neuregelungen, speziell des Sozialgesetzbuches II. Hier geht es nicht um konjunkturbedingte Kürzungen, nicht um Anpassungen an demographische oder globalisierungsbedingte Entwicklungen, sondern um einen sozialpolitischen Systemwechsel. Um die soziale Sicherheit zu gewährleisten, müsse sie partiell abgeschafft werden, lautet der offizielle Schwachsinn.

Der Eindeutigkeit wegen: Die dafür Verantwortlichen sind nicht weniger Rechtsbrecher als diejenigen, die sich auf Militäreinsätze im Dienste raumfremder Mächte kaprizieren. Es sind ja auch ein und dieselben Personen!

Keine Rede davon, daß die Bundesrepublik die Europäische Sozialcharta von 1961 ratifiziert hat, mit der sich Deutschland u. a. zu einer Politik der Vollbeschäftigung verpflichtete, »um das Recht auf Arbeit zu gewährleisten« (Teil II, Art. 1). Keine Rede davon, daß die Bundesrepublik (wie einst die DDR) den Internationalen Pakt über wirtschaftliche, soziale und kulturelle Rechte von 1966/76 ratifiziert hat, mit dem Deutschland u. a. das Recht eines jeden auf Arbeit, auf Soziale Sicherheit und auf Bildung anerkannte (Art. 6, 9, 13).

Man erspare uns die Unfugsrechtfertigung, laut der die Freiheit aller nur auf Kosten der Unfreiheit der im Konkurrenzkampf Unterlegenen zu haben sei. Es ist eine alte und doch immer wieder neu sich anzueignende Erkenntnis, daß die Gleichheit des Einzelnen vor dem Gesetz zur Farce wird, wenn die tatsächlichen Chancen der Bürgerinnen und Bürger, diese auch wahrzunehmen, allzu ungleich sind. Da der Hüter der Verfassung, jedenfalls in einer Demokratie, keine Staatsinstitution, sondern die Bevölkerung selbst ist, haben deren Bürgerbewegungen, und unter ihnen nicht zuletzt die Linken, ein weites Feld vor sich, um den Gesetzgeber zur Herstellung und Wahrung gleichwertiger Lebens-, Wirtschafts- und Rechtsverhältnisse zu veranlassen. Daß die BRD berechtigt ist, die dafür erforderliche Eigentumsumverteilung zu Ungunsten der Reichen vorzunehmen, ergibt sich aus der grundgesetzlich (Art. 14 II) verbürgten Sozialpflichtigkeit des Eigentums; zu verschweigen, daß die BRD dazu eigentlich sogar verpflichtet ist, gibt es keinen Anlaß. Die meistvergessene Norm des Grundgesetzes – Artikel 74, Ziffer 16 – hat dem Bund die Gesetzgebungsvollmacht zur »Verhütung des Mißbrauchs wirtschaftlicher Machtstellung« erteilt. Nicht die weitere Hierarchisierung innerhalb einer kapitalistischen Ökonomie, sondern neue Formen der Vergesellschaftung sind das Gebot der Stunde. Wer anders als die Linken versteht diese Wortwahl?

Um keine Mißverständnisse aufkommen zu lassen: Eine Linkspartei wäre schlecht beraten, wenn sie bloß programmatisch als Partei der bürgerlichen Gesetzlichkeit posieren würde. Wer die bürgerliche Gesellschaft nicht mehr als Struktur- und Entwicklungsform eines sich gegenwärtig brutalisierenden Realkapitalismus zu erkennen wagt, der hat sich bereits zu ihrem Mitspieler gemausert. Aber es wäre nicht weniger unklug, sich nicht rechtzeitig gegen die immer wieder von den Rechten aller Sorten propagierte, zuweilen auch arbeitsteilig realisierte Illegalisierung der Linken zu wappnen.

8

So vieles auch dafür spricht, sich vor der weiter oben erwähnten »faulen Metaphysik«, die mit dem Wort Volk getrieben worden ist und wird, in Acht zu nehmen, da die Interessen innerhalb der Bevölkerung eines Landes zum Teil einander entgegengesetzter Natur sein können, so gibt es doch, wenn von mehreren Völkern die Rede ist, gemeinsame Interessen des einen Volkes, die sich von den Interessen eines anderen Volkes unterscheiden. Wir erleben ja gerade im Entwicklungs- und Erweiterungsprozeß der Europäischen Union solche Vorgänge. Viele der dabei auftretenden Widersprüche sind weder durch Aufklärung zu bereinigende noch durch Machtsprüche zu beseitigende Irrtümer.

Wir konnten aber auch erleben, wie die EU vollständig versagt hat, als es darum ging, dem völkerrechtswidrigen Aggressionskrieg der USA gegen den Irak mit einer einheitlichen Ablehnung durch alle ihre Mitgliedsstaaten entgegenzutreten. Es sind ganz im Gegenteil einige Staaten Europas (unter Mißachtung des festgestellten Willens ihrer Völker) zu Mittätern an Kriegsverbrechen geworden, ohne daß die für die Sicherheits- und Außenpolitik zuständigen Organe der EU oder andere Mitgliedsstaaten mit den ihnen möglichen Mitteln dagegen vorgegangen wären. Hier eröffnet sich ein ganzes Feld für eine nüchterne Betrachtung darüber, welche Staatspolitik im Rahmen der EU den Interessen Deutschlands entspricht und welche Parteien diesen Interessen am ehesten gerecht werden.

Die durch Handlungen wie durch Duldungen verübten Formen von Staatsterrorismus (denn Krieg ist nicht anderes als das) drohen sich in Permanenz zu wiederholen, sollte der Vertrag über eine Verfassung für Europa, wie er am 29. Oktober 2004 in Rom unterzeichnet und am 16. Dezember des gleichen Jahres im Amtsblatt der EU veröffentlicht wurde, in Kraft treten. Vorgesehen war dafür der 1. November 2006, sofern bis dahin die Ratifikationsurkunden der Vertragsparteien bei Italiens Regierung hinterlegt worden sind. Wie die Parteienlandschaft nun einmal ausgeprägt ist, wird es nur durch das entschlossene und geschlossene Auftreten aller europäischen Linksparteien ermöglicht werden können, die durch diesen (bisherigen) Entwurf einer EU-Verfassung begünstigte Täter- oder Mittäterschaft an Kriegen zu verhindern. Infolge des wegen Deutschlands strategischer Lage, seiner Bevölkerungszahl und Größe sowie seiner international einflußreichen Kulturgeschichte ist dabei das Auftreten der deutschen Linken von besonderer Bedeutung.

Dabei nehmen diese Linken die gesamtdeutschen Interessen wahr und verraten nicht die dem Grundgesetz der Bundesrepublik entsprechenden Mindestvoraussetzungen von Demokratie. Denn dieser Vertrag über eine Verfassung für Europa ist in

seinem gegenwärtigen Textzustand (einem schier undurch-
schaubaren, durch 36 Protokolle und 50 Erklärungen ergänzten
Konvolut von 448 Artikeln) ein Rückschritt gegenüber den als
fundamental anerkannten Bedingungen von Demokratie. Nicht
von der Bevölkerung Europas geht die Herrschaftsgewalt in der
EU aus. Die Präambel des Verfassungsvertrages beginnt charak-
teristischer Weise mit der Aufzählung der Potentaten Europas,
anfangend mit Seiner Majestät dem König der Belgier, und
endend mit Ihrer Majestät der Königin des Vereinigten Köni-
greichs Großbritannien und Irland. Und das von der Bevölkerung Europas wenigstens gewählte (wenn ihr gegenüber auch
wegen des nur repräsentativen Mandats seiner Abgeordneten
nicht verantwortliche) Europäische Parlament ist das einflußlo-
seste unter allen EU-Organen (Art. 20, 330-340).

Nicht der Fortschritt in den Lebensbedingungen der europäischen Bevölkerung ist das Grundprinzip dieses Verfassungsentwurfes und das Kriterium seiner Tätigkeit, sondern der Krebs-
gang zu einer neoliberalen Wirtschafts- und Gesellschaftsord-
nung, die festzuschreiben der innenpolitische Sinn des ganzen
Unternehmens zu sein scheint (vgl. Art. 177-191). Nicht die
zwar erwähnte, aber unverbindlich gelassene Abrüstung, sondern
die Aufrüstung, sogar die Beteiligung an völkerrechtswidrigen
Angriffskriegen (»Kampfeinsätze im Rahmen der Krisenbewäl-
tigung«) gehört zum außen- und militärpolitischen Normenbe-
stand des Verfassungsentwurfes (Art. 16, 41, 309-312). Sogar die
neuerdings in England praktizierte *shoot-to-kill-policy*, das exakte
Gegenteil eines rechtsstaatlichen Strafverfahrens, scheint ange-
peilt zu sein, auch die Todesstrafe ist nicht mehr tabu (12.
Erklärung, S. 434).

Letztere ist laut bundesrepublikanischem Grundgesetz (Art.
102) eigentlich verboten, und einen Angriffskrieg vorzubereiten
und zu führen eigentlich auch (Art. 26, 87a, 115a); das Straf-
gesetzbuch sieht für denjenigen, der einen solchen Krieg vorbereitet, eine Freiheitsstrafe nicht unter zehn Jahren vor (§ 80).

Im Unterschied zu allen gegenwärtig im deutschen Bundestag in Fraktionsstärke vertretenen Parteien haben die Linken in
Deutschland als einzige Partei die moralische Autorität, sich
(nicht der EU, wohl aber diesem) Verfassungsvertrag zu verwei-
gern.

9

Das führt uns von einer europapolitischen zu einer weltpolitischen Sicht der Dinge. Es ist die Sicht eines Juristen, eines deutschen Juristen.

Wir erleben seit mehr als einem Jahrzehnt, daß die im Ergebnis eines gewonnenen Kalten Krieges übriggebliebene Supermacht die Welt in ihrer Gesamtheit als ihr Imperium, als ihr Empire zu betrachten und zu behandeln begonnen hat. Unübersehbarer Ausdruck dieser Situation ist die gelegentliche Behandlung der UN durch die USA als deren Kolonialbehörde, sind die 725 offiziellen Militärstützpunkte in fremden Ländern und die dort rechtswidrig gefangen gehaltenen 70.000 Personen, ist schließlich die Größe des Militärbudgets (das höher ist als das des »Restes« dieser Welt).

Die sich als *bellum Americanum* entpuppende *pax Americana* hat sich bisher als konzeptionelle Vorbereitung von Völkerrechtsverbrechen erwiesen. Ist also zu befürchten, daß das internationale Unrecht zum internationalen Recht wird? Jedenfalls läuft die völkerrechtsgemäße Friedensordnung der Vereinten Nationen Gefahr, durch eine völkerrechtswidrige Kriegsordnung der Vereinigten Staaten ersetzt zu werden. Nicht das erste Mal in der Weltgeschichte fände damit eine rückwärtsgewandte Metamorphose des Unrechts zum Recht, der Gewalt aus einer bloß tatsächlichen zu einer auch rechtlichen, statt. Der Besitz von Gewalt, kann man bei Immanuel Kant lesen, verderbe unvermeidlich das freie Urteil der Vernunft. Man denke diesen Satz zu Ende und erinnere sich der weiter oben gegebenen Erklärung für den Rechts/Links-Gegensatz.

Daß Gewaltanwendung staatlicher Organe gegen Menschen nicht auf einer Selbstmandatierung des Gewaltanwenders beruhen, sondern nur nach dem Maße einer geltenden Rechtsordnung erfolgen dürfe, gehört zum harten Kern jeder Rechtsstaatlichkeit. Das gilt wie für die innerstaatlichen, so auch für die zwischenstaatlichen Verhältnisse. Selbstmandatierung von Gewalt ist nicht Recht, sondern Bruch des Rechts, der zuweilen die Form von Verbrechen annimmt, von Kriegsverbrechen. Wird das Faustrecht, der Rückwärtsgang in einen rechtsfreien Raum, zum Verhaltensprinzip erhoben, ist die Rechtsordnung als Ganzes in Gefahr.

Gesetzlichkeit in den zwischenstaatlichen Beziehungen bedeutet statt willkürlicher Machtausübung die Anwendung der allgemein anerkannten Regeln und Prinzipien des Völkerrechts, als deren allerwichtigste die ersten beiden Artikel der *Charta der Vereinten Nationen* im Interesse des Weltfriedens und der internationalen Sicherheit es jedem Staat verbieten, gegenüber einem anderen Staat Gewalt anzuwenden oder ihm mit Gewalt auch nur zu drohen. Nicht, wie man immer wieder lesen kann, das Gewaltmonopol in den zwischenstaatlichen Beziehungen, wohl aber das Autorisierungsmonopol von internationaler Gewalt liegt gemäß Kapitel VII seiner Satzung beim Sicherheitsrat der Vereinten Nationen. Sich Weltherrschaft (*Global Domination*) oder auch nur Weltführerschaft (*Global Leadership*) anzumaßen, ist nichts anderes als die geltende Völkerrechtsordnung, so fragil sie auch sein mag, umstoßen zu wollen.

Das teils sofortige, teils allmähliche Einknicken der *Europäischen Union* samt BRD vor den USA (Joschka F.: »*We appreciate the US-leadership.*«) ist mehr als ein Indiz. Wenn die Reichen und Mächtigen dieser Erde die Globalisierung der amerikanischen Version des unlimitierten Kapitalismus dazu benutzen, die strukturellen Gewalten in der Weltgesellschaft von heute festzuschreiben und damit die Ausbeutung der Armen und Machtlosen zu petrifizieren, könnten diese Armen und Machtlosen mit terroristischer Gegengewalt reagieren. Im Extremfall wären dann die Weichen für eine globale Katastrophe gestellt.

Wie die Erfahrungen der letzten Jahre bestätigen, ist Staatsterrorismus nicht nur eine Folge von Privatterrorismus, sie gehört auch zu dessen *Ursachen*. Es ist mehr als ein Quentchen Wahrheit in dem Satz, daß *Krieg* der Terror der Reichen gegen die Armen sei, und *Terror* der Krieg der Armen gegen die Reichen.

Nichts Geringeres als den zivilisatorischen Hauptgewinn der Völkerrechtsentwicklung im 20. Jahrhundert, die Domestizierung der Kriegspotentiale durch die UN-Charta negierte der US-Präsident, als er in seiner Grundsatzrede vom 17. März 2003 drei Tage vor dem völkerrechtswidrigen Angriffskrieg der USA gegen den Irak diesen selbstherrlich mit den Worten rechtfertigte: »Die USA haben das souveräne Recht, Gewalt einzusetzen, um ihre nationale Sicherheit zu garantieren. [...] Da der Sicherheitsrat der Vereinten Nationen seiner Verantwortung nicht gerecht geworden ist, deshalb werden wir der unseren gerecht.«

Ist aber erst einmal die Gesetzlichkeit aufgeweicht, gibt es kein Halten mehr. Die systematischen Verletzungen von Menschen- und Bürgerrechten im eigenen Land sind ebenso wie die Flächenbombardements in anderen Ländern, Menschenraub, Verschleppungen und Folterungen dort, die Käfighaltung hunderter Gefangener nunmehr schon seit Jahren, und das ohne Anklage, ohne zeitliche Begrenzung und *incommunicado*, die skrupellosen Folgeerscheinungen eines mit humanitärer Intervention, ökonomischen Versorgungsinteressen oder religiös legitimierten, jedenfalls verfassungs- und völkerrechtlich illegalen Krieges. Kriege zu erleiden ist jedoch keine von Gott auferlegte Strafe, wie Kriege zu führen keine göttliche Mission. Letzteres beansprucht aber die Bush-Administration mit ihrer Kreuzzugsversion von Kriegen samt ihrer Blasphemie: »*We are a nation under God*« nicht weniger als der Terroristen Taten in Allahs Namen.

Wer anders als die Linken ist bereit und glaubwürdig in der Lage, im gesamtdeutschen Interesse den Zusammenhang zwischen imperialer Außen- und innerer Sozialabbaupolitik aufzudecken? Belassen wir es bei dieser sich selbst beantwortenden Frage.

10

Eine als *die* Partei der deutschen Einheit posierende Gruppierung der Linken wäre unglaubwürdig; hatten doch nicht wenige von ihnen zwar die Einheit Deutschlands, nicht aber *diese* Einheit gewollt. Lieber das halbe Deutschland ganz als das ganze Deutschland halb zu beherrschen, war während des kalten Krieges hüben wie drüben die erklärte Meinung der jeweiligen Machthaber.

Gleichgültig, welche Koalition nach den bevorstehenden Bundestagswahlen Deutschland regieren wird, es wächst die Gefahr, daß der bisherige Regierungskurs auf Sozialabbau und – zumindest mittelbare – Beteiligung an Kriegshandlungen zugunsten einer als »*global war on terror*« (GWOT) kaschierten, der USA subordinierten Weltbeherrschungspolitik verstärkt fortgesetzt wird, zusätzlich legitimiert durch die in Aussicht genommene EU-Verfassung.

Die in diesem Zusammenhang einzig realistischen Hoffnungen richten sich auf eine in West wie in Ost fest in der Bevölkerung verankerte Linksfraktion im Bundestag, die mit den ihr zur Verfügung stehenden Mitteln und Möglichkeiten sowie gemeinsam mit den außerparlamentarischen Sozial- und Friedensbewegungen diesseits wie jenseits der Landesgrenze ihre Tradition und Kompetenz im gesamtdeutschen Interesse geltend macht.

Willige Vasallen der im Inland wie in Übersee Herrschenden sind die Linken jedenfalls nicht.

»Freiheit, Gleichheit, Brüderlichkeit!«
waren die Worte der französischen Revolution 1789,
Worte des Aufbruchs in die bürgerliche, noch vorsozialistische Ära.
Sozialistinnen und Sozialisten stehen in der geschichtlichen Pflicht,
auf den in diesen Worten ausgedrückten Werten zu bestehen –
umso mehr, als die Bürgerlichen von heute
kaum noch etwas davon wissen wollen.

Klaus Höpcke

Wenn das Sein das Bewußtsein *ver*stimmt

Von Klaus Höpcke

Hinter einer Büste von Karl Marx las ich in roter Farbe auf die Wand gemalte drei Zeilen:
Das Sein
*ver*stimmt
das Bewußtsein
Sechzehn Jahre ist das jetzt her. Es war im Herbst 1989/Winter 1990 in Berlin. Neben dem Eingang des Hauses am Köllnischen Park, das einst die Parteihochschule beherbergte und nun zur Stätte vieler Zusammenkünfte demokratischer Sozialistinnen und Sozialisten in jenen Tagen der Umbrüche geworden war, prangte der Satz an der Wand. Auf seine Weise hatte ein Spötter auf den Punkt gebracht, was uns allen durch die Köpfe ging.

Daß das Sein das Bewusßtsein bestimmt, hatten wir gelernt: »Die Produktionsweise des materiellen Lebens bedingt den sozialen, politischen und geistigen Lebensprozeß überhaupt. Es ist nicht das Bewußtsein der Menschen, das ihr Sein, sondern umgekehrt ihr gesellschaftliches Sein, das ihr Bewußtsein bestimmt.« – So Karl Marx im berühmten Vorwort seiner 1859 in Berlin erschienenen Schrift »Zur Kritik der politischen Ökonomie«. Und waren wir nicht darauf aus gewesen, das ökonomische und soziale Sein so umzukrempeln, daß auch im Bewußtsein Neues wüchse, möglichst Sozialistisches?

Doch nun offenbarte sich, daß uns einiges – zurückhaltend ausgedrückt – aus dem Blick geraten war. Der spöttische Spruch war ja in der Wortwahl noch freundlich-ironisch. Statt »verstimmt das Bewußtsein« hätte man auch »verwirrt« oder noch eine Nuance bitterer »verdirbt« sagen können. Die bewußtseinsbeeinflussende Wirkung des Seins hatten wir nicht richtig aufgefaßt. Wie wesentliche Seiten des Seins so geraten können, daß sie einer Höherentwicklung von Bewußtsein abträglich sind, das wurde nicht tiefgründig genug analysiert. Es schadete auch, wenn des öfteren bei der Verbesserung materieller Lebensbedingungen linear eintretende Bewußtseinsschübe erwartet wurden. Nicht zuletzt verstimmte es viele Bürgerinnen und Bürger, daß oft erlebtes und verkündetes Sein auseinanderklafften. Es wuchsen kritisches Bewußtsein und die Bereitschaft, zum Verändern der Situation beizutragen. Daraus zu lernen, war an der Zeit. Solcher selbsterworbener geschichtlicher Erfahrung mit anhaltendem Lernwillen zu begegnen, bleibt hochaktuell, gerade auch jetzt. Für Linke – und für andere nicht minder.

Heißt es hierzulande heute amtlich, die praktizierte Marktwirtschaft sei sozial und bei der Verteilung der Reichtümer herrschten gerechte Verhältnisse, dann bringen Tatsachen, wie sie einigen Angaben im »2. Armuts- und Reichtumsbericht der Bundesregierung« ablesbar sind, solche Sprechblasen zum Platzen. Durch Reibung am wirklichen Sein verliert falsches Bewußtsein seinen vorgegaukelten Wahrheitsschein. Laut den am 12. Mai 2005 veröffentlichten Ergebnissen einer *forsa*-Umfrage »finden 79 Prozent der Befragten, daß der Staat seine Bürger nicht ausreichend vor den Auswüchsen von Kapitalismus und Globalisierung schützt«, woraus im *Stern* (Heft 20/2005, Seite 28) gefolgert wurde: »Wenn eine Mehrheit so über das politische System denkt, droht es seine politische Legitimation zu verlieren.«
Hier aus dem erwähnten Bericht der Regierung über arm und reich ein paar Daten über Nettofinanzvermögen in unserem Lande:
4.000 Deutsche haben je mehr als 30 Millionen Euro,
15.600 Deutsche haben je 3 bis 30 Millionen Euro,
38.700 Deutsche haben je 1,5 bis 3 Millionen Euro,
755.000 Privatpersonen haben mehr als 0,95 Millionen Euro.
So viel Reiche und Superreiche in Deutschland, Milliardäre und Millionäre. Auf sechs bis sieben Arbeitlose in Deutschland kommt ein Vermögensmillionär.
Unsere oberen 800.000 in Deutschland – statt der einst sprichwörtlichen »oberen 10.000« – bräuchten sich nicht auch nur einen Krümel abzuhungern, wenn jeder von ihnen sechs bis sieben Arbeitslosen helfen würde, nicht mit 331 oder 345 Euro im Monat hinkommen zu müssen, sondern mit höheren Einkünften rechnen zu können. Aber nicht einmal von dergleichen individuellen philanthropischen Gesten ist irgendwo irgendetwas zu erfahren. So erweisen die Superreichen ihre tendenzielle bis absolute Solidaritätsunfähigkeit am Beginn des 21. Jahrhunderts. Ihre Solida-

ritätsunfähigkeit betrifft sowohl ihr Verhältnis zu den Armen im eigenen Land als auch ihre mörderische Weltwirtschaftspolitik gegen die einst kolonial unterdrückten Länder und Völker, die im Schuldenjoch verhungern.

Wem die Darstellung sehr schlicht vorkommt, dem widerspreche ich natürlich nicht. Es ließe sich – um zunächst mal hier im Land zu bleiben – eine vernunft- und vor allem gerechtigkeitsgemäße Beteiligung der Arbeitslosen und der Lohnarbeit Verrichtenden an der riesigen Geldmenge auch anders bewerkstelligen, zum Beispiel durch soziale statt asozialer Steuerpolitik.

Die Wiedererweckung des Denkens

Anfang des Jahres 2005 haben der Mainzer Publizistikprofessor Hans Mathias Kepplinger und sein Assistent Marcus Maurer ein Buch über die Einschläferung der Vernunft in Deutschland herausgebracht. Sein Titel: »Abschied vom rationalen Wähler. Warum Wahlen im Fernsehen entschieden werden«. Auf der Grundlage sieben Jahre lang betriebener Studien kommen die Autoren zu Feststellungen wie diesen:

Die Zuschauer erhalten durch Fernsehnachrichten erheblich mehr Informationen über persönliche Eigenschaften der Kandidaten wie Auftreten, Sprechweise, Mimik, Gestik, Schlagfertigkeit als über ihre Sachkompetenzen. (S. 64-71) – »Die meisten Fernsehzuschauer schließen von einer Änderung der Darstellung von Politikern auf eine Änderung der Dargestellten. Aus ihrer Sicht werden die Politiker nicht nur positiver oder negativer präsentiert, sondern sie sind bzw. verhalten sich lobenswerter oder kritikwürdiger.« (S. 179)

Solche Verkehrungen im Bewußtsein derer, die fernsehen, werden zielstrebig herbeigeführt. Und das tun, wie die Autoren kritisch feststellen, einige hundert Personen, die entscheiden, was Millionen von Wählern erfahren und wie sie es erfahren. Die Konzentration der Quellen habe extrem zugenommen. (S. 186)

Demokratische Sozialistinnen und Sozialisten stehen angesichts dessen vor der Frage, wie sie auf die Wiedererweckung des Denkens beim Wählen hinarbeiten können. Soziale Herkunft und politische Grundhaltung haben zwar den größeren Anteil am Einfluß auf das Wahlverhalten. Kepplinger und Maurer setzen diese Faktoren bei zwei Dritteln des Einflusses an. Aber zu dem verbleibenden kleineren Teil der Gründe für Wahlentscheidungen, den verhältnismäßig beweglicheren, geben sie zu bedenken: »Das Fernsehen bewegt den größten Teil des beweglichen Teils der Wahlentscheidungen – und das gibt am Wahltag den Ausschlag.« (S. 185)

Insofern besteht eine erstrangige Aufgabe politischer Bildung und Kultur im 21. Jahrhundert darin, all das, womit Wählerinnen und Wähler in Unwissenheit und Entmündigung gehalten werden sollen, unaufhörlich und systematisch zu entschleiern, zu entheucheln, zu enthüllen. Zu kultivieren ist im Gegenzug das eigene Denken, das Denken beim Nah-Sehen und das Denken beim Fernsehen, das Denken beim Hören und Lesen, das Denken beim eigenen Reden oder Schweigen, beim Theoretisieren und im politischen Alltagsgeschäft und – last but not least – das Denken beim Wählen.Und zu fordern ist, daß mehr Menschen als die von Kepplinger und Maurer festgestellten einigen hundert Personen Gelegenheit erhalten, ihre Gedanken öffentlich mitzuteilen. Die Praktiken öffentlich-rechtlicher Fernsehanstalten und privatkapitalistischer Sendefirmen, alles Denken raus- oder kleinzuhalten, das offiziellem Zeitgeist widerspricht, muß überwunden werden. Das wäre im Sinne von Immanuel Kant gehandelt. Der nämlich hat auf die Annahme, »die Freiheit zu *sprechen* oder zu *schreiben* könne uns zwar durch obere Gewalt, aber die Freiheit zu *denken* durch sie gar nicht genommen werden«, schon im Oktober 1786 in der »Berlinischen Monatsschrift« erwidert: Man könne »wohl sagen, daß diejenige äußere Gewalt, welche die Freiheit, seine Gedanken öffentlich *mitzuteilen,* den Menschen entreißt, ihnen auch die Freiheit zu *denken* nehme: das einzige Kleinod, das uns bei allen bürgerlichen Lasten noch übrig bleibt und wodurch allein wider alle Übel dieses Zustandes noch Rat geschafft werden kann«.

Viele Kommentatoren ergingen sich in der Gegenüberstellung der Verlautbarungen von Schröder und Müntefering über Lohnentwicklung, »Reichensteuer« usw. mit der zuvor von ihnen betriebenen Regierungspolitik. Was hierzu geäußert wird – daß da Heuchelei im Spiel ist und Angst vor der Linkspartei –, stimmt zwar; die Kritik ist berechtigt. Doch solche Betrachtungen führen in die Irre, sofern sie, wie das oft geschieht, die CDU/CSU-Politik ausblenden. Ist es aber nicht – beispielsweise – eine Einladung zur Satire, wie sich bei der CDU/CSU Inkompetenz als Kompetenz aufspielt? Unter Kanzler Kohl stieg die Zahl der Arbeitslosen von zwei auf vier Millionen. Inwiefern soll man der Arbeitslosigkeitsverdoppeler-Partei die Fähigkeit zur Arbeitslosigkeitsverminderung zutrauen? Ähnliches gilt für die innere Staatsverschuldung. 1982 beliefen sich die Staatsschulden in der Bundesrepublik Deutschland auf 614,82 Milliarden DM, von der SPD-geführten Vorgängerregierung durch das CDU-geführte Kohl-Kabinett übernommen. Im Jahre 1989 war die Schuldensumme auf 928,84 Milliarden DM angestiegen, auf fast eine Billion. Das geschah, noch bevor »Kosten der deutschen Einheit« als Grund für gesteigertes Schuldenmachen angeführt werden konnten. Die CDU erwies sich in den Folgejahren als eine Partei der Kontinuität in der Steigerung der Staatsschulden. Woraus soll man folgern, ausgerechnet diese Partei würde jetzt eine volkswirtschaftlich sinnvolle Finanzpolitik zu Wege bringen, wo sie doch schon wieder mit der Ankündigung einer Plünderung des Staatshaushalts per Senkung des Spitzensteuersatzes hausieren geht?

Zur Wiedererweckung des Denkens gehört auch, nicht Begrifflichkeiten nachzuplappern, die von den Herrschenden als Instrumente ihrer Deutungsmacht erfunden und verbreitet werden. Zu beherzigen ist, was der französische Soziologe Pierre Bourdieu zur Charakterisierung heute herrschender Politik schrieb:»Um den Bruch mit dem Wohlfahrts- und Sozialstaat herbeizuführen, mußten die Denkfabriken, denen die politischen Programme eines Ronald Reagan oder einer Margaret Thatcher und, in ihrer Nachfolge, eines Blair, Schröder oder Jospin entstammen, eine symbolische Gegenrevolution ins Werk setzen und widersinnige Dogmen aufstellen. In der Sache konservativ, geben sie sich als fortschrittlich aus; in der neoliberalen Dogmatik wird der Rückfall in archaische Formen der Vergangenheit (insbesondere in den wirtschaftlichen Verhältnissen) als ›Reform‹, ›Revolution‹ oder ›Modernisierung‹ ausgerufen.« Solche Analyse zu teilen, verträgt sich meines Erachtens sehr wohl mit der Öffnung einer sozialistischen Partei in die Gesellschaft und widerspricht ihr nicht etwa. Wer klar sieht und ausspricht, daß die Überlagerung von Demokratie durch Bankokratie eher unmodern denn modern ist, schwächt nicht etwa, sondern stärkt die Fähigkeit, Chancen parlamentarischer Demokratie zu erkennen, zu nutzen und auszubauen.

»... ein groß Ergetzen«: »Sich in den Geist der Zeiten zu verset-
zen«?

Goethe läßt im »Faust« den Naivling Wagner verzückt ausrufen,
es sei »ein groß Ergetzen, / Sich in den Geist der Zeiten zu versetzen«, worauf Faust ihm Bescheid gibt: „Was ihr den Geist der
Zeiten heißt, / Das ist im Grund der Herren eigner Geist, / In
dem die Zeiten sich bespiegeln.«

Ganz ähnlich heißt es bei Marx und Engels in der »Deutschen
Ideologie«: »Die Gedanken der herrschenden Klasse sind in jeder
Epoche die herrschenden Gedanken, d.h. die Klasse, welche die
herrschende materielle Macht der Gesellschaft ist, ist zugleich ihre
herrschende geistige Macht.«

Wer die weltweit und in Deutschland herrschende materielle
Macht des Kapitals einschränken, ja überwinden will, darf sich
nicht scheuen, die diese materielle Macht stützende geistige Macht
zu bekämpfen. Bespötteln und Verspotten blöder Mätzchen der
Zeitgeist-Manager der Kapital-Macht gehören selbstverständlich
dazu. Vor allem aber sollte die Versündigung an den Menschen
und den Völkern bloßgelegt werden, die Kernaussagen des kapitalistischen Zeitgeistes Anfang des 21. Jahrhunderts innewohnt.
Es ist Versündigung im Sinne von: Verrat an den Lebensinteressen der Bewohnerinnen und Bewohner der Erde.

Aus dem Sündenregister des kapitalistischen Zeitgeistes anno 2005

Der Amerikaner Robert J. Eaton, einige Zeit Vorstandsvorsitzen-
der von DaimlerChrysler – neben Jürgen Schrempp und ein paar
Jahre vor diesem aus der Spitze des Unternehmens verschwunden
– hat auf dem 7. Jahreskolloquium der Alfred Herrhausen Gesellschaft für internationalen Dialog (AHG) am 2./3. Juli 1999 in
Berlin zum Thema »Der Kapitalismus im 21. Jahrhundert« unter
anderem gesagt: »Die Schwachen müssen sich verändern oder sie
werden sterben. Kollektivismus und Umverteilung werden nicht
funktionieren. Sie wurden ausprobiert. Sie haben versagt. Die
Mauer fiel. Ende der Geschichte.« Eaton fragt: »Warum ist der globale Kapitalismus so unausweichlich und so kraftvoll?« Seine Antwort: »Weil er eine Erweiterung der grundlegenden menschlichen
Natur ist. Es liegt in der menschlichen Natur, möglichst viel für
möglichst wenig zu bekommen – das beste Ergebnis für die wenig-

ste Arbeit, das größte Vergnügen für die wenigste Mühe, den größten Gewinn für die kleinste Investion und so weiter. Das macht uns nicht faul«, sagt er, »sondern effizient«.

Das soll Menschen zu hemmungslosen Egoisten machen, sage ich. Und ich denke, die Behauptung von einer Eatonschen »Erweiterung der grundlegenden menschlichen Natur« ist falsch. Die Austreibung der Fähigkeit, solidarisch zu fühlen, zu denken und zu handeln, darf nicht hingenommen werden. Sie führt nicht zur Erweiterung, sondern zur Verkümmerung der grundlegenden menschlichen Natur; die wird verkrüppelt. *Egoismus als oberster Wert* – das ist in unseren Tagen die *Zeitgeist-Sünde Nr. 1 des Kapitalismus mit neoliberalem Antlitz.*

Sie hängt mit der *Nr. 2 im Sündenregister* des am Beginn des 21. Jahrhunderts herrschenden Zeitgeistes ursächlich zusammen: *Krieg als erlaubtes Mittel der Politik* hinzustellen und hinzunehmen. Das ist doch ungeheuerlich: Konzerne und die Administration der USA stellten fest, der Bedarf der Wirtschaft des Landes an Erdöl werde in größerem Umfang als bisher angenommen steigen, und die Herrschaften dachten nicht etwa wie zivilisierte Menschen über zivilisierte Möglichkeiten der Beschaffung nach, sondern entschieden sich wie Räuber für den militärischen Überfall auf Länder mit reichhaltigen Ölquellen.

So kam es zum amerikanisch/britischen Krieg gegen den Irak. Vor ein paar Jahren in dieser knappen Art formuliert, wirkte das auf manches verharmlosungsgeneigte Gemüt wie eine holzschnittartige Vergröberung. Heute hingegen sehen selbst in Großbritannien 85 Prozent der Bürgerinnen und Bürger, daß die Anschläge auf U-Bahnen und Busse in ihrer Hauptstadt mit den Handlungen britischer Soldaten an der Seite der US-Krieger im Irak zu tun haben, was Rumsfeld für »lächerlich« erklärt. Wir halten die Anschläge für verwerflich, ja verbrecherisch. Wir wollen darüber nicht vergessen, für wie verwerflich und verbrecherisch wir Regierungshandeln halten, das Völkerrechtsbruch betreibt und auf massenhaftes Menschentöten und andere Menschenrechtsverletzungen hinausläuft.

In Deutschland war im Juni/Juli 2005 ein paar Wochen lang der Grundgesetzartikel 68 in aller Munde, der die Neuwahlansetzung nach einer parlamentarischen Vertrauensverweigerungs-Abstimmung betrifft. Wäre es nicht an der Zeit, nun aufzuholen, was in jenen Wochen vernachlässigt wurde? Wie verhält es sich mit Menschen, die bei einer bestimmten Gelegenheit zu einem anderen wesentlichen Artikel des Grundgesetzes für die Bundesrepublik Deutschland ein gestörtes Verhältnis offenbart haben? Soll im Deutschland des Jahres 2005 in das Parlament und danach auf die Regierungsbank kommen, wen der strikte Aggressionsverbotsartikel 26 des Grundgesetzes nicht daran hinderte, dem Auslöser einer völkerrechtswidrigen Aggression statt Kritik Unterstützung angedeihen zu lassen? Zumal seither weder eine Relativierung dieser Haltung zu erkennen gegeben wurde, noch um Entschuldigung für den politischen Fehltritt gebeten worden ist.

Angela Merkel versichert inzwischen zwar, es werde – sollte sie Gerhard Schröder nach dem 18. September ablösen – bei dessen Entscheidung bleiben, daß Angehörige der Bundeswehr nicht in den Irak geschickt werden. Doch ein solches Versprechen reicht nicht. Notwendig ist eine grundsätzliche Aussage zur Lösung internationaler Konflikte mit ausschließlich friedlichen Mitteln. Sonst müssen die Wählerinnen und Wähler doch gewärtig sein, daß bei nächster Gelegenheit die jetzige oder die ihr folgende Administration der US-Vormacht deutsches Militär für Schläge gegen den Iran anfordert und – erhält; für solches »Artigsein« gäbe es dann vielleicht »zur Belohnung« den bislang verweigerten ständigen Sitz im UN-Sicherheitsrat … Also: Statt friedlich stimmen sollender Besänftigungssätze wird glasklare Auskunft zu verlangen sein, daß nach Geist und Buchstaben von Artikel 26 des Grundgesetzes gehandelt wird, der für verfassungswidrig erklärt und unter Strafe stellt: »Handlungen, die geeignet sind und in der Absicht vorgenommen werden, das friedliche Zusammenleben der Völker zu stören, insbesondere die Führung eines Angriffskrieges vorzubereiten«. Wer ohne Wenn und Aber zu diesem Grundgesetzartikel steht, erscheint wenigstens im Hinblick auf die internationalen Interessen des deutschen Volkes wählbar. Wer hingegen beim GG-Artikel 26 »wackelt«, wer da rumdruckst und rumtrickst, sollte als schon zur Kandidatenaufstellung ungeeignet erkannt werden. Er sei sich nicht sicher gewesen, ob sie den Irakkrieg auch innerlich unterstützte oder nur meinte, sich als CDU-Vorsitzende so verhalten zu müssen, schrieb Gregor Gysi in einem am 4. August 2005 im *Neuen Deutschland* veröffentlichten Brief an Frau Merkel und fügte hinzu: »Auch Letzteres wäre gefährlich, denn es bedeutete, daß Sie sich an eigene Überzeugungen nicht halten.«

Unaufhörlich wird Oskar Lafontaine angelastet, daß er 1999 seine politischen Ämter niedergelegt hat. Das soll ein Tadel sein. Er habe die von ihm übernommene Aufgabe »hingeschmissen«, heißt es. Verschwiegen wird, was er da »hingeschmissen« hat: das war nicht zuletzt – neben dem rabiaten Sozialabbau – die Beteiligung Deutschlands an der NATO-Aggression gegen Jugoslawien. Die hatten Albright-Zögling Joseph Fischer und Gerhard Schröder vorangetrieben. Lafontaine klebte nicht am Ministersessel in einem Kabinett, das drauf und dran war, schwere Schuld auf sich zu laden. Bezeugt wird diese Schuld inzwischen von 2.000 jugoslawischen Zivilisten, darunter 700 Kindern, deren Leben im Bombenhagel der NATO-Aggressoren ausgelöscht wurde. Die Bundesluftwaffe war mit 14 Tornado-Kampfflugzeugen über Jugoslawien im Einsatz. Es wurden über 500 Einsätze geflogen und dabei 236 Raketen verschossen. Ein Segen, daß wenigstens ein deutscher Regierer lieber das Regieren sein ließ, als dieses Verbrechen mitzumachen. Später – später! – gewann auch Schröder die Fähigkeit, sich nicht mehr so veranwortungslos in Sachen Krieg und Frieden zu verhalten wie 1999. Ob und inwieweit er in dieser Haltung beständig ist, kann er bald zeigen. Denn im neuen Bundestag wird über die Frage zu befinden sein: Soll der Einsatz der Bundeswehr in Afghanistan verlängert oder beendet werden? Ob nun als Oppositionsparlamentarier, Großkoalitionär mit der CDU oder in der – wie er es hofft – Funktion des wiedergewählten Kanzlers: Schröder wird Stellung beziehen müssen zu dem von den Spitzenkandidaten der *Linkspartei.PDS* angekündigten Schritt, sich für Schluß am Hindukusch einzusetzen, weil dort deutsche Interessen keineswegs verteidigt, sondern gefährdet werden.

Inzwischen verdient Aufmerksamkeit, dass im Hinblick auf den Iran Gerhard Schröder am 13. August 2005 in Hannover von der USA-Regierung immerhin gefordert hat: »Nehmt die militärischen Optionen vom Tisch. Wir haben erlebt, daß die nichts taugen.« Angela Merkel hat in diesem Fall zunächst einmal statt militärischer Intervention diplomatische Lösung befürwortet, während ihr außenpolitischer Adlatus Schäuble die Positionsbestimmung des amtierenden Bundeskanzlers nach wie vor angreift. Gerhard Schröders kritische Anspielung, die Forderungen an Teheran wären glaubhafter, wenn die über Atombomben und -Raketen verfügenden Mächte bei der Abrüstung zügiger voranschritten, bedarf des Vergleichs mit der entschiedeneren Position der *Linkspartei.PDS* zu dieser Problematik. In deren Wahlprogramm heißt es: »Unsere Partei fordert den Deutschen Bundestag auf, von den USA zu verlangen, ihre Atomwaffen aus Deutschland abzuziehen und damit eine Dynamik für ein Europa ohne Massenvernichtungswaffen in Gang zu setzen.«

Zeitgeist-Sünde 3: Verordnete Ungleichmacherei. Über Gerechtigkeit reden jetzt fast alle: christliche und liberale , soziale und grüne Demokraten und – die demokratischen Sozialisten, Seite an Seite mit ihren Kollegen von der Alternative Arbeit und soziale Gerechtigkeit. Natürlich erklären die einen wie die anderen, daß sie für gerechte Verhältnisse in der Gesellschaft sind. Aber was geht mit diesem »Für« vor sich, wenn wir ein Gespräch über Gleichheit beginnen? Dann hören und lesen wir, zum Beispiel: »Verordnete Gleichheit – das lehrt die Geschichte – ist der Tod von Gerechtigkeit und Freiheit. Moderne soziale Marktwirtschaften hingegen können die *Chancen* auf Gleichheit erhöhen, ohne jedoch Gleichheit *im Ergebnis* zu sichern oder zu versprechen.« Wir erfahren: Dies sei der »archimedische Punkt in der sozialdemokratischen Programmdebatte in Europa«. So Wolfgang Clement am 26. April 2000 im »Forum Grundwerte: Gerechtigkeit« der SPD in Berlin.

Ich meine im Unterschied zu solchen »Gerechtigkeits«konzepten, die der Eatonschen »Philosophie« der erweitert genannten, in Wirklichkeit reduzierten Menschennatur entgegenkommen, sollten demokratische Sozialistinnen und Sozialisten sowohl *Chancen*-gleichheit als auch *soziale Annäherung* statt *Vertiefung der Klüfte* als anzustrebendes Ergebnis vertreten. Allen, die das meinen, wird man vorwerfen, sie wollten Gleichmacherei betreiben. In Wahrheit widersetzen sie sich bloß systematisch betriebener – verordneter! – Ungleichmacherei. Der Anteil der Gewinn- und Vermögenssteuer am Steueraufkommen in der Bundesrepublik belief sich mal – 1977 – auf 30 Prozent des Gesamtaufkommens. Genau so hoch war der Anteil der Lohnsteuer. Deren Anteil ist inzwischen auf 35 Prozent gestiegen. Der Anteil der Steuern auf Gewinne und Vermögen wurde auf 15 Prozent gesenkt. Das ist asoziale Steuerpolitik. Per Gesetz wird herbeigeführt: Ungleichheitsvertiefung von Staatswegen.

Das Beispiel der Vergrößerung von Lohnsteuern und der Verminderung des Anteils von Steuern auf Gewinne und Vermögen am Gesamtsteueraufkommen beweist, wie Maßgaben der Politik sehr wohl ökonomische Vorgänge beeinflussen können. »Sehr wohl« oder: sehr übel! Hier nämlich: zur gesteigerten Begünstigung der Kapitalisten und Benachteiligung der lohnabhängig Beschäftigten.

Für Entscheidungen in entgegengesetzter Richtung bedarf es allerdings ungeheurer Anstrengungen geballter, vor allem auch gewerkschaftlicher Kräfte.

Worauf es ankommt, das ist die Einheit gleicher sozialer und politischer Rechte, Freiheiten, Entwicklungsmöglichkeiten.

Bei der verordneten Ungleichmacherei spielt eine besondere Rolle der psychologische Krieg gegen diejenigen Bürgerinnen und Bürger der Bundesrepublik Deutschland, die in der DDR gelebt haben. Sie werden immer wieder angegiftet, weil in den meisten von ihnen der Gleichheitsgedanke nicht totzukriegen ist. Darin liege ein Ursprung ihrer Verdorbenheit, wird behauptet. Unter den vielen Zeichen der Verderbtheit sei der Hang zur Gleichheit eines der schlimmsten. Dafür, daß es jetzt in Brandenburg, Mecklenburg-Vorpommern, Sachsen-Anhalt, Thüringen, Sachsen und ganz Berlin mehr Freiheit gebe, sollten die einstigen DDR-Bürger sich mit weniger Gleichheit abfinden. An der Seite konservativer, aber auch sozialdemokratischer und grüner Minister und Abgeordneter aus der faktischen Neoliberalen-Koalition werden Demoskopen, Professoren und Publizisten nicht müde, den Gleichheitsverzicht als Erwartung an Ostdeutsche zu verkünden. Doch so haben wir nicht gewettet. »Freiheit, Gleichheit, Brüderlichkeit!« waren die drei gleichrangigen Losungsworte der französischen Revolution 1789, Worte des Aufbruchs in die bürgerliche, noch vorsozialistische Ära. Sozialistinnen und Sozialisten stehen in der geschichtlichen Pflicht, auf den in diesen Worten ausgedrückten Werten zu bestehen – umso mehr, als die Bürgerlichen von heute kaum noch etwas davon wissen wollen.

Die einstigen Bürgerinnen und Bürger der DDR sind allesamt auf Jahrzehnte bei Eigentum, Lohn oder Gehalt, bei der Rente und bei Sozialleistungen benachteiligt worden. Die an ihnen vollzogene regionale Ungleichmacherei steht im Gegensatz zum Grundgesetz für die Bundesrepublik Deutschland. Das Gebiet zwischen Elbe und Oder ist durch das Wüten der Fremdhandanstalt weitgehend entindustrialisiert. Eine Umkehr dieses Prozesses und ein Stopp der damit bekanntlich einhergehenden Entvölkerung des

Ostens Deutschlands könnte erreicht werden, wenn der von Gregor Gysi am 27. Juli 2005 unterbreitete Vorschlag verwirklicht wird, die durch die Länder zu erbringenden Kofinanzierungsanteile bei Industrieförderprojekten von 50 auf 25 Prozent zu senken. Ich vermute, herbeigeführt werden muß außerdem ein Lohn-, Gehälter- und Rentenbenachteiligungsausgleich. Ohne Ausgleichszahlungen ist das Problem wahrscheinlich nicht mehr zu bewältigen.

Derartige konkrete Vorschläge fürs Politikmachen sind vor einigen Jahren noch selbst von der damaligen PDS-Bundestagsfraktion nicht mit dem nötigen Nachdruck unterstützt worden. Warum? Weil einige nicht »durchgeholt« hatten, wie hier »Verstetigung« von Ungleichheit über die Jahre 2020, 2030 und 2040 hinaus droht. Wem jetzt nur 80, 70 oder 60 Prozent des im Westen üblichen Lohns gezahlt werden, der hat in späteren Jahrzehnten entsprechend verminderten Rentenanspruch. Dagegen aber muß – und zwar auch gesetzgeberisch – angegangen werden.

Ein Stück »verordneter« Gleichheit wäre das. Aber – um an den »archimedischen Punkt der sozialdemokratischen Programmdebatte in Europa« zu erinnern – würde das etwa Tod von Gerechtigkeit und Freiheit bedeuten? Das kann doch wohl nicht im Ernst behauptet werden. Es besteht ein kausaler Zusammenhang zwischen Kapitulationen in der Politik und Werte-Demontagen in der Ideologie. Die Lehre im hier verhandelten Punkt könnte man in die Worte fassen: Wer dem geistigen Kampf um die Gleichheitsidee ausweicht, wird soziale Gerechtigkeit nicht erreichen.

Wie heftig es in diesem Kampf zuweilen zugeht, belegt eine Kontroverse um Werte und Werteverlust auf dem Lande, die im Sommer 2005 entbrannte. Frauen und Männern, die ihre agrarische Tätigkeit in der DDR genossenschaftlich organisierten und betrieben, hat der CDU-Minister Schönbohm »Verwahrlosung und Gewaltbereitschaft« sowie »mangelnde Anteilnahme« zugeschrieben. Das ist der gesellschaftspolitische Kern seiner (noch dazu mit ungebildetem »Proletarisierungs«geschwafel gespickten) Äußerungen zu den im Juli 2005 im Land Brandenburg aufgedeckten, vorher lange unbemerkt gebliebenen schrecklichen Babytötungen durch eine Mutter. Frau Merkel hat gefordert, diese „Debatte", deren Auslöser sie rüffelte, schleunigst zu beenden. Das wird aber kaum so zu machen sein, wie Schönbohm das angestellt hat, indem er lediglich versicherte, er habe niemanden beleidigen wollen. Damit ist nicht getan, was in dieser Sache getan werden muß. Die CDU kommt aus dem ihr von General Schönbohm bereiteten Schlamassel nicht heraus, wenn sie ihn bloß als politischen Tölpel behandelt, statt eindeutig zu drei geschichtlichen Tatbeständen Stellung zu nehmen:

– Was Fürsten und andere sogenannte Gutsherren sich in Jahrhunderten an Feldern und Wäldern gewalttätig zusammengeraubt und -gerafft hatten, kam mit der Bodenreform 1945 und später mit der Genossenschaftsentwicklung in der Landwirtschaft der DDR nun endlich in die Hände derer, die die Saat ausbrachten, die Äcker pflegten und die Ernten in die Scheunen einfuhren.

– Die Kultivierung gemeinschaftlichen Beratens, Entscheidens und Arbeitens gedieh in den Landwirtschaftlichen Produktionsgenossenschaften allen Widersprüchen zum Trotz so gut und erfolgreich, daß die LPG-Vernichtungsstrategie der 1989 hierher gekommenen Fremdbestimmer viel weniger aufging als erwartet.

– Genossenschaftliches Eigentum hat weder zu Verwahrlosung noch zu Gewaltbereitschaft geführt, sondern zur Humanisierung des Lebens der Bäuerinnen und Bauern wesentlich beigetragen.

Übrigens: Wie Schönbohm ebenfalls vernehmen ließ, hält er Menschen für verwahrlosungsanfällig schon dann, wenn sie frei von christlichem religiösen Glauben sind. Das heißt, sein Denken kollidiert mit dem Verfassungsgrundsatz der Glaubensfreiheit. Er ist ein Minister mit grundgesetzwidrigen Vorstellungen im Kopf. Wer kann und will den weiterhin in Ämtern halten: Merkel? Platzeck?

Zeitgeist-Sünde 4: Sozialstaatliches wird verteufelt. Wenn marktwirtschaftliche Entwicklung mit sozial angelegten staatlichen Regelungen kombiniert wird, kann das dazu führen, ökonomische und ökologische sowie soziale und kulturelle Interessen in Übereinstimmung zu bringen. Politische Stabilität demokratisch verfasster Gesellschaften und das friedliche Zusammenleben der Völker erhalten damit sichere Grundlagen.

Mit einem solchen positiv formulierten Standpunkt wird zugleich negierend gesagt: Ein anhaltendes Fehlen solcher Kombination von Staat und Markt führt ins Verderben. Im Propagieren und Praktizieren purer Marktwirtschaft liegen die Hauptgefahren, die nicht nur den Fortschritt, sondern darüber hinaus – bzw. bevor er überhaupt eintreten kann – das Fortleben der Menschheit heute bedrohen.

In der Beurteilung der Situation stimme ich folglich mit Arno Luik überein, der am 21. Oktober 2004 im *Stern* schrieb: »Notwendige Reformen«, die »ohne Alternative« sind – dieses Reden habe einen totalitären Charakter. Er fragte, ob die CDU/SPD/CSU/FDP/Grünen-Politiker ihre Reformphilosophie deshalb so vehement verteidigen, weil sie wissen, daß sie einen Putsch von ganz oben machen, und fuhr fort: »Einen Putsch? Ja, die Agenda 2010 und Hartz IV sind Chiffren für den konzertierten Angriff von ganz oben auf den Sozialstaat. Sie nennen es ›Umbau‹ – doch die Wortwahl kaschiert nur den qualitativen Sprung in ein anderes Gemeinwesen. Die Berliner Republik steht für den Abschied von der Solidargemeinschaft. Und nichts wird von den grundgesetzlich festgeschriebenen Idealen bleiben – außer auf dem Papier und gelegentlich in schönen Reden.«

Zum Übelsten, was gegen sozialstaatliche Regelungen heute vorgebracht wird, gehört, sie als »nationalen Sozialismus« zu verteufeln, wie das der Münchner *Focus*-Chef Markwort in seinem Kampfblatt und bei Auftritten in elektronischen Medien praktiziert. Historiker, die als »entscheidende Triebkraft« der Hitlerschen Politik des Verbrechens das Ziel Volkswohlstand hinstellen, geben solcher Geschichts- und Gegenwartsverfälschung Flankenschutz. Wer für sozialstaatliche Regelungen eintritt, soll in Nazi-Nähe gerückt werden.

Zeitgeist-Sünde 5 – das Schäuble-Merkelsche »Durchregieren«: Daß sie machtgierige Herren älteren und jüngeren Geburtsjahrgangs ausmanövrieren kann, wenigstens zeitweilig, hat Angela Merkel bewiesen. Das war ganz vergnüglich zu beobachten, selbst für einen, der – wie ich – ihre gesellschaftskonzeptionellen Ansichten für falsch hält. Die unterscheiden sich ja auch kaum von denen ihrer innerparteilichen Konkurrenten. Talent und Befähigung zu wirksamem politischen Handeln im Interesse der Bevölkerung erfordern allerdings mehr als Geschick im Kampf um Hackordnung im eigenen Haufen. Wie dürftig Merkels darüber hinausgehendes Politikverständnis im Grunde strukturiert ist, hat sie in ihrer Rede zu Vertrauensfrage und Neuwahlen im Bundestag am 1. Juli 2005 mit den zwei Wendungen »Politik aus einem Guß« und »Durchregieren« offenbart.

Zu »Politik aus einem Guß« braucht kaum mehr gesagt zu werden als: Angela träumt. Sie möchte unbehelligt sein vom ewigen Hin und Her der Probleme und der sich mit ihnen beschäftigenden Kräfte. So kommt der wirklichkeitsferne Wunschtraum zustande, ausgerechnet ein so widerspruchsreiches, ständig in Entwicklung und Bewegung begriffenes Gebilde wie Politik in einen »Guß« zwängen zu wollen. Nach dem Gießen zu erstarren, ist das Geschick von in einen Guß gebrachtem Stoff. Mag sein, die Gefährdung durch alltägliche Korrosion wird so für verminderbar gehalten. Doch was ist mit der Bedrohung durch Risse und Sprünge im »Guß«? Geraten die nicht viel abrupter?

»Durchregieren« entspringt der gleichen Vorstellungswelt. Das Wort kam der Kanzlerkandidatin nicht als situationsbedingter Reflex in den Kopf und über die Lippen. »Durchregieren« zu wollen, ist der verbissene Wille der CDU schon lange. Hierin gibt es – ihren Spendenskandal-Differenzen zum Trotz – eine Seelenverwandtschaft zwischen Angela Merkel und Wolfgang Schäuble, die sie ja auch bewies, als sie ihn als ihren Vertreter im zeitlichen Vorfeld der Bundestagswahlen 2005 zu Bush nach Washington schickte. Schäuble hat bereits vor neun Jahren systematisch dargestellt und öffentlich verkündet, wie das von Merkel nun »Durchregieren« genannte Vorgehen der konservativen Kräfte in der Politik bewerkstelligt werden soll.

Willy Brandt war einst mit dem Leitwort angetreten: »Mehr Demokratie wagen!« Wolfgang Schäuble, Mitte der 90er Jahre CDU/CSU-Fraktionsvorsitzender im Bundestag, griff das auf – und an – und kehrte es um. Am 13. September 1996, dem Tag der Sozialabbau-Beschlüsse der Kohlschen Kanzlermehrheit im Bundestag – man beachte das *timing*! – schrieb er in der *Frankfurter Allgemeinen Zeitung*: »Weniger Demokratie wagen« zunächst mit einem Fragezeichen noch in der Überschrift. Ausrufezeichen, und zwar mehrere, lieferte der Text.

Wer für Verfasssungstreue beim Gesetzemachen eintritt, betreibe eine »fortschreitende Konstitutionalisierung der Tagespolitik«, behauptet Schäuble. So werde die Verfassung »immer stärker die Kette, die den Bewegungsspielraum der Politik lahm legt«. Über Vorschläge, die gegenwärtige Verfassung zu verbessern, etwa durch Aufnahme des Rechts auf Arbeit und des Rechts auf Bildung spottet er: Dergleichen – wie auch »die allgemeine Wichtigkeit der parlamentarischen Opposition« – sei etwas, das »in Lehrbüchern der Politikwissenschaft oder in Parteiprogrammen durchaus seinen wohlverdienten Platz haben mag, deshalb aber noch lange nicht in die Verfassung als höchste Norm der Rechtsordnung gehört«.

Minderheitenschutz wird abstrakt gerade noch hingenommen, in der Praxis aber als »Mehrheitslähmung« angegriffen. Als »demokratisch legitimiert« kommt nur die Mehrheit vor. Daß die Minderheit auch demokratisch legitimiert ist, soll verdrängt werden. Wer fordert, daß bei Gesetzesinitiativen geprüft wird, ob sie mit dem Grundgesetz für die Bundesrepublik Deutschland im Einklang stehen oder nicht, dem kommt Herr Schäuble mit dem Vorwurf eines »Expansionismus des Verfassungsrechts«.

Was ist das für eine Politik, der gegenüber eine demokratische Verfassung als »lahmlegende Kette« wirkt?! Weniger Demokratie zu »wagen« – das ist die Vorstellung, mit welcher CDU und CSU vor neun Jahren daran gingen und jetzt unter dem Merkel-Motto »Durchregieren« erneut daran gehen wollen, die gesellschaftspolitischen Verhältnisse der Bundesrepublik weiter zu strangulieren.

Und das unter der Direktionsgewalt der Wirtschaftsverbände, zu deren Chefs Arbeitgeberverbandspräsident Dieter Hundt gehört. Im System der Gewaltenteilung der Verfassungsorgane kommt diese Direktionsgewalt nicht vor. Aber mittels Medienmacht öffentlich-rechtlicher Anstalten und privater Konzerne wird diese Gewalt durchgesetzt. Im Jahre 2005 wurde das wieder überaus auffällig demonstriert: Am 1. Juni erschien in der *FAZ* ein »Standpunkte«-Artikel Hundts mit der Forderung auf Mehrwertsteuererhöhung, verbunden mit weiteren Verschlechterungen bei Arbeitsbezahlung und sozialer Sicherung. Wenige Wochen danach nahm sich der CDU-Vorstand genau dieser Themen an.

Was dabei politisch zustande kommt, läuft auf eine weitere Pauperisierung in fast allen Schichten der Bevölkerung hinaus. Dazu schrieb der Publizist Harald Wessel: »Tatsächlich ist ein rapider Leistungsverfall besonders innerhalb der wirtschaftlichen und politischen (und medialen) Eliten zu beobachten. Die unmittelbare, demokratisch kaum legitimierte soziale und politische Direktionsgewalt des ›großen Geldes‹ entartet in einem Maße, daß viele Leute im Osten nun sagen: ›Wir wollen die Bundesrepublik wiederhaben, der wir beigetreten sind.‹«

Verfilzt ist in dieser Geldherrschaft die Durchsetzung der Interessen der Superreichen als Ganzes mit der privaten Zusatzbereicherung vieler einzelner durch Bestechung und Vorteilsannahme in Ämtern und Unternehmen. Hinzu kommt die juristische Korruptionsbegünstigung, deren sich Richter und Gerichte schuldig machen, die einen Korruptionsfall nach dem anderen so glimpflich behandeln, dass die Erwischten ihre Aussicht auf ihren Taten gemäße Strafen erheitert schwinden und schwinden und schwinden sehen. Deswegen muß – beispielsweise – der 10. Strafkammer des Augsburger Landgerichts, die den mit 3,8 Millionen Mark geschmierten staatlichen Rüstungsschieber Pfahls, CSU, mit zwei Jahren und drei Monaten Gewahrsam und alsbaldiger Freilassung davonkommen ließ, ein Wort Friedrichs II. in Erinnerung gebracht werden: »Ein Gericht, das Ungerechtigkeit ausübt, ist gefährlicher und schlimmer als eine Diebesbande.«

Zum Merkelschen »Durchregieren« gehört auch der Einsatz von Bundeswehrkräften bei Konflikten im Innern des Landes. Dazu hat ebenfalls Schäuble vor längerer Zeit schon das CDU-Horror-Szenarium für innenpolitische Militäreinsätze samt tarnender Wortverkleidung entworfen. Wer jetzt erzählt, solche Ideen seien »als Antwort auf den 11. September« aufgekommen, müsste den 11. September mehrere Jahre vordatieren.

Und nun noch dies: Wie *Die Welt* am 1. August 2005 mitteilte, will die CDU »Außenpolitik im Kanzleramt bündeln«. Merkel wolle »im Falle eines Wahlsiegs die Außenpolitik weitgehend zur Chefsache machen. Dazu müsse der Zugriff des Kanzleramtes auf die Außenpolitik deutlich verstärkt werden, heiße es in Kreisen von Fraktion und Partei.« Nach Informationen des Blattes »soll deshalb ein Nationaler Sicherheitsberater im Kanzleramt installiert werden, oder mindestens ein Staatsminister für Europapolitik«. In der gegenwärtigen politischen Kräftekonstellation wird damit den koalierwilligen Partnerparteien der CDU – der kleinen gelblichen und der etwas größeren rötlichen – zugerufen: Bildet euch nicht ein, daß ihr außenpolitisch was zu sagen hättet, wenn ihr im Auswärtigen Amt den Ministerposten bekämet. – Die Tätigkeit mit entsprechenden Vollmachten ausgestatteter, fachlich möglichst gut unterrichteter Ministerien gehört in demokratisch angelegten Regimes zu den besseren Gepflogenheiten. Die Beschneidung von Ministerkompetenzen deutet eher in Richtung autoritären Regierens, des »Durchregierens« einer an der Kabinettspitze befindlichen Person. Domestikation per Amtskastration – darauf laufen Merkels außenministerielle Absichten hinaus. Man darf gespannt sein, wessen Selbstachtung gering genug ist, sich für einen solchen Posten hinzugeben. Etwa Fischer nach – in Schilys Art vollzogenem – Übertritt von den Grünen zur SPD?

Worin liegen die Ursachen für die Absicht, weniger demokratische Elemente in der öffentlichen Meinungsbildung, in den gesellschaftlichen Entschlüssen und bei staatlichen Entscheidungen zuzulassen? Die Demokratiedemontage betreiben ihre Urheber, weil sie hoffen, so die infolge des Sozialabbaus voraussehbare weitere Vertiefung der sozialen Widersprüche wenigstens politisch zu »beherrschen«. Hinzu kommt die Furcht vor den Auswirkungen der – allem Leugnen zum Trotz – sich weiter zuspitzenden deutschen Ost-West-Gegensätze. Wer um mehr Demokratie ringt, wer – um es nicht nur quantitativ, sondern auch qualitativ zu sagen – für eine radikal demokratische Gestaltung der Verhältnisse in der Gesellschaft eintritt, den stellen Anhänger von »Weniger-Demokratie-wagen« als Illusionisten oder sogar als Extremisten hin. Ihnen gegenüber verfallen sie in eine Beißwut, wie sie für deutsche Reaktionäre im Kampf gegen die Linke seit jeher bezeichnend war. Von dem demokratiefeindlichen Erbe in ihrem Gemüt kommen sie nicht los. Die gleichberechtigte wirkliche Beteiligung von Bürgerinnen und Bürgern an der Willensbildung in der Gesellschaft ist ihnen ein Graus. Stoibers Äußerungen vom 5. August 2005 in Argenbühl und vom 10. August 2005 in Schwandorf, er akzeptiere es nicht, »daß letzten Endes erneut der Osten bestimmt, wer in Deutschland Kanzler wird«, und es gebe leider nicht »überall so kluge Bevölkerungsteile wie in Bayern«, laufen auf die Rückkehr zu einem aufs Regional-Territoriale abgewandelten Drei-Klassen-Wahlrecht hinaus. Erste Klasse: die überklugen Bayern – jeder Wahlberechtigte bekommt zwei Erst- und zwei Zweitstimmen. Zweite Klasse: die Wählerinnen und Wähler der übrigen westdeutschen Bundesländer – ihnen werden je eine Erst- und eine Zweitstimme zugestanden. Dritte Klasse: die Ostdeutschen – da gibt's für jede und jeden nur halbe Stimmen.

Am stoiberischsten wohl so: Für lokale Direktkandidaten dürfen Ostwähler Erststimmen abgeben. Zweitstimmen aber, die Stimmen zu den Landeslisten, die den Parteien größeres oder geringeres Gewicht im Bundestag geben, erhält im Osten überhaupt keine/keiner der Bürgerinnen und Bürger, die ansonsten formal weiterhin als Wahlberechtigte geführt werden. Solchem Gedankenspiel mit logischen Schlüssen aus Stoiberschem Reden fehle noch etwas, fand bei einem Polit-Frühschoppen in Berlin-Kreuzberg ein Diskussionsteilnehmer. Er brachte das absurde Theater »Stoiber gegen Wähler im Osten« auf den administrativen Punkt. Er fragte: Hat der bayerische Ministerpräsident eine entsprechende Bundesratsinitiative schon in die Wege geleitet? Der Spaß daran, »mit Entsetzen Scherz« zu treiben, werde mit solcher Frage vielleicht doch zu weit getrieben, meinte ein anderer. Allerdings lenkte der schnell ein, als er gebeten wurde, sich zu erinnern: Hatten wir nicht vor einigen Jahren schon erlebt, daß ein bayerischer Minister mit dem Bruch der Länderfinanzausgleichsvereinbarungen drohte – wegen des der CSU nicht genehmen Stimmverhaltens von Wählerinnen und Wählern östlich von Werra und Elbe?

Verglichen mit dem von 1849 bis 1919 gültigen Dreiklassenwahlrecht sei das hier skizzierte Verfahren eine verhältnismäßig sachte Lösung, könnten zynische Stoiberdiener sagen. Erlaubten es die bis zur Novemberrevolution geltenden Regeln doch, daß in manchen Stimmbezirken buchstäblich zwei (in Ziffern: 2) Wähler der ersten Wahlklasse das gleiche Stimmengewicht wie mehrere hundert Wähler der dritten Klasse hatten. Stoibers Vision: eine Bayernstimme = hundert Stimmen ostdeutschen Wahlvolks? Wer weiß, was ihm sonst noch alles vorschwebt: Statt direkter – indirekte Wahl, zum Beispiel, mit Bestimmung von Wahlmännern, die dann erst die eigentliche Abgeordnetenwahl vornehmen? Und statt geheimer – öffentliche Wahl mit namentlichem Aufruf des Wählers und dessen lautem Zuruf im Saal, welchem Kandidaten er die Stimme gibt? Das hatten unsere Vorfahren schon, und sie haben sich davon in der Novemberrevolution 1918 befreit.

Ulkigerweise hat Stoiber von »klugen Bevölkerungs*teilen*« gesprochen, die es leider nicht überall so wie in Bayern gebe. Er selber scheint zu diesen Teilen nicht zu gehören. Das den klugen Bayern peinliche Gerede, sie seien besser als die übrigen Deutschen, hätte er sonst wohl unterlassen. Kluge Bayern wissen, daß manches, womit ihr Landeskabinett gern prahlt, auf der Bevorzugung des Freistaats bei der Vergabe von Bundesmitteln beruht. Das lief Jahrzehnte so und hielt auch nach der Vereinigung der beiden deutschen Staaten an. Zum Beispiel hat Bayern 1995 bei einem Anteil von 15,7 Prozent an den Erwerbstätigen der Bundesrepublik 21,2 Prozent aller an die Länder ausgereichten Bundesforschungsmittel bekommen. Dagegen gab der Bund dem Land Thüringen mit einem Anteil von 2,9 Prozent der Erwerbstätigen nur zwei Prozent. Das heißt, mit Zahlungen, die prozentual fast ein Drittel unterhalb der Erwerbstätigenzahl liegen, wurde Thüringen abgespeist, während Bayern sich in Summen tummelte, die sich mehr als ein Drittel über dem Erwerbstätigenanteil bewegten. So ergibt sich eine West- bzw. Südlandbevorteilung von in diesem Fall zwei Dritteln.

Bei der Beurteilung bayerischer Wirtschaftskraft wird gelegentlich gemutmaßt, sie trage »wesentlich dazu bei, Deutschlands Wachstum und Stabilität zu sichern«. Was falsch ist. Denn: Ein nicht zu vernachlässigender Gesichtspunkt ist die in großem Umfang betriebene Produktion von Waffen und anderem militärischen Gerät. Die ist nicht zukunftsfähig. Kluge Landesregierer Bayerns würden da rechtzeitig auf Rückbau hinarbeiten. Und Bundesbehörden dürften keinen Tag länger durch Fördermittel sowie Aufkaufsummen Waffenproduktion und Waffenexportgeschäfte begünstigen. Die damit herbeigeführten kurzfristigen betriebswirtschaftlichen und Landeshaushaltseffekte haben langfristig schwere srukturpolitische Fehlentwicklungen zur Folge. Und weltpolitisch gefährdet die Beteiligung am Rüstungswahnsinn das friedliche Zusammenleben zwischen unserem Volk und anderen Völkern.

Klugen und gewissenhaften Bayern ist unwohl bei dem Gedanken, daß an vielen Arbeitsplätzen in ihrem Land die Teilnahme an der Herstellung von Menschenvernichtungsmitteln verlangt wird. Im Vergleich zu anderen Bundesländern höhere Arbeitsplatzzahlen in Bayern zeigen so ihr doppeltes Gesicht. Kluge Bayern genieren sich dafür, daß die überproportional hohe Rüstungsproduktion in ihrem Freistaat genannten Heimatland einen überproportional hohen Anteil Bayerns an der Gefährdung des ganzen deutschen Vater- und Mutterlands zur Folge hat, Opfer terroristischer Gegenschläge zu werden – ausgeführt von irregeleiteten Angehörigen jener Völker, die Angriffe und Überfälle von Staatsterroristen mit hier hergestellten und von hier gelieferten Menschenvernichtungsmitteln erleiden mußten.

Erfahrungsunterschiede, Meinungsvielfalt
und gebündeltes Handeln der neuen Linken

»Wo Gefahr ist, wächst das Rettende auch.« Dieses Hoffnung stiftende Wort Hölderlins zitierte am 17. Juli 2005 in Berlin WASG-Vorstand Klaus Ernst als Gastredner auf der Außerordentlichen Tagung des 9. Parteitages vor den Delegierten, die der Partei den neuen Namen »Die Linkspartei.PDS« gaben. Und er fügte hinzu: »Wir müssen begreifen, daß wir das Rettende sind!«

Daß sie das Rettende sind, hatten WASG und PDS zwei Monate zuvor so noch nicht begriffen. Am 17., 18., 19., 20., 21. Mai waren beide – jede für sich – noch nicht von dem Irrtum geheilt, der sie zur nordrhein-westfälischen Landtagswahl nebeneinander statt miteinander hatte antreten lassen. Nun gab's die Belehrung durch das Leben. Am 22. Mai fanden PDS und WASG die von mehreren ihrer Mitglieder schon vorher geäußerte Ansicht bestätigt: Getrennt antretend, schaffen wir nicht einmal zusammen mehr als fünf Prozent der Stimmen in einem westdeutschen Bundesland.

Diese Erkenntnis entsprach den Überlegungen, die bereits nach dem 13. Juni 2004 angestellt worden waren. Bei den Europa-Wahlen erfuhren die demokratischen Sozialistinnen und Sozialisten, daß ihre Wahlniederlage zwei Jahre zuvor nicht das letzte Wort des Wahlvolks war. Mit 6,1 Prozent der Stimmen konnte die PDS sieben Abgeordnete ins Europäische Parlament entsenden. Zugleich bot der Tag Anlaß, darüber nachzudenken, wie bei einer künftigen Bundestagswahl an den Erfolg angeknüpft werden könnte. Nicht alle, jedoch viele erkannten: Dazu bedarf es einer neuen großen Anstrengung. Angesichts höherer Wahlbeteiligung würden anderthalb Millionen Stimmen mehr als bei den Europa-Wahlen nötig sein. Erreichbar vermutlich am aussichtsreichsten in Gemeinsamkeit mit anderen Kräften aus dem kapitalismuskritischen bis antikapitalistischen linken Spektrum der Gesellschaft.

Gestützt auf die zunehmende Aufgeschlossenheit für solches Denken und angetrieben nicht zuletzt durch Oskar Lafontaines und Gregor Gysis Erklärungen der Bereitschaft, bei einem Zusammengehen von WASG und PDS für sie zu kandidieren, wuchs der Drang, nun das Zusammengehen zu bewerkstelligen. Das ist inzwischen in vollem Gange. Um die Gegenkräfte gegen die »Agenda 2010«-Parteien juristisch einwandfrei zu bündeln, war dabei anfänglich ein kaum vermeidbarer sehr großer Arbeitsaufwand für Prozedurales zu leisten. Er wird nun Zug um Zug von höherer Aufmerksamkeit für den Inhalt von Forderungen praktischer Politik zur Verbesserung der Lebensverhältnisse der Menschen übertroffen. Bei der Kandidatenaufstellung hatte Bündnisfähigkeit als Teil von Politikfähigkeit sich in der Praxis zu beweisen. Das wird auch für die Tätigkeit in einer künftigen Fraktion gelten.

Diese Vorgänge können zu einer politischen Kraftentwicklung führen, die eine substanzielle Veränderung der Kräfteverhältnisse in der gesellschaftlichen Arena zur Folge haben.

Wer das will, wird (fast) alles tun, um das gemeinsame Antreten weiterhin zu begünstigen, und alles unterlassen, was diesen Beginn von etwas möglicherweise Großem gefährdet.

Meines Erachtens gehört dazu auch für beide aufeinander zu gehende Seiten, einander nicht zu überfordern.

Ich bin zum Beispiel dafür, vieles schon jetzt ins Auge zu fassen, was nach den Wahlen, von denen wir annehmen, daß sie am 18. September stattfinden, weiter vor sich gehen soll – sowohl im Parlament als auch in unserer Parteientwicklung.

Aber ich hielte es für nicht weise, vor deren Beginn schon deren Ergebnis festlegen zu wollen. Was herauskommt, ergibt sich in einem geschichtlich zu nennenden, voraussehbar widersprüchlich verlaufenden Prozeß. Viele werden daran beteiligt sein. Wird mit Schwung und Besonnenheit agiert, kann ein lange wirkender politischer Organismus sich bilden.

Daran sollten wir alle interessiert sein, nicht an kurzlebigen Schaueffekten. Je klarer in unseren Debatten, Papieren und Aktionen sozialistische Werte und Ziele gewahrt werden und je unbezweifelbarer im Streit um die besten Wege dazu die Orientierung auf ausschließlich demokratische Mittel und Methoden bekräftigt und bereichert wird, mit desto größerer seriöser Gewißheit kann davon ausgegangen werden, daß die Gemeinsamkeiten weiter zunehmen.

Diese Gemeinsamkeiten speisen sich nicht aus lauter von vornherein übereinstimmenden Ansichten. In den Gemeinsamkeiten sind vielmehr gerade auch Erfahrungsunterschiede zu verarbeiten. Sie sollten nicht kleingeredet und vernachlässigt, sondern produktiv gemacht werden.

Für die aus der PDS Kommenden dürften beispielsweise von großem Gewinn die Erfahrungen der vom gewerkschaftlichen Milieu geprägten WASG-Mitstreiter in Streikkämpfen sein.

Und für letztere wiederum könnten die von der PDS in der Arbeit an drei Grundsatzprogrammen gesammelten Erfahrungen von Interesse sein.

So ergeben sich für beide Seiten Möglichkeiten, einander geistig-politisch zu ergänzen und zu bereichern.

Zum Verarbeiten von Erfahrungsunterschieden gehört auch,

Erfahrungen mit gegensätzlichen Standpunkten zu diskutieren, die von den Partnern bei früheren Gelegenheiten eingenommen wurden. In Berlin betrifft das zum Beispiel den Umgang mit dem Bankenskandal.

Daß Funktionäre des PDS-Landesvorstands außerparlamentarische Aktionen wie den Grunewalder Protest-Spaziergang zu den Villen der Skandalnutznießer als »kontraproduktiv« abzutun versuchten, veranlaßte manche Mitglieder, die Partei zu verlassen, und Sympathisanten, sich von ihr abzuwenden.

Heute begegnen sie uns in den Reihen der Wahlalternative Arbeit und Soziale Gerechtigkeit.

Ihnen vorzuhalten, sie hätten die WASG »nicht zuallererst gegründet, um eine gesamtdeutsche Linke zu schmieden«, sondern »aus Frust über das, was der rot-rote Senat und die PDS tun«, ohne bei dieser Gelegenheit kritikwürdige Punkte dieses Tuns selber wenigstens zu erwähnen, zeugt meines Erachtens von Selbstgefälligkeit. Die muß überwunden werden.

Genauso wie andererseits die Leugnung positiver Leistungen von PDS-Senatoren, etwa der Bemühung von Heidi Knake-Werner, die durch Hartz IV sozial Geschwächten vor massenweisen Vertreibungen aus ihren Wohnungen zu bewahren.

Das gilt auch für die Fortschritte in Sachen Demokratie und Bürgerrechte wie Volksabstimmung in den Bezirken, Wahlalter ab 16 Jahren, Einschränkung und zum Teil Abschaffung der sogenannten Schleierfahndung sowie Mobilisierung aktiver Bürgerinnen und Bürger wie am 8. Mai 2005 gegen einen NPD-Aufmarsch.

Neben den Erfahrungsunterschieden erfordert die Meinungsvielfalt ein hohes Maß an Aufgeschlossenheit. Es kommt vor, daß Meinungsvielfalt von einigen als störend empfunden wird; sie beeinträchtige geschlossenes Handeln, argwöhnen manche. Nein. Der Reichtum an Gedanken, Vorstellungen, Meinungen, Vorschlägen kann eine der von anderen politischen Kräften kaum zu Wege zu bringenden Stärken der *Linkspartei.PDS* werden. Meinungsvielfalt nicht bloß duldend hinzunehmen, sondern herauszufordern, zu fördern, in streitbarer Debatte zu unterstützen – darin liegt eine Quelle dauerhafter Anregungs- und Aktionsfähigkeit sowie Festigkeit eines demokratisch-sozialistischen politischen Organismus.

Zu gesellschaftlichen Aufbrüchen gehört, daß gedichtet, gesungen und getanzt wird, daß die Akteure des wirklichen Geschehens sich daran erfreuen, wie die Akteure auf den Bühnen des Theaters sie mit künstlerischen Formungen und Vorläufergestalten dessen überraschen, was sie erträumen und in Alltagskämpfen auszufechten versuchen.

Weltaneignung im Genuß von Kunst in allen ihren Gattungen und Genres ist eine der wesentlichen geistigen Voraussetzungen von Weltveränderung – im Großen wie im scheinbar Kleinen. So betrachtet, halte ich Auftritte wie die von Konstantin Wecker, Peter Sodann, Rolf Hochhuth und Diether Dehm zum 8. Mai 2005 in Hannover, Halle und Leipzig und die von dem Programm »BEFREIT!« hergestellte CD für Musterbeispiele sich in den Streit um politische und ethische Werte einmischender Kultur.

Derartige Aktivitäten sollten stets einhergehen mit dem Bemühen der Linken um die Entwicklung und Verbreitung jeglicher humanistischer Kultur. Das schließt ein: Unterstützung durch eigenen produktiven Umgang und Förderung durch Finanzmittel von Bund, Ländern und Kommunen. Gehandelt werden sollte überall eingedenk des Warn-Spruchs, der während der 90er Jahre entstand: Wer Kultur kürzt, fördert Gewalt.

***

»Die Menschen in diesem Lande«, stellte Klaus Ernst fest, »haben zunehmend Angst vor Arbeitslosigkeit, so daß sie bereit sind, Bedingungen aller Art zu akzeptieren – ob das längere Arbeitszeiten, ob das die Streichung von Weihnachts- und Urlaubsgeld oder möglicherweise das Kürzen des normalen Einkommens ist. Man traut sich nicht mehr aufzubegehren!«

Solche Einschüchterung der Menschen gehört zu den schlimmsten Auswirkungen des Zeitgeists konservativ-neoliberaler kapitalistischer Prägung. Wem die Kraft genommen ist aufzubegehren, wenn es um die Wahrung der eigenen Lebensinteressen geht, der wird seelisch zerstört. Darum sollte die von Klaus Ernst ausgedrückte Hoffnung unser aller Hoffnung sein, »daß es uns gemeinsam gelingt, nicht mehr nur die Inhalte wieder gerade zu rücken, sondern daß es uns gelingt, den Menschen wieder Mut zu machen, für die eigenen Interessen einzustehen. Das ist die Aufgabe der neuen Linken!«

*Die 68er waren bekannt für ihre Provokationen.
Aber die Erfindung des angeblich alternativlosen
pragmatischen Nihilismus ist die größte Provokation,
die je aus dem Schoß der 68er Generation gewachsen ist.*

Ulrich Maurer

Pragmatischer Nihilismus

*Ein polemischer Nachruf auf die Karriere-Fraktion
der sogenannten 68er*

Von Ulrich Maurer

Gerhard Schröder wird in die Geschichte eingehen. Nicht so, wie
er sich das erhofft haben mag: als Reformator, sondern als Zerstörer
des sozialdemokratischen Volksparteiprojekts und als ungewollter
Geburtshelfer bei der Sammlung und Organisation der demokratischen Linken in Deutschland.

Keine Partei mit emanzipatorischem Anspruch, schon gar nicht
die SPD, kann ihre vollständige programmatische und ideelle Aushöhlung als Organisation überleben. Es mag sein, daß die Fassaden
eines solchen Gebildes durch die Bedürfnisse der Machterhaltung
und das Festhalten mancher Parteimitglieder an vergangenen Sehn-
süchten und Gewohnheiten noch einige Jahre zusammengehalten
werden. Der geistige Inhalt des aus einem tiefen Zynismus gespei-
sten pragmatischen Nihilismus derjenigen Ex-68er, die sich zum
Zweck der eigenen Karriere dem globalisierten Kapital verschrieben
haben, vermag keinerlei Bindung zwischen Menschen zu erzeugen,
da er keine Wertorientierung bietet.

Vielmehr handelt es sich – garniert mit ein paar Sprüchen über
die sogenannte Zivilgesellschaft – um eine Rechtfertigungsideolo-
gie derer, die die völlige Aufgabe jedes idealistischen Anspruchs
zugunsten ihres persönlichen Aufstiegs als das Naturgesetz der
Moderne kaschieren.

Es ist nur vordergründig verblüffend, daß gerade die Teile der
68er, die sich in ihren »revolutionären« Jugendjahren besonders
verbalradikal gegeben haben, heute bis auf wenige Ausnahmen
rechts oben in der Welt des Neoliberalismus angekommen sind.

Die Erfahrung, daß die 68-Revolte allenfalls einen kulturrevo-
lutionären Prozeß bewirkt, aber keinesfalls das ökonomische
Machtsystem auch nur am Rande in Frage gestellt hat, hatte offensichtlich eine enorm negativ prägende Wirkung. Kurz gesagt: Der
Illusion folgt die Ernüchterung, der Ernüchterung die Unterwer-
fung und, da das Ego bleibt, die Karriere im System.

Ein derart extremer Verwandlungsprozeß bedarf natürlich der

Erklärung und Rechtfertigung durch diese Verwandlungskünstler. Was liegt da näher, als die Allmacht und sogenannte Alternativlosigkeit des globalisierten Kapitalismus zu beschwören. »Die Systemfrage ist entschieden«, sagt Schröder, und: »Es gibt keine linke oder rechte Wirtschaftspolitik, sondern nur eine richtige oder falsche.«

Daß dies gleich bedeutend ist mit der Aufgabe wesentlicher Teile sozialdemokratischer Programmatik, stört nicht. Die SPD hat sich nach der Abgabe aller Idealisten längst daran gewöhnt gut zu finden, was die Medien gut finden. Und da fast alle Chefredaktionen längst neoliberal gleichgeschaltet sind, trösten positive Kommentare über den Verlust der eigenen Seele hinweg.

Interessanterweise führt die neoliberale Bekehrung der Karriere-Fraktion der 68er eben nicht in die klassischen bürgerlichen Parteien und deren immerhin noch mit zwar falschen, aber ethischen Ansprüchen begründete Politik; sie führt in eine neue Form der Nichts, genauer gesagt in einen nihilistischen Pragmatismus, der nicht nur ohne Marx sondern auch ohne Gott auskommt und ausschließlich am tagespolitischen Schlagzeilenerfolg orientiert ist. Da ist es kein Zufall, daß die Regierungspolitik zu einem Sammelsurium sich teilweise gegenseitig in der Wirkung aufhebender Maßnahmen degeneriert.

Bizarr wird es, wenn, wie in jüngster Zeit geschehen, diese Politik des Durchwurstelns von einigen deutschen Intellektuellen auch noch in den Rang des einzig möglichen modernen Staatshandels erhoben wird.

Keine Werte, kein Glaube, die Denunzierung des Idealismus als sogenanntes Gutmenschentum, heute Freund, morgen Feind, der rechten folgt die linke, der grünen die liberale Attitüde. Hauptsache, die mediale Performance stimmt.

Wo aber Politik ohne Ethik und Programmatik gemacht wird, wo die Beliebigkeit an die Stelle einer Staatsidee tritt und die Bereicherung zum alleinigen Leistungsmaßstab wird, da gibt es auch keinen *common sense,* und dem Verlust der öffentlichen folgt der der privaten Moral. So führt der Zynismus zwingend zu Medien- und Kapitalherrschaft.

Die gesellschaftliche Realität ist die der Spätantike: Brot und Spiele, Hartz IV und Sat.1 für die dumm gehaltenen Massen. Von Söldnern am Hindukusch verteidigt und im Innern mit Überwachungskameras kontrolliert.

Die 68er waren bekannt für ihre Provokationen. Aber die Erfindung des angeblich alternativlosen pragmatischen Nihilismus ist die größte Provokation, die je aus dem Schoß der 68er Generation gewachsen ist.

Und sie bedarf der Antwort: des Aufstands derer, die ihren ideellen Anspruch nicht verraten haben; der Überwindung der Resignation durch die Bewohner der Elfenbeintürme; des Bündnisses mit dem Teil der Jugend, der sich noch nicht wie die Generation Golf dem gesellschaftlichen Zynismus angepaßt hat; und der Hoffnung auf die (Ost-)Deutschen, deren Idealismus zwar mißbraucht wurde, die ihn aber noch in den Köpfen haben.

Nein, hier muß völlig neu und anders Politik gemacht werden,
ohne dabei Bewährtes über Bord zu werfen.
Denn jung und unbedarft zu sein,
ist keine hinlängliche Qualifikation,
und alt und grau zu sein nicht zwingend ein Makel.
Wir stehen am Beginn einer neuen politischen Kultur.
Die tradierten Formen politischer Bewegungen sind
zum Anachronismus, zu Auslaufmodellen gemacht worden.
Alles muß zur Disposition gestellt werden.
Bevor wir alle zur Disposition gestellt werden.

Robert Allertz

Links wo die Nation ist

Von Robert Allertz

Politik lebt von Symbolen, von einprägsamen Bildern und gängigen Parolen. Churchill spreizte Zeige- und Mittelfinger zum V, und Willy Brandt fiel in Warschau auf die Knie. Den heuchlerischen Bruderkuß kennt man seit Judas und nicht erst seit Breshnew & Honecker, und Ernst Reuter schob seinen langweiligen Vorredner beiseite, um den zitierfähigen Satz in die Menge vorm Reichstag und damit in die Geschichtsbücher und Tonkonserven zu rufen: »Ihr Völker der Welt – schaut auf diese Stadt!«

Zu den unsterblichen, weil griffigen Sätzen gehört das Verdikt Kurt Schumachers über die Kommunisten, es seien rotlackierte Faschisten. Ich kannte einen dieser solcherart Denunzierten. Wenn ich gewußt hätte, was aus dem Sozi werden würde, hätten wir dem im KZ nicht das Leben gerettet. Der lag in der Pritsche über mir, berichtete er noch Jahrzehnte später mit bebender Stimme. Kein Stück Brot hätte ich mir für *den* vom Mund abgehungert. Für *den* nicht!

Es gibt kaum einen zweiten Satz, in welchem sich alle antikommunistischen Ressentiments derart bündeln lassen. Wissenschaftler schreiben Bücher voll, um ihre Totalitarismusdoktrin zu erläutern. Kalte Krieger brauchten ZDF-Magazine und ganze Bibliotheken, um all die Grausamkeiten und Verbrechen »der Kommunisten« zu vermitteln. Dem SPD-Vorsitzenden aus Hannover genügten damals ganze vier Worte.

Ihre Bildhaftigkeit ist eine Erklärung dafür, warum die Wendung noch immer gern benutzt wird. Pur oder verklausuliert. Denn es existiert, bei allen gegenteiligen Beobachtungen, in diesem Deutschland ein mehrheitsfähiger Antifaschismus. Dessen Abwehrreflexe funktionieren. Selbst dort, wo privat rassistisch, chauvinistisch und antisemitisch *gedacht* wird. Anders läßt es sich nicht erklären, daß rechtsextreme Parteien ihr Wählerpotential nie ausschöpften. Vor der Urne schreckt man dann doch zurück.

Die Analogie von Erscheinungen in der Endphase der DDR und der Jetztzeit sind unübersehbar. Selbst die Zahl der Schlaglöcher ist inzwischen gleich. (Was den zuständigen Berliner SPD-Politiker zu der aberwitzigen Verteidigungserklärung veranlaßte, in New York seit der Zustand der Straßen auch nicht besser.)

Wenn man in den 80er Jahren die offizielle DDR empfindlich treffen wollte, malte man Hakenkreuze und feierte Hitlers Geburtstag. Da trat die Staatsmacht massiv wie nie auf den Plan. Als Gerichtsreporter nahm ich an einigen Prozessen gegen Skinheads teil. Die antifaschistische DDR fühlte sich, zurecht, durch solche faschistoiden Handlungen und Gesten bis ins Mark getroffen. Die Regierenden wie die Regierten. Selbst wenn der Antifaschismus »verordnet« gewesen sein sollte oder mancher Politiker ihn wie eine Monstranz schützend vor sich hertrug, gehörte diese Haltung zum Selbstverständnis dieses Staates und der Mehrheit seiner Bewohner. (Reaktionen wie die des Volkskammerpräsidenten Horst Sindermann, der das Zuchthaus Waldheim und die Konzentrationslager Sachsenhausen und Mauthausen überlebt hatte, waren für diese Generation nicht atypisch, aber auch nicht typisch für das grundsätzliche Verständnis von Antifaschismus in der DDR. Im Oktober 1989, heftig von der FDJ-Fraktion bedrängt, eine Sondersitzung der Volkskammer einzuberufen, wehrte sich der 74jährige Parlamentspräsident mit der Bemerkung: So könne man mit ihm, einem antifaschistischen Widerstandskämpfer, nicht umgehen! – Was hatten die Staatskrise der DDR, sein aktuelles Amt und seine Vergangenheit miteinander zu tun?)

Und weil der Antifaschismus konstitutives Element des Arbeiter-und-Bauern-Staates war, richteten sich nicht erst seit 1990 die Attacken auf ihn. Aber seit dem Ende der DDR in besonderer Weise. Um den Staat zu delegitimieren, versuchte man seine geistigen Grundlagen zu schleifen. Da man schlecht die Widerstandskämpfer und KZ-Überlebenden in der Führung leugnen konnte, hieß es darum: Überall seien jedoch Nazis untergetaucht und zu hohen Ehren gekommen. Damit glaubte man nicht nur der Kritik erfolgreich begegnen zu können, daß dies genau in der Bundesrepublik geschehen war (worüber beispielsweise ein in den 60er Jahren erschienenes »Braunbuch« beredt Zeugnis ablegte). Sondern nahm dieses Postulat als Beleg für die angebliche Verlogenheit und Heuchelei »der Kommunisten« (»Wasser predigen, aber Wein saufen«).

Ein Historiker wies sogar nach, daß die »roten Kapos« vom KZ Buchenwald gemeinsame Sache mit den Naziaufsehern gemacht hätten, bevor »die Russen« (= Bolschewiken) das Lager zur Weiternutzung übernahmen.

Kurt Schumacher hatte also doch recht gehabt: Kommunisten sind rotlackierte Faschisten. Nicht nur im Verhalten, sondern mitunter auch in Persona. Die haben nur das Parteibuch gewechselt, nicht aber die Gesinnung.

Obgleich also den Ostdeutschen eine antifaschistische Gesinnung abgesprochen wird (und die gern angeführten Belege reichen von Hoyerswerda bis Rostock-Lichtenhagen), wird deren Existenz jedoch offenkundig unterstellt. Anders läßt sich nicht erklären, warum man etwa Lafontaine in die Nähe der Neonazis rückte, als er einen Begriff verwandte, der im Dritten Reich im Schwange war.

Die öffentliche Vorhaltung würde doch ohne jeden Effekt verhallen, wenn das Wahlvolk völkisch besoffen wäre, wie zuweilen suggeriert. Nein, wer immer Lafontaines Lapsus linguae an die große Glocke hängte, setzte auf die natürlichen Abwehrreflexe der antifaschistisch gepolten Menschen in Ost und West.

Im Januar 1919 rief die Reaktion zum Mord an Liebknecht und Luxemburg auf, weil sie wußte, daß man eine politische Bewegung am besten dadurch liquidiert, indem man ihre Führer beseitigt.[1] Nun schreiben wir nicht das Jahr 1919, und Lafontaine ist nicht Liebknecht, doch Rufmord sollte man das schon nennen, was seit einiger Zeit mit ihm passiert. Erst versuchte man Sozialneid zu schüren, indem in den Medien auf seine Bezüge, Honorare und die Villa verwiesen wurde. (Was insofern dem hierzulande geltenden Credo widerspricht, demzufolge Arbeit sich doch lohnen solle.) Selbst ein lächerlicher Rechtsstreit wegen eines Zaunes um das Anwesen wurde thematisiert und die Tatsache, daß eine vom Landtag bezahlte Sekretärin noch immer für ihn arbeitete.[1a]

Und als das nicht so richtig zündete, nahmen Jounalisten, die nicht zu Lafontaines Freunden gehörten[2], begierig die Steilvorlage auf, die dieser bei einem Wahlkampfauftritt am 14. Juni 2005 in Chemnitz lieferte.

Politiker spielten dankbar den Ball weiter. Allerdings auch die NPD, die auf ihren Wahlplakaten den Begriff »Fremdarbeiter« in Anführungszeichen setzte, um damit auf den vermeintlichen Zitatcharakter zu verweisen, was wiederum aufgegriffen wurde, weil darin die vermeintliche Verbindung von rot und braun (vulgo: rotlackierte Faschisten) bewiesen schien. Claudia Roth zum Beispiel ereiferte sich in der *Hamburger Morgenpost*. Auf die Frage »Hat Rot-Grün durch die Aufgabe klassischer Links-Themen der Linkspartei geholfen?«, antwortete die Grünen-Chefin: »Das unterstellt ja, daß diese Linkspartei links ist. Da habe ich erhebliche Zweifel. Lafontaine betreibt doch einen gnadenlosen Rechtspopulismus. Da ist die Fremdarbeiter-Nummer nur ein Beispiel von vielen. ›Lafontaine: Fremdarbeiter stoppen!‹ wird in ganz Brandenburg von der NPD plakatiert.[2a] Die PDS-Plakate ›Hartz IV ist Armut per Gesetz« – da überklebt die DVU einfach das PDS-Logo. Oder Lafontaines Äußerungen zur EU-Verfassung und Türkei: Das ist Rechtspopulismus zu Lasten von Minderheiten.«[3]

Auch wenn auf dem NPD-Plakat der Name Lafontaine überhaupt nicht auftaucht, macht das den Vorgang nicht erträglicher. Gleichwohl wohnt dieser hysterischen Aufgeregtheit eine Logik inne, die es eigentlich untersagte zu erklären, denn 2 + 2 = 4, weil: Das galt auch schon im Hitlerreich.

Die inszenierte Nachricht »Fremdarbeiter«

Mitte Juni, an einem Dienstagabend, hatte Lafontaine in Sachsen vor etwa tausend Menschen gesprochen. In seiner freien Rede erklärte er, der Staat müsse verhindern, daß »Fremdarbeiter ihnen zu niedrigen Löhnen die Arbeitsplätze wegnehmen«.[4]

Bevor des Buh-Wort den nunmehr medial aufgewirbelten Anstoß erregte, stand es seit über einem Jahr auf den Internet-Seiten von SPD-Bundestagsabgeordneten. Die Parlamentarische Staatssekretärin im Bundesverkehrsministerium, Iris Geicke (MdB/SPD), etwa hatte den Text am 3. Mai 2004 auf ihre Homepage gestellt: »[…] Erfahrungen aus früheren EU-Beitrittsrunden, zum Beispiel bei der Einbindung Griechenlands, Spaniens und Portugals zeigen allerdings, daß die Furcht vor einer Zuzugswelle aus den Beitrittsländern unbegründet ist. Im Gegenteil: Damals kehrten viele Griechen, Spanier und Portugiesen, die sich ihren Lebensunterhalt als *Fremdarbeiter* verdient hatten, in ihre Heimatländer zurück, sobald diese in der EU waren und mit einem wirtschaftlichen Aufschwung rechnen konnten […]«[5]

Ab dem 17. Juni 2005 hieß es stattdessen: »Damals kehrten viele Griechen, Spanier und Portugiesen, die sich ihren Lebensunterhalt als ›Gastarbeiter‹ verdient hatten, in ihre Heimatländer zurück, sobald diese in der EU waren und mit einem wirtschaftlichen Aufschwung rechnen konnten.«[6] Vorsichtshalber hatte man die Gastarbeiter, die nun kurzfristig an die Stelle der Fremdarbeiter getreten waren, in Anführungszeichen gesetzt, um sich selbst davon zu distanzieren.

Denn nachdem Medienvertreter befunden hatten, daß es sich um einen NS-Begriff handele, waren plötzlich auch die Bundestagsabgeordneten dieser Meinung. Brandenburgs Innenminister Jörg Schönbohm (CDU) nahm den Vorfall sogleich zum Anlaß, Lafontaine mit Observation zu drohen. »Der Sozialist Lafontaine sucht offenbar bei den Neonazis seine Wähler. Wenn er so weitermacht, könnte das ein Fall für den Verfassungsschutz werden«, zitierte ihn das *ZDF* am 5. Juli.[7]

Lafontaine versuchte offensiv zu reagieren, man möge ihm nachweisen, daß das ein Nazibegriff sei. Damit konnte man auch gleich dienen. Zunächst beriefen sich einige Blätter auf den Brockhaus. Dort stehe: »Fremdarbeiter, im nationalsozialistischen Sprachgebrauch Bezeichnung für die nach Ausbruch des Zweiten Weltkrieges (1939) aus besetzten Gebieten nach Deutschland deportierten beziehungsweise in der deutschen Wirtschaft eingesetzten Arbeiter nichtdeutscher Staatsangehörigkeit.«[8]

Offenkundig schien das nicht überzeugend genug.

Darum erinnerte man sich eines Buches, das 1986 erschienen war. Titel: »Fremdarbeiter«. Sein Autor war der inzwischen 53jährige Historiker Ulrich Herbert. Der Professor aus Freiburg erklärte gegenüber *Spiegel online*: »Der Begriff ›Fremdarbeiter‹ kommt in nationalsozialistischen Dokumenten dauernd vor, es gibt allein 600 Einzelerlasse zu dem Thema. Er meint die ausländischen Arbeitskräfte, die während des Zweiten Weltkriegs millionenfach und überwiegend zwangsweise nach Deutschland zum Arbeitseinsatz gebracht wurden. Lafontaines Äußerung, die Nationalsozialisten seien nicht fremdenfeindlich, sondern rassistisch gewesen, ist vollkommen abstrus. Die Nationalsozialisten waren die fremdenfeindliche Partei schlechthin; der Rassismus war nichts anderes als eine biologistische Überformung der Fremdenfeindlichkeit. ›Deutschland den Deutschen‹, das war die Naziparole. Lafontaines Argumentation zeugt von eklatantem Mangel an historischen Kenntnissen und einem Bild vom NS-Staat, das man so bislang nur ganz rechts kannte. Es ist nicht zu glauben.«[9]

Der Journalistin Anne Seith muß man zugute halten, daß sie – vermutlich im Unterschied zu den meisten ihrer Kollegen, denen eine solche Aussage genügt hätte – nachfragte. Sie wollte wissen, ob es sich dabei um einen »originär nationalsozialistischen

Begriff« handele. Darauf sagte der Experte Herbert: »Nein, er war ja schon seit der Jahrhundertwende im Gebrauch. Nach 1945 wurde er einfach weiterbenutzt, was zeigt, daß der Zwangsarbeitereinsatz von den Deutschen nicht als Verbrechen angesehen wurde. Erst in den sechziger Jahren wurde er dann durch die freundlicher klingende Bezeichnung des ›Gastarbeiters‹ ersetzt. In der Schweiz wird noch heute bei ausländischen Arbeitern von ›Fremdarbeitern‹ gesprochen.«[10]

Auch das *Neue Deutschland* wagte zaghaft auf der Leserbriefseite Widerspruch, während im vorderen politischen Teil die Angriffe auf Lafontaine unkommentiert wiedergeben wurden. Eine Zeitung, auch eine, die sich sozialistisch nennt, ist schließlich nicht Partei, sondern objektiv. Prof. Heinz Niemann, Autor auch in diesem Buch, beantwortete auf Seite 14 die Frage, ob »der Begriff ›Fremdarbeiter‹ ursprünglich ein Nazi-Wort ist«. Der ostdeutsche Historiker erklärte wie sein westdeutscher Kollege: »Die Behauptung einiger Persönlichkeiten der politischen Öffentlichkeit, der Begriff ›Fremdarbeiter‹ gehöre zum typischen Vokabular der Nazis, ist unrichtig. Richtig ist, daß nach der Besetzung europäischer Länder durch die faschistische deutsche Wehrmacht im Zuge der Verschlechterung der militärischen Lage neben den Kriegsgefangenen immer mehr Menschen nach Deutschland zwangsverschleppt wurden und in der Rüstungsindustrie und der Landwirtschaft zum Einsatz kamen. 1943/44 erreichte ihre Zahl 6,3 Millionen, mehrheitlich aus der Sowjetunion, Polen, aber auch aus Frankreich, dem sogenannten Protektorat Böhmen und Mähren, Belgien, den Niederlanden sowie im begrenzten Umfang aus einigen Satellitenstaaten.

In den Dokumenten der zahlreichen damit befaßten Dienststellen der nazistischen Bürokratie, so in der Anordnung des ›Generalbevollmächtigten für den Arbeitseinsatz‹, Sauckel, vom 7. Mai 1943 ›Anwerbung, Beratung, Unterbringung, Ernährung und Behandlung ausländischer Arbeiter und Arbeiterinnen‹ werden ausschließlich die Begriffe ›ausländische Arbeiter bzw. Arbeitskräfte‹, ›fremde Arbeitskräfte‹, im Ausnahmefall in Papieren der NSDAP auch ›fremdvölkische Arbeitkräfte‹ verwandt. Das rassistische Moment kam in der Etikettierung ›Ostarbeiter‹ für die aus der Sowjetunion zwangsverschleppten Menschen zum Ausdruck.

Der Begriff ›Fremarbeiter‹ gehört eher der Alltagssprache der Menschen an. Gestapolage- und Spitzelberichte zur Stimmung vor allem in der arbeitenden Bevölkerung besagten spätestens seit Stalingrad, daß damit kaum eine diskriminierende Haltung verbunden war. Vielmehr nahmen versteckte alltägliche Solidarität, gelegentliche gemeinsame Arbeitsniederlegungen bis hin zur Zusammenarbeit im Widerstand nach Verkündung des ›totalen Krieges‹ deutlich zu. So meldete das Reichssicherheitshauptamt für die Monate Januar bis Juni 1943 insgesamt 10.773 Verhaftungen von Reichsdeutschen wegen ihres unerlaubten Umgangs mit Ausländern.«[11]

Erklärungen dieser Art aber drangen kaum durch. Sollten auch nicht durchdringen, weil sich mit einer derart denunziatorischen Vorhaltung in einem Gemeinwesen der Gutmenschen immer Mehrheiten massiver Ablehnung finden lassen. Vom Bundestagspräsidenten Wolfgang Thierse (SPD), der Lafontaine vorwarf, sich bei der NPD anzubiedern, bis hin zum Vorsitzenden des Zentralrats der Juden, Paul Spiegel, reichte die Front der Empörung. In diesen Chor, der Lafontaine in die rechte Ecke schrie, vernahm man auch Stimmen, die man sonst nie zu hören bekam. Petra Pau beispielsweise, als Bundestagsabgeordnete von den Medien sonst tapfer geschnitten, wurde ausführlich zitiert, als sie Lafontaine in dieser Sache kritisierte. Das ZDF sprach in zweckdienlicher Zuspitzung sogar von einem »Angriff«.[12]

Sogar der längst vergessenen Angela Marquardt erinnerte man sich plötzlich wieder. Die einstige Stellvertretende Parteivorsitzende war 2002 aus dem Bundestag geflogen und hatte im Jahr darauf auch die PDS verlassen. Nunmehr befragte sie der *Stern*. Die Mittdreißigerin bediente nicht nur alle gängigen Klischees: »Diese selbst ernannte Linkspartei geht mit billigem Populismus auf Stimmenfang. Nicht überall, wo ›links‹ draufsteht, sind auch linke Inhalte drin«. Die angehende Fachfrau (»Ich würde gern als Expertin für Rechtsextremismus arbeiten.«) befand auch selbstbewußt, Lafontaine schrecke »selbst vor ausländerfeindlichen Äußerungen nicht« zurück. »Der Ausdruck ›Fremdarbeiter‹ war kein Ausrutscher. Das sieht jeder, der sich das Original der Rede ansieht.«[13]

Wie in solchen Fällen üblich, arbeiteten Medienvertreter auch im Fall O. L. mit Vergleichen. Für »Hitler«, der sonst üblicherweise immer bemüht wurde, reichte es offenkundig noch nicht, aber für einen »Oskar Haider«[14]. Man tastete sich langsam voran.

Zum Beispiel über Jürgen W. Möllemann. Der ist tot, der kann sich nicht wehren. Aber er steht für eine rechte Chiffre.

»Antiamerikanismus, Israel-Obsession, Gemeinschaftsideolo-
gie, Geschimpfe gegen gierige ›Eliten‹ – alles inklusive im Angebot des Spitzenkandidaten. Lafontaines Projekt 8 Prozent hat
erstaunliche Ähnlichkeiten mit Möllemanns Projekt 18. Anders
als Möllemann, dessen Hetzkampagnen und Krawallaktionen die
Partei vor eine Zerreißprobe stellten, kann Lafontaine ungeniert
und ohne Bremse agieren. Er hat den strategischen Vorteil, daß
sein Haufen aus Sozialnostalgikern und Sektierern nicht zuletzt
durch Ressentiments zusammengehalten wird – sei es gegen die
SPD, sei es gleich gegen das ganze ›System‹. Und sein Kurs paßt
auch zur PDS, die im Osten seit jeher linke Gerechtigkeits- und
rechte Gemeinschaftsrhetorik flüssig miteinander kombiniert.«[15]

Die rüde Sprache überraschte ein wenig in der *Zeit*, doch wenn
es um die Verteidigung des christlichen Abendlandes geht, vergreift
sich selbst das Herzblatt des (west-)deutschen Bildungsbürgers
schon mal im Ton. Es ging schließlich nicht um Lafontaine, sondern um »seinen Haufen aus Sozialnostalgikern und Sektierern«.

Ein Clemens Heni (München) rückte auf einer Homepage[16]
Lafontaine in die Nähe des Adjutanten von Goebbels. (Vielleicht
scheute er den direkten Vergleich, denn der wurde schon mal ver-
geben: Die Älteren unter uns werden sich erinnern, daß in den
80er Jahren Bundeskanzler Kohl den seinerzeitigen KPdSU-Gene-
ralsekretär mit diesem Etikett verzierte.) Heni also teilte der Welt
mit: »Seit einigen Tagen hetzt ein ehemaliger SPD-Parteivorsit-
zender in einer Manier, wie es selbst von bekennenden Neuen
Rechten jahrzehntelang großteils vermieden wurde: ›Fremdarbeiter‹ wollen wir hier in Deutschland nicht.«

Oskar Lafontaine, »heute Zugpferd der neuen, linken Partei
Wahlalternative Arbeit & soziale Gerechtigkeit (WASG), eine Art
Lassalle mit einem Schuß nationalem Sozialismus, hat es mehrfach gebraucht und bis heute gerechtfertigt: ›Der Staat ist verpflichtet, seine Bürger und Bürgerinnen zu schützen, er ist verpflichtet zu verhindern, daß Familienväter und Frauen arbeitslos
werden, weil Fremdarbeiter zu niedrigen Löhnen ihnen die
Arbeitsplätze wegnehmen.‹

Damit wird an einem bedeutenden Punkt der politischen
Kultur der BRD ein eklatanter Tabubruch begangen. Die Anleh-
nung an das Vokabular des Nationalsozialismus ist in der öffentlichen Rede der Bundesrepublik nicht so ohne weiteres möglich
gewesen – jedenfalls für demokratische Parteien. Und jetzt Lafon-

taine. Nach wenigen Wochen des Bekanntseins einer Kooperation von WASG und PDS liegt dieses geplante Wahlbündnis in Wählerumfragen bei 11%.«

Heni nahm Lafontaines im *Spiegel* erhobene Forderung aufs Korn, man möge ihm »eine Goebbels-Rede oder irgendwas«[17] vorlegen, um zu belegen, daß es sich bei dem bewußten Wort um »klassischen nationalsozialistischen Sprachgebrauch« handele.

»Nun, direkt zu Goebbels müssen wir gar nicht zurück. In einer Zeitschrift des Adjutanten von Goebbels, Wilfred von Oven, dem in Argentinien publizierten *La Plata Ruf*, stand 1973: ›Wir müssen unsere Aussage so gestalten, daß sie nicht mehr ins Klischee der Ewig-Gestrigen passen. Eine Werbeagentur muß sich auch nach dem Geschmack des Publikums richten und nicht nach dem eigenen. Und wenn kariert Mode ist, darf man sein Produkt nicht mit Pünktchen anpreisen. Der Sinn unserer Aussage muß freilich der gleiche bleiben. Hier sind Zugeständnisse an die Mode zwecklos. In der Fremdarbeiter-Frage etwa erntet man mit der Argumentation *Die sollen doch heimgehen* nur verständnisloses Grinsen. Aber welcher Linke würde nicht zustimmen, wenn man fordert: *Dem Großkapital muß verboten werden, nur um des Profits willen ganze Völkerscharen in Europa zu verschieben. Der Mensch soll nicht zur Arbeit, sondern die Arbeit zum Menschen gebracht werden.* Der Sinn bleibt der gleiche: *Fremdarbeiter raus!* Die Reaktion der Zuhörer wird aber grundverschieden sein.‹«[18]

In diesem Kontext bekam auch noch der Freiburger Professor Ulrich Herbert einen verbalen Tritt vors Schienenbein, weil dieser in der *FAZ* inzwischen ein wenig Zurückhaltung angemahnt hatte. »Die Begriffskritik scheint mir […] etwas überzogen«, hatte er dort beruhigend erklärt. »Mir würde es besser gefallen, man würde die von Lafontaine angesprochene Thematik kritisch diskutieren, als sich über eine Begrifflichkeit aufzuregen, die zwar mindestens fahrlässig ist, aber kein gar so großer Skandal.«[19]

Aber man will doch nicht diskutieren, sondern den Skandal!

Die Wortwahl sei nahe am Nazi-Jargon, sagte die SPD-Politikerin und Vorsitzende des Bundestags-Innenausschusses Cornelia Sonntag-Wolgast. Auch die Grünen-Politiker Jerzy Montag und Volker Beck kritisierten Lafontaine scharf. »Es ist eine Schande, daß Lafontaine, um Emotionen gegen Ausländer zu schüren, zu solchen Worten greift«, sagte Montag der *Bild*-Zeitung. »Lafontaine ist gesellschaftspolitisch ein Rechtspopulist«, urteilte Beck.[20]

Auch der einschlägig bekannte Münchner Historiker Michael Wolffsohn konnte nicht an sich halten. Gegenüber einem Fernsehsender erklärte er, Lafontaine werbe »gezielt bei antisemitischen Rechts- und Linksradikalen um Wählerstimmen«. Wörtlich sagte er: Es ist klar, daß Lafontaine, Gysi & Co. rechts auf Beutefang sind.«[21] Der Sender zitierte ihn mit den Worten: »Wolffsohn unterstellt Lafontaine in diesem Zusammenhang, ähnlich wie radikale Bewegungen im letzten Jahrhundert vorzugehen. ›Wer die Geschichte der europäischen Faschismen und des deutschen Nationalsozialismus auch nur oberflächlich kennt, weiß: Mit antikapitalistischen plus extrem nationalistischen Schlagworten haben jene Gruppierungen die Massen ver- und ins Unglück geführt‹, sagte der Historiker.

Umgekehrt hätten undemokratische Sozialisten und Kommunisten ihre ›linken Parolen‹ vor der Machtergreifung und in Krisensituationen an der Macht ›mit Nationalismen garniert‹. Angesichts dessen und mit Blick auf die neue Linkspartei fragt Wolffsohn: ›Wie oft lassen sich die Menschen noch verführen?‹

Der Historiker wies darauf hin, daß selbst die NPD bestätigt habe, ›daß sie die West-Linken von der WASG (Wahlalternative Arbeit und soziale Gerechtigkeit)‹ unterwandere. Es solle nicht vergessen werden, betonte Wolffsohn: ›Viele PDS-Wähler von heute haben seit 1990 auch schon NPD oder DVU gewählt – und umgekehrt.‹«[22]

Die kollektive Exegese des von Lafontaine benutzten Begriffes war so inszeniert wie der Skandal. Dabei fand eine klassische Wechselwirkung statt, die vielleicht Kalkül war: Erst die Skandalisierung des Begriffs machte diesen für die neonazistische NPD interessant. Nachdem die Propagandakolonne durch den Blätterwald gezogen war, griff die NPD das Wort auf und pappte es auf ihre Plakate, was nun wiederum den Empörern, die die Welle ausgelöst hatten, als Beweis galt, daß L. ein Rechter sei. Das war ungefähr so, als erschlage einer Vater und Mutter und bittet anschließend das Gericht um ein mildes Urteil, weil er doch nun Vollwaise sei.

Das Zusammenspiel war, wenn nicht gewollt, so doch als Beleg gewünscht. Jedes Plakat und jede Äußerung aus der NPD wurde darum genüßlich zitiert: »Der Parteivorsitzende Udo Voigt höhnte, das Linksbündnis übernehme offenbar die ›Argumente der nationalen Opposition‹. Auch Voigt will die Arbeitslosigkeit bekämpfen, indem ›wir die Fremdarbeiter nach Hause schicken‹.

Sein Stellvertreter Holger Apfel dankte Lafontaine hämisch für den Beitrag zur ›Enttabuisierung des politischen Diskurses‹.«[23]

Jedes Zitat ist gleichsam der Beweis: gleiche Brüder, gleiche Kappen. Rot gleich braun, rechts gleich links. Ergo: Linke als rotlackierte Faschisten.

Der vermeintlich plurale Kanon verdichtete sich zu einer einzigen These, die da und dort schon mal deutlich ausgesprochen wurde. Und in der Frage fand sich schon die Antwort: »Warum haben wir keinen Haider, keinen Le Pen, keinen Pim Fortuyn? Haben wir wirklich keinen? Oder ist er bloß schwer zu erkennen, weil er als Linker unter dem Schutz seiner Gutmenschen-Legitimation agiert?«[24]

Die politische Klasse hatte sich verbündet gegen das Gespenst Linkspartei, deren Galionsfigur Lafontaine heißt, und ihre Hunde von der Kette gelassen. Denn daß es nicht um die Person geht, sondern um die Verteidigung traditioneller Besitzstände, ist jedem politisch denkenden Menschen bewußt. Daß dabei selbst Haltungen wie der Antifaschismus zu instrumentalisieren versucht werden, ist ebenfalls erkennbar. Selbst jene politischen Kräfte halten – vermeintlich – die Fahne des Antifaschismus hoch, die in den 50er Jahren Antifaschisten politisch verfolgten und statt ihrer belastete Nazis in hohe Ämter brachten.

Doch wird das auch von allen durchschaut?

Angesichts mancher Stellungnahmen von links ist das zu bezweifeln. Es gibt genügend politische Gründe, weshalb man Lafontaine kritisieren sollte und auch muß. Doch wer es nur an dieser Stelle tut, heult allenfalls mit den Wölfen und hat den Kern der Sache nicht erkannt.

Und sofern man dem Vorgang nicht politisch, sondern lediglich sprachwissenschaftlich beizukommen wünscht, dem sei Victor Klemperers »LTI« empfohlen. Der Dresdner Philologe (1881-1960) hat damit nicht nur die erste profunde Kritik der Sprache des Dritten Reiches (Lingua Tertii Imperii) zu Papier gebracht. Sein Notizbuch ist zugleich ein erschütterndes *document humain*. Im Kapitel über die Armut dieser Sprache, aus dem zitiert werden soll, äußert sich Klemperer über deren Plattheit und Wirkung. Allein diese Passage offenbart nicht nur die Absurdität der Vorwürfe an Lafontaines Adresse, sondern auch die Verhaftung vieler heute öffentlich tätiger Menschen, deren Wiedergabe der Welt sich in Klischees und Stereotypen erschöpft, die lieber im Leben einzelner Menschen stochern als in den Kulissen von Konzernen, die solange in der Suppe rühren, bis sie ein Haar finden und dann dieses beschreiben, ohne eine Silbe zur Suppe zu sagen.

»Sie war nicht nur deshalb arm, weil sich jedermann zwangsweise nach dem gleichen Vorbild zu richten hatte, sondern vor allem deshalb, weil sie in selbstgewählter Beschränkung durchweg nur eine Seite des menschlichen Wesens zum Ausdruck brachte.

Jede Sprache, die sich frei betätigen darf, dient allen menschlichen Bedürfnissen, sie dient der Vernunft wie dem Gefühl, sie ist Mitteilung und Gespräch, Selbstgespräch und Gebet, Bitte, Befehl und Beschwörung. Die LTI dient einzig der Beschwörung. In welches private oder öffentliche Gebiet auch immer das Thema gehört – nein, das ist falsch, die LTI kennt sowenig ein privates Gebiet im Unterschied von öffentlichen, wie sie geschriebene und gesprochene Sprache unterscheidet –, alles ist Rede, und alles ist Öffentlichkeit. ›Du bist nichts, dein Volk ist alles!‹ heißt eines ihrer Spruchbänder. Das bedeutet: du bist nie mit dir selbst, nie mit den Deinen allein, du stehst immer im Angesicht deines Volkes.

Es wäre deshalb irreführend, wollte ich sagen, die LTI wende sich auf allen Gebieten ausschließlich an den Willen. Denn wer den Willen anruft, ruft immer den einzelnen, auch wenn er sich an die aus einzelnen zusammengesetzte Allgemeinheit wendet. Die LTI ist ganz darauf gerichtet, dem einzelnen um sein individuelles Wesen zu bringen, ihn als Persönlichkeit zu betäuben, ihn zum gedanken- und willenlosen Stück einer in bestimmter Richtung getriebenen und gehetzten Herde, ihn zum Atom eines rollenden Steinblocks zu machen.«[25]

Das Dilemma der vaterlandslosen Linken

Weshalb auch kritisches »Fremdarbeiter«-Echo aus den eigenen Reihen kam, kann man nicht nur mit dem in PDS-Funktionärskreisen verbreiteten Wunsch erklären und entschuldigen, daß man mit in den »demokratischen Verfassungsbogen« aufgenommen und von den dort hockenden Granden als Ihresgleichen akzeptiert werden möchte. Gemeint sind also jene devoten Zuckungen, wie sie etwa Roland Claus durcheilten, als einige Genossen im Bundestag den amerikanischen Präsidenten als das bezeichneten, was er ist: einen Kriegstreiber und Kriegsverbrecher. Bekanntlich entschuldigte sich dafür der PDS-Fraktionsvorsitzende in aller

Form bei dem Massenmörder. Die Quittung bekam der PDS-Funktionär zum Wahltag. Auch in aller Form. Er und die anderen, die ihn zu dieser peinlichen Erklärung animiert hatten.

Man will immer dazugehören. Der Mensch, auch wenn er Genosse ist, ist nun einmal ein geselliges Wesen. Ausgrenzung, Verachtung, Ächtung gar schätzt er gar nicht. Und wenn man zur Gemeinde der Auserwählten gehört, erst recht nicht. Man nennt dieses Bedürfnis nach Uniformierung, auch der geistigen, Gruppendynamik. Das ist eine freundlicheres Wort als Herdentrieb, Anpassung oder Opportunismus.

Aber das wird es nicht gewesen sein, weshalb die öffentliche Verteidigung des Genossen L. so spärlich ausfiel. (Offen gestanden: Hieße ich Bisky oder Ernst, Gysi oder Maurer, hätte ich dem Oskar hinter verschlossener Tür gesagt, was für ein Idiot er ist, und anschließend wäre ich mit ihm vor die selbe getreten und hätte lauthals erklärt, daß ich mir keinen besseren Bundesgenossen denken könnte als ihn. Stattdessen versicherte man sich wiederholt, man habe sich noch nie beschissen. Das bewegte sich zwar auf der gleichen Stilebene, nicht annähernd aber in diese eindeutige Richtung. Ich vermute nämlich, daß auch Herr Köhler und Herr Schröder sich noch nie »beschissen« haben.)

Die Wurzeln für diese Wankelmütigkeit liegen tiefer und reichen ins 19. Jahrhundert.

Es begann mit dem Kommunistischen Manifest.

Wo denn auch sonst.

Dort findet sich der schöne Satz: »Die Arbeiter haben kein Vaterland.« Das war der ironische Kommentar zu der Feststellung, daß die kapitalistische Produktionsweise international sei und keine Grenzen kenne, folglich sei die Auseinandersetzung mit der jeweiligen Bourgeoisie nur der Form nach national. Der Weltmarkt bringe die »nationalen Absonderungen und Gegensätze der Völker« zum Verschwinden, »die Gleichförmigkeit der industriellen Produktion« ziehe die »ihr entsprechenden Lebensverhältnisse« nach sich. So werde mit der Herrschaftsübernahme des Proletariats als Klasse mit wesentlichen internationalen Interessen die »Exploitation einer Nation durch die andere« aufgehoben und die Herausbildung einer einheitlichen supranationalen Weltgesellschaft beschleunigt vorangetrieben.

Man kann Marx und Engels bescheinigen, 1847 bereits sehr präzise die Globalisierung unserer Tage beschrieben zu haben. Das attestierte ihnen sogar der *Spiegel* mit einer Titelgeschichte (»Ein Gespenst kehrt zurück. Die neue Macht der Linken«, 34/2005). Darin zitierte man zum Beispiel einen amerikanischen Investmentbanker mit dem Satz, je länger er an der Wallstreet sei, »desto stärker wird meine Überzeugung, daß Marx recht hatte«.

Doch unterm Strich bleibt, daß die Begründer des wissenschaftlichen Sozialismus unaufgelöste Widersprüche im Umgang mit der Nation hinterlassen haben, die die theoretischen Nöte der Linken bis zum heutigen Tage erklären. Sie lieferten im *Manifest* die klassische Definition der Nation, die von ihnen als politische Ausdrucksform der im zentralisierten Staat ökonomisch erstarkten Bourgeoisie verstanden wurde. Entsprechend lautet die Forderung, das Proletariat müsse sich durch die Revolution »zur nationalen Klasse erheben, sich selbst als Nation konstituieren«. Demnach sind Nation und bürgerlich-kapitalistischer Nationalstaat ziemlich identisch, mit dem man nichts am Hut haben kann. Gleichwohl gibt es unzählige Belege, die Marx und Engels auch als gefühlsmäßig engagierte deutsche Patrioten zeigten. Auch unter kapitalistischen Verhältnissen.

Bismarck erklärte die politisch organisierte Arbeiterbewegung zu vaterlandslosen Gesellen. Dieses Verdikt wurde im Sommer 1914 vom Kaiser aufgehoben, als er behauptete, er kenne fortan keine Parteien mehr, sondern nur noch Deutsche. Dieser »Burgfrieden« beendete das Trauma der SPD, von den Herrschenden von Anfang an als »Reichsfeinde« behandelt worden zu sein. Die Anpassung an den bürgerlichen Staat war letztlich Selbstaufgabe der revolutionären Idee, mit der man einst angetreten war, und zwang einen Teil der Genossen, weil eine kollektive Rückkehr der Gesamtpartei zu den Wurzeln ausgeschlossen schien, zum Austritt und zur Konstituierung einer eigenen. Rosa Luxemburg erklärte folgerichtig auf dem Gründungsparteitag der KPD: Wir sind wieder bei Marx, unter seinem Banner!

Daß die deutsche Arbeiterbewegung aus der nationalen Frage verdrängt werden konnte, lag nur zum Teil daran, daß nach der gescheiterten Revolution von 1848/49 der Nationalgedanke von Großgrundbesitzern und der Industriebourgeoisie okkupiert worden war. Er wurde bekanntlich Gestalt im preußisch-deutschen Militärstaat.

Der andere Teil, weshalb die Linken dieses Terrain abgaben, kann nur mir der Unfähigkeit erklärt werden, auf diesen »Konternationalismus« (von Krockow), auf diesen imperialistischen Nationalismus mit der Entwicklung einer eigenen national-demokratische Identität zu antworten. Das sollte erst – auch wenn dies manchem Westlinken sauer aufstoßen wird – der SED gelingen. Das hatte als einer der ersten im Westen Günter Gaus erkannt, der dies am Ende seiner sieben Jahre als Ständiger Vertreter der Bundesrepublik bei der DDR in einem Interview mit der *Zeit* aussprach.[26] Die auch in den folgenden Jahren von ihm immer wieder gemachte Feststellung, die DDR sei der »deutschere Staat«, trug ihm die Feindschaft der politischen Klasse der Bundesrepublik Deutschland ein. Damit machte er deutlich, daß die in Ostberlin regierenden Kommunisten sich nicht als Separatisten verstanden, sondern immer auch für die »anderen Deutschen« mitdachten. (Im Unterschied zum Separat-Nationalismus mit Alleinvertretungsanspruch in der Bundesrepublik, der besonders albern wirkte, als bei der Fußball-Weltmeisterschaft 1974 *Deutschland* im Spiel gegen die *DDR* 0:1 unterlag.) Selbst nach dem Mauerbau hielt die SED-Führung an ihrem Konföderationsvorschlag und am Begriff von einer deutschen Nation fest. Die Verfassung von 1968 forderte in Artikel 8 »die Überwindung der vom Imperialismus der deutschen Nation aufgezwungenen Spaltung Deutschlands«. Der bis heute geschmähte Walter Ulbricht brachte damals das Bonmot von den Krupps und den Krauses in Umlauf. Darin artikulierte er seine Überzeugung, daß der proletarische Krause eines Tages im sozialistischen deutschen Vaterland zusammenfügen werde, was der imperialistische Krupp gespalten hatte.

In diesem Kontext steht sowohl das Nein des KPD-Vorsitzenden Max Reimann zum deutschen Grundgesetz (mit dem Zusatz, daß die deutschen Kommunisten es als erste verteidigen würden, wenn es ausgehöhlt werden sollte), weil es die Spaltung Deutschlands besiegelte, als auch jene denkwürdige Zusammenkunft bei Dimitroff, von der Elli Schmidt berichtete. Wenige Tage nach Jalta hatte der ehemalige Komintern-Chef Wilhelm Pieck, Walter Ulbricht, Anton Ackermann und eben jene Elli Schmidt zu sich gebeten. Er berichtete ihnen, was die Großen Drei auf der Krim beschlossen hätten. Nämlich die Festlegung von Besatzungszonen. Das, so sagte Dimitroff, sei die Spaltung Deutschlands. Und Ackermanns Frau, Elli Schmidt, notierte: Wir haben geweint. Denn wir deutschen Kommunisten haben vor 1933, in der Illegalität und im Exil immer für ein freies Deutschland gekämpft.

Nicht grundlos hieß die wichtigste Plattform der deutschen Hitlergegner *Nationalkomitee »Freies Deutschland«*.

Die Bismarcksche Reichsgründung von 1871 verdrängte den vormals »linken« (antifeudalen, liberalen) Nationalismus und machte einem »rechten« (militaristischen, antidemokratischen) Platz. Dieser wurde zur Integrationsideologie des Kaiserreiches. Sie war nicht nur expansiv nach außen, sondern auch reaktionär und aggressiv nach innen: zuerst gegen die »Reichsfeinde«, dann gegen die »Novemberverbrecher«, schließlich gegen die »jüdische Demokratie« und den »jüdischen Marxismus«. (Wir können in Gedanken die Linie fortsetzen.) Kurzum: Die Ausgrenzung der Linken aus der deutschen Nation hat eine lange Tradition. Die Tatsache also, daß hierzulande »national« stets reaktionär besetzt war (und noch immer ist), hat letztlich dazu geführt, daß auf der linken Seite nie sonderlich große Anstrengungen unternommen wurden, dieses Feld zurückzugewinnen und positiv zu besetzen. (Der Sonderfall DDR soll hier explizit ausgenommen sein.)

Die Akzeptanz des Burgfriedens von 1914 war darum nicht nur eine Kapitulation vor dem imperialistischen Chauvinismus, sondern auch Ausdruck strategischer Hilflosigkeit. Eine eigene proletarisch-demokratische National- und Kriegspolitik, wie sie Rosa Luxemburg in ihrer Junius-Broschüre skizzierte, ging über den Horizont der meisten Sozialdemokraten hinaus.[27] Diese hatten sich vor 1914 in einen diffusen Internationalismus geflüchtet, um eine nationale Antwort nicht geben zu müssen.

Die Unfähigkeit der Arbeiterbewegung, das deutsche Nationalproblem theoretisch und praktisch in den Griff zu bekommen, setzte sich nach dem Krieg fort. »Die Identifikation einer nunmehr völlig dem bürgerlichen Parlamentarismus verschriebenen SPD mit der nationalen Erniedrigung durch den Versailler Friedensvertrag und der proletarischen Klassenreduktion der KPD konnten den Übergang von großen Teilen der anfangs für demokratische Strukturreformen durchaus offenen kleinbürgerlichen Massen ins antirepublikanische Lager nicht aufhalten«, befand zutreffend der Historiker Rosenberg bei seinem Urteil über die Weimarer Republik.[28]

Und die Bemühungen der KPD mit ihrem 1930 veröffentlichten »Programm zur nationalen und sozialen Befreiung des deutschen Volkes« liefen aus mindestens zwei Gründen ins Leere: Mit der auf dem VI. Kominternkongreß angenommenen fatalen

Kampflosung vom »Sozialfaschismus« und wegen der in dem 1930er Programm formulierten diskreditierenden Parole vom »nationalen Kommunismus« hatte sich die Partei ins politische Aus manövriert. »Die Arbeiterbewegung stand dem Faschismus so ideologisch desorientiert, von den Massen des Kleinbürgertums sozial isoliert und parteipolitisch gespalten gegenüber.«[29]

Bis heute hält sich – auch bei den Linken – unverändert die Vorstellung, daß der Nazismus ein auf die Spitze getriebener Nationalismus gewesen sei, weshalb man als guter deutscher Demokrat bei diesem Thema Zurückhaltung üben sollte. Das ist einer der Grundirrtümer unserer Epoche. Die Nazis haben die Reichsidee geradezu entnationalisiert. Sie verkam zum arischen, großgermanischen Rassismus. Die von den deutschen Antifaschisten im In- wie im Ausland verfolgte Losung von der »Rettung der Nation« war darum keine agitatorische Phrase.

Wie sich aber zeigte, war die sozialistische Arbeiterbewegung, die »Linke« in Deutschland, nicht in der Lage, die »Rettung der Nation« auch nach 1945 zum gemeinsamen Programm zu machen. Es gelang nach der nationalen Katastrophe nicht, eine populärdemokratische Nationalität »von unten« zu stiften.

Zugegeben, angesichts des soeben beendeten völkischen Taumels war das kaum zu bewerkstelligen. Und man darf nicht unterschätzen, wie verheerend sich der Umstand erwies, daß das deutsche Volk unfähig gewesen war, den Nazismus zu stürzen und den Krieg aus eigener Kraft zu beenden. Hier ist nicht der Ort, um nun die Nachkriegsentwicklung zu repetieren. Tatsache jedoch bleibt, daß die BRD nicht ohne die DDR und die DDR nicht ohne BRD denkbar sind. Und beide standen bis 1990 unter dem mehr oder minder harten Diktat der Besatzungsmächte.

Der »CDU-Staat« Konrad Adenauers gründete ideologisch auf der Verdrängung der antifaschistischen »Vergangenheitsbewältigung« durch die antikommunistische Abgrenzung. Angesichts der nationalen Spaltung wurde hier die Gleichsetzung von Faschismus und Kommunismus im Zeichen der Totalitarismustheorie zum theoretisch-ideologischen Fundament des Staatswesens: Unter Anknüpfung an traditionell anti-preußische und föderalistische Elemente des westdeutschen politischen Katholizismus und von weiten Teilen des Liberalismus sowie an die Erfahrungen der sozialdemokratischen Arbeiter mit der Rolle der KPD in der Endphase der Weimarer Republik[30] entstand in der Bundesrepublik eine besondere Variante des Antikommunismus, die sich qualitativ vom Antikommunismus anderer westeuropäischer Länder selbst in der Hochzeit des Kalten Krieges unterschied. Die Abwehr der »bolschewistischen Bedrohung« wurde zum Ersatz für ein National- und Geschichtsbewußtsein, die willige Anpassung an die »christlich-abendländische« Zivilisation der westlichen Siegermächte zur Ersatzidentität. Insofern bestand auch kein Widerspruch zwischen dem Wiedervereinigungsanspruch und der Westintegration: mit der Definition der Wiedervereinigung als Rückeroberung der DDR für die »freie Welt« wurde die nationale Frage effektiv neutralisiert und für die innenpolitische Formierung instrumentalisiert. Nicht zufällig war die SPD die einzige der großen sozialdemokratischen Parteien Westeuropas, in der die Rechtsentwicklung der 50er Jahre zur programmatischen Fundamentalrevision führte – Stichwort: Bad Godesberg.[31]

Kalter Krieg, Adenauer-Regime, Antikommunismus und »Wirtschaftswunder« überlagerten das Defizit an nationaler Identität und nationalem (Selbst-)Bewußtsein. Im Unterschied zur DDR, deren offizielle Politik zumindest bis zu Honecker (der in den 70er Jahren stärker als sein Vorgänger auf Abgrenzung setzte und den Begriff der »sozialistischen deutschen Nation der DDR« kreierte) die zweite deutsche Republik immer auch als Provisorium verstand und darum aus geschichtlicher Verantwortung die Option »deutsche Einheit« tatsächlich offenhielt. Die Mehrheit der Bevölkerung blickte ohnehin mehr nach Westen als nach Osten. Die nationale Frage war ständig präsent, was beispielsweise Egon Bahr selbst dem Politbüromitglied Hermann Axen (1916-1992) konzedierte, der in seinen Augen ein »deutscher Patriot« war.[32]

Bahrs Rundfunkinterview, das am 6. März 1991 aus Anlaß des 75. Geburtstages von Axen geführt wurde, ist nicht nur aus diesem Grunde bemerkenswert, weshalb es hier auszugsweise wiedergegeben sein soll:

»Frage: Nach allem, an was ich mich erinnere und was ich nun noch einmal nachgelesen habe, gab es zwischen Ihrer Partei, der SPD, und der SED eine sachliche Zusammenarbeit. Wenn ich die Ergebnisse noch einmal nenne, also das Modell für eine chemiewaffenfreie Zone 1985[32a] und die Grundsätze für einen atomwaffenfreien Korridor in Mitteleuropa, das war Ende 1986, dann war es wohl eine konstruktive Zusammenarbeit. Wie sehen Sie das heute mit dem Abstand der Jahre?

Egon Bahr: Also erstens muß ich sagen, die Grundsätze, die wir damals entwickelt haben, sind heute allgemein akzeptiert. Wir bekommen ein chemiewaffenfreies Europa, insbesondere auch ein chemiewaffenfreies Deutschland, obwohl es noch keine Verbannung der Chemiewaffen weltweit gibt. Das war damals das Argument der Gegner. Insofern kann man sagen, vielleicht ein bißchen zu früh, aber erfolgreich.

Zweitens: Die Idee eines atomwaffenfreien Korridors ist ja nicht deshalb falsch geworden, weil das Kohl nun Gorbatschow vorgeschlagen hat. Der Erfolg von SPD und SED kann es schon deshalb nicht mehr sein, weil es die SED nicht mehr gibt. Aber jedenfalls haben wir einen atomwaffenfreien Korridor nach dem Abzug der sowjetischen Streitkräfte wie vereinbart, von Norwegen bis zum Balkan. Und die einzige Frage, die geblieben ist, ist – da es keine geteilte Sicherheit im vereinten Deutschland geben darf –, daß nun der Rest der Bundesrepublik, also das ehemalige Westdeutschland, auch noch atomwaffenfrei wird[32b], denn in die neuen Bundesländer werden keine Atomwaffen kommen.

Unter diesem Gesichtspunkt kann ich nur sagen, sehr erfolgreich […] Es ist ja nicht dadurch falsch geworden, daß die nicht mehr an der Macht sind. […] Ich sehe keinen einzigen Punkt, den ich im Prinzip heute anders gemacht haben wollte.

Frage: Wenn Sie diese Einschätzung nun auf Ihren wichtigsten Gesprächspartner, auf Hermann Axen, beziehen sollen, müßten Sie dann variieren, oder fiele die Einschätzung ähnlich, wenn nicht genauso aus?

Egon Bahr: Nein, das ist überhaupt nicht zu modifizieren. Ich will sagen, ich habe Hermann Axen vorher nur aus der Zeitung gekannt und hatte aus der Zeitung ein ziemlich schreckliches Bild von einem hartleibigen doktrinären Nur-Funktionär. Und ich habe im Laufe der Gespräche festgestellt, wie vorsichtig man sein muß, Menschen nur aus dem Fernsehen oder aus der Zeitung zu beurteilen. Ich habe ihn kennengelernt als einen feinfühligen, gebildeten, anständigen Menschen, der – anders als ich – Kommunist gewesen ist und bleiben wird bis zu seinem Lebensende, das heißt, daß er ein Kind der Arbeiterbewegung, der vielleicht die Welt nur noch bedingt versteht, wie sie sich verändert hat, aber ein anständiger Mensch geblieben ist, mit der Einschränkung, die ich gleich hinzufügen will – daß er sich persönlich nicht schuldig gemacht hat. Er war für die Außenpolitik der DDR und der SED zuständig. Er hat Mitschuld und Mitverantwortung als Mitglied des Politbüros, also des entscheidenden Gremiums. Aber ich bin fest davon überzeugt, daß er dort keine persönliche Schuld auf sich geladen hat, mit Ausnahme der, die alle haben, nämlich sie hätten ein bißchen mutiger sein müssen. [...]

Frage: [...] Axens Linientreue wurde immer betont. War er das?

Egon Bahr: Ja, er war linientreu, ohne auf ein eigenes Urteil zu verzichten und – ich möchte hinzufügen – er hat die deutschen Interessen, und ich sage jetzt ganz bewußt die deutschen Interessen, nicht die der DDR, nicht die der Bundesrepublik – die gibt es ja auch und hat es immer gegeben –, immer gesehen. Das heißt, er hat gesehen, daß wir, die Deutschen, auch in den beiden Staaten, ein elementares Interesse daran haben, dafür zu sorgen, daß hier weder ein Stellvertreterkrieg noch ein Exerzierplatz für Machtkämpfe etc. stattfinden kann. Und insofern war er daran interessiert, den beiden deutschen Staaten mehr Luft zu Eigenständigkeit und Souveränität und zur Verfolgung ihrer eigenen Interessen zu verschaffen. Er hat sich, wenn Sie so wollen, als ein deutscher Patriot verhalten.

Frage: [...] Meinen Sie, daß es überhaupt noch eine differenzierte Betrachtung geben kann?

Egon Bahr: Wissen Sie, ich habe dort das spanische Beispiel vor Augen. Mit welcher Großzügigkeit haben die Spanier einen Schlußstrich gezogen unter der Vergangenheit der jahrzehntelangen Franco-Herrschaft. Das war ein Grund für die innere Aussöhnung des Volkes.[32c] Das Volk der DDR hat es gegeben. Und auch heute habe ich kein anderes Prinzip. Ich bin deshalb dafür, einen Schlußstrich zu ziehen und eine Versöhnung zu machen. Anders kriegen wir Deutschland und seine innere Einheit nicht zusammen. [...]

Frage: Zum Geburtstag, um den geht es ja auch, wünscht man etwas. Was würden Sie Hermann Axen wünschen?

Egon Bahr: Ich wünsche dem Mann volle Wiederherstellung seiner Gesundheit, Niederschlagung des Verfahrens und Zeit, die wirklich interessanten und vielfältigen Erinnerungen zu Papier zu bringen und den ruhigen – unbeschwert kann das nicht sein – aber jedenfalls relativ ruhigen Lebensabend, den sich einer verdient hat, dessen antifaschistische Vergangenheit einwandfrei ist und von dem ich nicht vergessen habe, daß er eine eingebrannte Nummer auf seinem linken Unterarm hat.«

Die wiederholt abgegebene Erklärung von DDR- wie auch von BRD-Politikern, von deutschem Boden dürfe nie mehr Krieg, sondern müsse nur noch Frieden eingehen, schloß zwangsläufig eine wechselseitige Verantwortung mit ein, die, wie Bahr nach dem Ende der DDR bestätigte, auch von beiden Seiten wahrgenommen wurde.

Angesichts der Blockkonfrontation und der diametral entgegengesetzten Gesellschaftsordnungen war dies durchzusetzen nicht ganz einfach. Von daher war die »Zwei-Nationen-Theorie«, also jene Formel von der Entwicklung einer »sozialistischen Nation« in der DDR und einer »kapitalistischen Nation« in der BRD, ein theoretisches Hilfskonstrukt, mit dem man diese Klippe zu umschiffen dachte. Eine Wiedervereinigung schloß das nicht aus, wie verschiedentlich Honecker bezeugte.[33]

Gaus' Feststellung von der DDR als dem »deutscheren Staat« reflektierte den Umstand, daß die Ostdeutschen unverändert, mental und inoffiziell, an der Existenz einer deutschen Nation festhielten. In seinem 1983 erschienenen Buch »Wo Deutschland liegt« meinte er, daß ältere Lebensformen und Einstellungen hier überdauert hätten, wofür er das Eingemauertsein ursächlich haftbar machte. Die Käseglocke habe auch das zunächst unreflektierte Festhalten der Ostdeutschen an nationalen Orientierungen selbst bei Anhängern des Regimes begünstigt, konstatierte er.

Besonders bei internationalen Sportwettkämpfen, wenn Schwarz-Rot-Gold mit Hammer, Zirkel und Ährenkranz in die Höhe gingen und die Nationalhymne erklang, wurde dieser eindeutige Bezug auch emotional sichtbar. In solchen Momenten schien die Frage nach einem deutschen Nationalbewußtsein beantwortet, auch wenn sich dieses notabene nur auf einen Teil des Vaterlandes konzentrieren mußte. Eine Bi-Nationalisierung hatte sich offenkundig nicht durchsetzen lassen.

Tendenzen dazu gab es allenfalls im Westen, wie Peter Brandt meinte. »Sie hatten, vereinfacht gesagt, ihre Ursachen in der Westintegration und der alltagskulturellen Verwestlichung der Bundesrepublik, und es verwundert daher nicht, daß die gefühlsmäßige Abkehr von der gesamtdeutschen Nation dort am weitesten ging, wo man berufs- oder altersbedingt am stärksten auf das westliche Ausland orientiert war: in den gesellschaftlichen Eliten und bei den Jüngeren.«[34]

Die staatliche Einheit 1990 sah der Professor aus Hagen darum nicht primär als Resultat politischer Anstrengungen im Westen, sondern als eine »der Folgen der Totalkapitulation der UdSSR«.

Die 68er und »Westlinken« hatten mit der Nation nicht viel am Hut. Dieses Thema war reaktionär besetzt, und der Vollzug der deutschen Einheit im nationalen Taumel und von oben vollzogen, offenbarte die Absicht der Herrschenden, an der Tradition festzuhalten: Nationalismus dem Volk als Opium zu verabreichen. Die Reaktion war auf Transparenten zu lesen: »Deutschland halt's Maul!« und »Nie wieder Deutschland!«

Damit wurde auch der positive Bezug der Ostlinken zur Nation, der aus der DDR herrührte, gnadenlos untergepflügt. Die Chance, aus dem über hundert Jahre alten Ghetto der vaterlandslosen Gesellen zu entkommen, wurde vertan. Westlinke wie der schon erwähnte Peter Brandt blieben einsame Rufer in der Wüste. Im Dezember 1989 schrieb er im Auftrag des SPD-Mitgliedermagazins »Vorwärts« einen Essay zum Thema »Die deutsche Linke und ihre nationale Frage«, der auch im Januar-Heft 1990 gedruckt wurde. Sein Essay endete mit dem Appell: »Man darf die Schlacht nicht verloren geben, bevor sie geschlagen ist. Nur aus hochgesteckten Zielen erwachsen große moralische Energien. So laute die Losung: einer demokratisch-sozialistischen DDR unsere Solidarität, der Einen Deutschen Demokratischen Republik unser Streben!«[35]

Er sah in dieser DDR den Nukleus für ein Deutschland einig Vaterland. Das hätte aber im Osten bei den Linken mindestens soviel Bereitschaft (und auch Fähigkeit) vorausgesetzt, die emanzipatorischen Elemente dieser DDR im dialektischen Sinne aufzuheben, wie bei den West-Linken, diese überhaupt zu akzeptieren. Denn obgleich man sich vom deutschnationalen Taumel der Regierenden absetzte, verhielt man sich kaum anders. Die DDR war das Verdammenswerteste unter der Sonne. Zaghafte Versuche der Ostlinken, die nationale Frage neuerlich zu thematisieren, wurden niedergeschrien. Die eher glücklos agierende PDS-Vorsitzende Gabi Zimmer machte 1999 auf dem Parteitag in Cottbus einen kleinen Vorstoß in diese Richtung. Zwar wurde sie gewählt, doch ihre Feststellung, Deutschland sei schön und die Linken sollten alles unternehmen, daß es das Ihre werde, wurde im Nachgang schwer gerügt.

Damit verschwand das Thema wieder.

Auf der politischen Agenda der Linken steht es jedoch unverändert. Denn die Auseinandersetzung mit der Globalisierung und ihren Folgen findet nicht anonym weltweit, sondern immer konkret auf nationalem Boden statt. Der Einfluß auf und die Veränderung von politikgestaltenden Elementen, wie das heute heißt, passiert immer erst hier, nicht in einem imaginären »Dort«. Die deutsche Linke hat sich seit 1968 aus diesem nationalen Diskurs verabschiedet und einem kosmopolitischen Weltbürger das Wort geredet. Das war eine Antwort auf die jüngste deutsche Geschichte und darum erklärlich. Doch es war eine kurzschlüssige und kurzsichtige Entscheidung. Sie muß endlich revidiert werden – zumal die Linken in Frankreich oder Italien diesen Schritt nie mitgegangen sind. Wenn wir also schon europäisch vorgeben zu denken und zu handeln, sollten wir es auch in dieser Hinsicht tun und uns aus der deutschen Sackgasse herausbemühen.

Vielleicht könnte der Lapsus von Lafontaine und dieser Wirbel Anstoß sein, endlich einmal konstruktiv über die nationale Frage und die deutsche Linke nachzudenken. Wenn nach 15 Jahren endlich für eine gesamtdeutsche linke Partei gestritten wird, dann könnte auch endlich diese seit 1871 offene Sache diskutiert werden. George Marchais beendete bekanntlich als FKP-Vorsitzender jede seiner Parteitagsreden mit dem Wort »Vive la France!«

Erst wenn der Chef oder die Chefin einer deutschen Linkspartei von einem Rednerpult rufen kann: »Es lebe Deutschland!«, ohne dafür geprügelt zu werden, kann man behaupten, daß hierzulande normale Verhältnisse bestünden.

So rasch werden die Staaten nicht absterben, und selbst wenn sie es täten: Die EU forciert eher die Selbstfindung oder -besinnung der Nationen, als daß sie zu deren Überwindung beitrüge. Und darum sollten Linke nicht einem abstrakten Europäer oder unbehausten Weltbürger das Wort reden, sondern die Menschen in ihren konkreten ethnisch-kulturellen Beziehungen sehen. Die Tatsache, daß unsere Klassiker keine schlüssige Theorie der Nation hinterlassen haben, ist alles andere als eine Aufforderung, dies für alle Zeit so zu belassen.

Die Nation ist für jeden Menschen eine komplexe Erscheinung, eine Gefühls- und Bewußtseinsgemeinschaft, für die Sprache, Kultur und Geschichte das typische Rohmaterial abgeben. Aber nicht mehr. Die Substanz des Nationalen im politischen Sinne ist die Selbstbestimmung nach innen und außen eines sich als Volk verstehenden Kollektivs. Das heißt weder Abgrenzung noch Überhöhung, sondern Gleichberechtigung gegenüber den Nachbarn.

Wie weit wir davon noch entfernt sind, weiß jeder politisch denkende und handelnde Mensch. Und wieviel Aufklärung zu leisten und politische Rahmenbedingungen zu setzen sind, auch. Es zu unterlassen ist mehr als nur Feigheit.

Ist die faschistische Gefahr vorüber?

Es mehren sich die Stimmen im linken Lager, die davor warnen, daß die derzeit hohen Erwartungen an die Linkspartei nicht eingelöst werden könnten. Nachdem alle Parteien versagt haben und wenn dann auch die letzte linke Hoffnung stürbe, könnten in der Stunde der Enttäuschung die Neonazis die Ernte einfahren.

Der Gedanke ist so abwegig nicht.

Jeder Aufbruch, jede Bewegung trägt auch den Keim des Scheiterns in sich. Das heißt: Auch die neue Linke kann wie die alte enden. Doch die Wahrscheinlichkeit des Versagens erhöht sich naturgemäß, wenn mehr darüber als über den Erfolg nachgedacht wird. Es ist so, als würfe man die Flinte ins Korn, bevor man den ersten Schuß getan hat. Die Kassandra-Rufe von André Brie gehören zum Mobiliar der PDS. Insofern überraschte es nicht, daß er auch im Sommer '05 warnend seine Stimme erhob. In seinen »Sechs Thesen zur Perspektive der Linkspartei«[36] benannte er »drei unmittelbare Defizite der Linkspartei«: »erstens ihre Überalterung und die Schwierigkeiten, sich kulturell jungen Menschen zu öffnen (der gelegentliche Kandidaten-Jugendkult in der PDS ändert daran nichts), zweitens die Männerdominanz in PDS und mehr noch WASG und die dramatisch rückläufige reale Aufmerksamkeit für feministische Politik, drittens die geringen Berührungspunkte mit den neuen gesellschaftskritischen Bewegungen, mit kritischen Intellektuellen und europäischer und internationaler linker Diskussion.« Das ist alles so entsetzlich neu nicht und gilt für alle Parteien, doch bei Brie hat es den Hautgout von Wichtigtuerei, die wenig hilfreich ist, aber man wollte es mal wieder gesagt haben. Vielleicht bekommt man ja doch noch ein Sternchen im Klassenbuch vermerkt.

Hilfreiche Hinweise der genannten Art sind eher lähmend denn anregend. Das gleicht jener Szene, die der Tscheche Jiri

Menzel 1968 in einem Spielfilm über einen Wanderzirkus hatte. Zwischen zwei Auftritten und zwei Dörfern macht ein Zirkus Rast. Der Seiltänzer spannt das Tau zwischen zwei Masten und beginnt mit der Probe, da kommt ein Bauer des Wegs. Er sieht den Mann auf dem Seil und ruft ihm zu, er solle herunterkommen, denn er könne womöglich fallen. Der Artist überhört das geflissentlich und balanciert weiter mit seiner Stange. Der Mann zu seinen Füßen ruft weiter, und weil er glaubt, nicht wahrgenommen zu werden, meint er sich auf andere Weise bemerkbar machen zu müssen: Er beginnt an einem der Masten zu rütteln, an dem das Seil befestigt ist. Er rüttelt und ruft: Kommen Sie runter, Sie können stürzen! Der Seiltänzer hält sich noch eine Weile mit Mühe auf dem schwankenden Seil, doch dann fällt er wirklich zu Boden. Sehen Sie, sagt der Bauer und geht befriedigt, ich habe es Ihnen doch gesagt, daß Sie stürzen könnten …

Und ein zweites Moment sollte bedacht sein: Die Angst vor dem eigenen Scheitern, das den Weg für die Neonazis freimachte, führt nicht nur zur Selbstblockade. Das arbeitet auch den Grünen und den Sozialdemokraten zu, die von sich behaupten, sie seien der einzige Damm gegen die braune Flut. Wer Nazis verhindern will, muß uns und nicht die Linkspartei wählen! Es ist faktisch das letzte Druck- und Drohmittel, die Unschlüssigen zu einem Votum für Rot-Grün zu bewegen. (Und darum ja auch die Kampagne gegen den »Fremdarbeiter« Lafontaine.)

Rechtsextremisten sind gefährlich, ja. Sie sind ein Ärgernis und eine Zumutung. Doch sie sind der nützliche Popanz, den man braucht, um den Polizeistaat auszubauen. Die Demokratie schützt sich nach dem Prinzip: Der Suizid ist die wirksamste Waffe gegen den Selbstmord! Nachdem die RAF sich ins Nichts verabschiedete und islamistische Terroristen sich hierzulande rar machen – was ausdrücklich gewürdigt sein soll –, andere »innere Feinde« aber nicht existieren, rücken die rechten Parteien ins Visier. Man läßt sie ihr Unwesen treiben und riskiert sogar die Blamage, deren Verbot nicht durchsetzen zu können, nur um nicht den einen Buhmann zu verlieren, auf den alles fokussiert wird.

Neonazismus beseitigt man aber weder mit Verdikten noch Observationen. Das ist eine Haltung, die aus der Mitte der Gesellschaft kommt und sich aus Unwissenheit und Beschränkung speist. Ihn zu bekämpfen ist eine gesamtgesellschaftliche Aufgabe, die auf allen Ebenen und in allen Bereichen täglich zu leisten ist. Es gibt wohl zwei Motive, es von staatswegen zu unterlassen: Man schätzt die Gefahr doch nicht als so groß ein, wie man es gelegentlich tut. Und man braucht die braunen Dumpfbacken, um den anderen Teil der Gesellschaft zu disziplinieren.

Jan Zobel, in den 90er Jahren ein führender Funktionär der NPD, verließ die Partei, als ihm aufging, welche Strategie dort verfolgt wurde. Im Vorwort seines Buches, in welchem er seinen Ein- und seinen Ausstieg reflektierte, schrieb er: »Unser Gemeinwesen rühmt sich – und das völlig zurecht – seiner Offenheit und der Rechtsstaatlichkeit. Wir haben eine offene Gesellschaft, in der jeder, so er sich an die Gesetze hält, nach seiner Façon glücklich werden kann.

Doch offenkundig reklamieren Einrichtungen und Diener des Staates für sich mehr Freiheiten, als es das Gesetz vorsieht. Und sie fragen nicht einmal den Souverän, ob er ihnen dies gestattet. Sie handeln einfach.

Weil sie glauben, daß ihnen der Staat gehört? Ihnen untertan ist? Zumindest drängt sich dieser Gedanke auf. Sie behandeln ihn nämlich so, als wäre er ihr Eigentum, mit dem sie nach eigenem Gusto verfahren könnten.

Am deutlichsten wird diese Haltung im Handeln des Bundesinnenministers. Er hält das Leben heilig, und doch ist ihm das Bonmot entschlüpft, wenn Terroristen den Tod liebten, könnten sie ihn haben. Doch blicke man hinaus in die Welt, so meinte die *Frankfurter Allgemeine Sontagszeitung* am 10. Oktober 2004, stehe Otto Schily damit nicht allein. ›Er paßt zu jenem geharnischten Gedankenkreis, wo sich einsam Wissende dem Gegner stellen – auch wenn dafür Recht und Völkerrecht umgeschrieben werden müssen. Der Kampfgeist der Regierung Bush mit ihrem Gespür für die Achsen des Bösen gehört ebenso zu dieser Welt wie der unbedingte Behauptungswille Israels.‹

Vielleicht schreckt manchen die Vorstellung, daß der derzeit erfolgreich um sich greifende Neonazismus nicht das Werk einiger politischer Wirrköpfe, nicht die Folge fehlender Arbeit und Perspektive und Resultat wirksamer Propaganda ist, sondern etwas mit dem herrschenden politischen System zu tun hat.

Doch genau so ist es.«[37]

Zobel hat, ohne es vielleicht zu ahnen, die Achillesferse dieser Republik und der sie beherrschenden Eliten genannt.

Man soll die faschistische Gefahr nicht unterschätzen, jede

Nachlässigkeit wäre ein Fehler. Doch mindestens so falsch ist es, sie zu hypertrophieren.

Und noch etwas: In der Vergangenheit neigten Linke dazu, sich über die Abgrenzung zu anderen zu definieren. Selbst die *Linkspartei.PDS* tat dies, als sie den Platz links von der SPD für sich reklamierte. Politische Geographie dieser Art ist etwas für Analphabeten und für denkende Zeitgenossen eine intellektuelle Beleidigung wie das tägliche Fernsehprogramm. Das folgt alles den tradierten Strickmustern, deren Antiquiertheit längst bewiesen ist. Brie erinnerte an einen Auftritt des Parteienforschers Peter Lösche, der der PDS bereits in den 90er Jahren konzedierte, sie sei »die biederste Partei Deutschlands«.[38] By the way: Galt damals Brie nicht als Vordenker der PDS, und war er nur zuständig für die Wahlkämpfe?

Nein, hier muß völlig neu und anders Politik gemacht werden, ohne dabei Bewährtes über Bord zu werfen. Denn jung und unbedarft zu sein ist keine hinlängliche Qualifaktion, und alt und grau zu sein nicht zwingend ein Makel. Wir stehen am Beginn einer neuen politischen Kultur. Die tradierten Formen politischer Bewegungen sind zum Anachronismus, zu Auslaufmodellen gemacht worden.

Alles muß zur Disposition gestellt werden.

Bevor wir alle zur Disposition gestellt werden.

Fußnoten

1 Es gibt in der Geschichte viele Beispiele, wo dies praktiziert wurde; der Mord an Chiles Präsident Allende 1973 ist nur eines. Nur selten war man so erfolglos wie bei Fidel Castro, auf den allein bislang 634 Attentatsversuche unternommen wurden

1a *Bild* am 20. August 2005, Seite 1, Rubrik »Verlierer«: Linkspolitiker Oskar Lafontaine (61) nervt mit seinem Gartenzaun (150 Meter, egmaschig) jetzt auch noch das Oberverwaltungsgericht des Saarlandes. Laut erster Gerichtsinstanz war der Zaun illegal errichtet worden, sollte abgerissen werden. Lafontaine legte Berufung ein. Bis zu einem weiteren Urteilsspruch darf der Zaun stehenbleiben. Bild meint: Als wenn Richter nichts Besseres zu tun hätten!«
Wohl wahr: Aber O. L. wird ja wohl kaum selbst seinen Gartenzaun für illegal erklärt haben. Und er macht nichts, was nicht auch jeder andere Bundesbürger tun würde, der von einer Behörde zum Abriß seines Gartenzaunes aufgefordert wurde – er setzt sich mit den Mitteln des Rechtsstaates zur Wehr. Das aber macht ihn laut *Bild* bereits zum »Verlierer« und sichert ihm den Pranger auf Seite 1
Die ebenfalls vom Springer Verlag herausgegebene *Bild am Sonntag* machte unter der Schlagzeile »Lafontaine: Staat zahlt Wahlkampfhelferin« am 21. August 2005 einen anderen »Skandal« publik. Die Staatskanzlei in Saarbrücken unterhielt ein »Kontaktbüro« für die ehemaligen Ministerpräsidenten des Saarlandes. Oskar Lafontaine war der einzige, der es nutzte. Das veranlaßte seinen Nachfolger Peter Müller (CDU) – nachdem er fünf Jahre »dem Treiben« zugeschaut hatte (*BamS*) –, 2004 das Büro zu schließen und die Sekretärin ins Innenministerium zu versetzen. Obgleich diese dort einen 38,5-Stunden-Fulltimejob hatte, arbeitete sie außerhalb der Dienstzeit weiter für Lafontaine. Diese Nebentätigkeit wurde ihr auch schriftlich genehmigt. Da sich aber das Interesse am Ex-Ministerpräsidenten L. schlagartig erhöhte, als dieser seine Kandidatur für den Bundestag bekanntgab, und eben jene Ansprechpartnerin in Saarbrücken aus ihrer jah-

relangen Tätigkeit für ihn bekannt war, läuteten jetzt auch tagsüber das Handy. »Die ist immer schnell und zuverlässig«, zitierte *Bams* einen namenlosen Journalisten. Um sie dann eben dafür bei ihrem Dienstherren anzuschwärzen. Dem Regierungssprecher entlockte das Blatt den Satz: »Es ist nicht Aufgabe der Allgemeinheit, Herrn Lafontaine eine Sekretärin zu finanzieren.« Und seine Stellvertreterin erklärte, nachdem *BamS* die Landesregierung als unwissend vorgeführt hatte (»Uns liegen keine Informationen vor, daß sich Frau G. nicht an die Vorgabe hält.«): Wir werden nicht dulden, daß sie in der Arbeitszeit für Lafontaine arbeitet.« Das aber ist auch schon alles. Und daraus macht die auflagenstärkste Wochenzeitung Deutschlands eine halbe Seite und einen ganzen »Skandal«.

2 Lafontaine wurde in seiner politischen Laufbahn wiederholt durch den Pressewolf gedreht. Als die Boulevardblätter und andere Gazetten den Ex-Bürgermeister von Saarbrücken einmal in die Nähe einer Affaire im Rotlichtmilieu rückte, sprach er von »Schweinejournalismus«. Seither wird aus der Zunft nachgetreten

2a Auch CSU-Generalsekretär Söder lenkte in der Sat.1-Talkshow am 21. August 2005 das Gespräch auf dieses NPD-Plakat. Er wollte es in Nürnberg gesehen haben, der »Stadt der Parteitage«, wie sie bis 1945 mit Beinamen hieß

3 *Hamburger Morgenpost*, 17. August 2005

4 *Reuters*, zitiert von *Spiegelonline*, 20. Juni 2005

5 zitiert nach *Spiegelonline* vom 20. Juni 2005

6 ebenda

7 *ZDF heute*, 5. Juli 2005, die aktuelle *Bild* zitierend

8 laut *Bild*, 24. Juni 2005

9 *Spiegelonline*, 5. Juli 2005

10 ebenda

11 *Neues Deutschland*, 11. Juli 2005

12 *ZDF heute*, 30. Juni 2005

13 *Stern*, Nr. 33/2005, 11. August 2005

14 *Die Zeit*, 23. Juni 2005

15 Jörg Lau in: »Oskar Haider. Die verbalen Ausfälle Lafontaines gegen Ausländer haben Methode. Sie zielen auf Links- und rechtsaußen«, in: *Die Zeit*, 26/2005, 23. Juni 2005

16 *hagalil.com*, Judentum und Israel; Beitrag Clemens Heni, 5. Juli 2005

17 *Der Spiegel*, 4. Juli 2005

18 Zitiert nach Clemens Heni, der als Quelle dieses Zitates angibt: »So eine sich ›Thora Ruth‹ nennende Frau in einem Leserbrief an *La Plata Ruf* (Buenos Aires), September 1973, S. 25, zitiert nach Margret Feit (1987): Die ›Neue Rechte‹ in der Bundesrepublik. Organisation – Ideologie – Strategie, Frankfurt/Main/New York (Campus), S. 150«

19 *faz.net*, 4. Juli 2005

20 *Bild*, 5. Juli 2005

21 *Sat.1*, Nachrichten 1. Juli 2005, 7.31 Uhr

22 ebenda

23 *Die Zeit*, 23. Juni 2005

24 ebenda

25 Victor Klemperer: LTI, Leipzig 1975 (4. Aufl.), S. 32

26 *Die Zeit*, 30. Januar 1981

27 Rosa Luxemburg, Die Krise der Sozialdemokratie, Berlin 1919, Seite 81

28 A. Rosenberg: Geschichte der Weimarer Republik, Frankfurt am Main 1961

29 ders., Der Faschismus in Deutschland, Frankfurt am Main 1973

30 vgl. W.-D. Narr, 1966; J. Gabbe: Parteien und Nation, Meisenheim 1976; H. G. Wieck: Die Entstehung der CDU und die Wiederbegründung des Zentrums im Jahre 1945, Düsseldorf 1953

31 vgl. T. Pirker: Die SPD nach Hitler, Berlin 1977

32 Hermann Axen: Ich war ein Diener der Partei, Berlin 1996

32a Der Autor dieses Beitrages geriet ohne eigenes Zutun, wohl aber mit dem Vorsatz jener, die ihn im September 1984 nach Bonn schickten, in diese Gespräche. Auf Einladung der SPD-Bundestagsfraktion, die ein dreitägiges Seminar für Schülerzeitungsredakteure abhielt, reiste ich, obgleich dem Schulalter längst entwachsen und keineswegs bei einer Schülerzeitung tätig, ahnungslos in die Hauptstadt der anderen Republik. Überraschend hatte ich ein Abendessen mit Carsten Voigt, was ich noch meinem Exotenbonus zurechnete. Dann jedoch wurde ich zu einem Gespräch mit dem Parlamentarischen Geschäftsführer der Fraktion gebeten, der mir nach einigen Floskeln den Grund unserer Begegnung nannte: Ich solle »Hermann« unbedingt mitteilen, daß jetzt die Gespräche zur chemiewaffenfreien Zone aufgenommen und forciert werden müßten, weil es bestimmte innenpolitische Konstellationen usw. Daß man in Berlin auf ein solches Signal wartete, wurde mir bewußt, als ich noch auf dem Bahnhof Friedrichstraße von einem Unbekannten angesprochen und umgehend mit einem blauen Lada ins ZK der SED gefahren wurde.

32b Bahrs 1991 geäußerter Wunsch, daß auch Westdeutschland atomwaffenfrei würde, erfüllte sich bis dato nicht. Wie der *Spiegel* 13/2005 meldete, lagern »etwa 480 Atombomben – die genaue Zahl wird geheim-

228

gehalten – auf verschiedenen Flugplätzen. Flieger des Jagdbombengeschwaders 33 im rheinland-pfälzischen Büchel üben noch immer den Abwurf amerikanischer Nuklearbomben, obwohl die selbst nach Einschätzung ranghoher NATO-Militärs in Europa eigentlich keinen militärisch sinnvollen Zweck mehr erfüllen«.

32cLothar de Maizière erzählte dem Autor, daß er in seiner Eigenschaft als letzter Ministerpräsident und Außenminister der DDR ein Gespräch mit dem spanischen Botschafter hatte. Er habe ihm damals die Frage gestellt, wie es die Spanier geschafft hätten, die Schatten der jahrzehntelangen Franco-Diktatur zu überwinden, ohne den inneren Frieden des Landes zu zerstören. Der Diplomat habe darauf geantwortet, so etwas wäre nur in einem katholischen Lande möglich. Der protestantische Rigorismus hingegen kenne Absolution und Vergebung nicht.

33 Interview mit Erich Honecker in der Saarbrücker Zeitung am 6. Juli 1978 und Erklärung im Umfeld seines Staatsbesuches in der BRD im September 1987

34 Peter Brandt: Deutsche Identität, in: Schwieriges Vaterland, Berlin 2000

35 a. a. O., S. 291

36 *Neues Deutschland*, 20./21. August 2005, als Vorabdruck aus der Broschüre »Die Linkspartei. Ursprünge, Ziele, Erwartungen«, Berlin 2005

37 Jan Zobel: Volk am Rand. Politik, Personal und perspektiven der NPD. Berlin 2005

38 *Neues Deutschland*, 20./21. Augsut 2005

Die Autoren

Allertz, Robert (Jahrgang 1951), freier Publizist, Berlin

Bischoff, Joachim (Jahrgang 1944), Dr., Ökonom und Sozialwissenschaftler, seit 1972 Zeitschrift *Sozialismus*, später Mitherausgeber. 1966/67 SPD, 1989 PDS, Mitgründer der WASG; Hamburg

Bollinger, Stefan (Jahrgang 1954), Dr. sc. phil., Politikwissenschaftler, Dozent in der Erwachsenenbildung, Lehrbeauftrager am Otto-Suhr-Institut der Freien Universität Berlin

Crome, Erhard (Jahrgang 1951), Dr. rer. pol. habil, von 1990 bis 2000 tätig an der Universität Potsdam, Leiter des Bereichs Ausland der Rosa-Luxemburg-Stiftung, Berlin

Höpcke, Klaus (Jahrgang 1933), FDJ-Funktionär, Journalist, von 1973 bis 1989 stellvertretender Kulturminister, MdL/PDS Thüringen, Publizist, Berlin

Jellen, Reinhard (Jahrgang 1967), freier Journalist; München

Kant, Uwe (Jahrgang 1936), geboren in Hamburg, Kinderbuchautor, lebt in Mecklenburg-Vorpommern

Klenner, Hermann (Jahrgang 1926), Prof. Dr., Jurist und Verfassungsrechtler, Berlin

Luft, Christa (Jahrgang 1938), Prof. Dr., Rektor der Hochschule für Ökonomie Berlin-Karlshorst, Minister in der Modrow-Regierung und Vizepremier, Berlin

Niemann, Heinz (Jahrgang 1936), Prof. Dr., Philosoph, Historiker und Ökonom; 1990 Gründungsdirektor des Insituts für Politikwissenschaften Berlin, Berlin

Wolff, Friedrich (Jahrgang 1922), Dr., jur; Jurist, Vorsitzender des Rats der Kollegien der Rechtsanwälte in der DDR, Honecker-Verteidiger seit Dezember 1989, Berlin

Zwerenz, Gerhard (Jahrgang 1925), Schriftsteller aus Sachsen, lebt in Hessen, MdB/PDS 1994-1998, Schmitten/Ts.

Im gleichen Verlag ist erschienen:

Hans Modrow/Hans Watzek
Junkerland in Bauernhand
Die deutsche Bodenreform und ihre Folgen

Sie war der Kern der antifaschistischen Umgestaltung nach dem Krieg: die demokratische Bodenreform. Nachdem auch der Europäische Gerichtshof die Klagen der Alteigentümer und ihrer Erben abgewiesen und die Entscheidung von damals, Junkerland in Bauernhand zu geben, als rechtens anerkannte, kann dieses Kapitel als abgeschlossen gelten. Es ist an der Zeit, Bedeutung und Folgen dieses historischen Ereignisses zu bilanzieren.

Landwirtschaftsminister a. D. Hans Watzek und Ministerpräsident a. D. Hans Modrow haben Historiker, Politiker, Beteiligte und Betroffene zusammengeführt. Sie erinnern, werten und wichten alle Aspekte dieses gravierenden gesellschaftlichen Vorgangs.

Wer künftig sich mit dem Thema Bodenreform beschäftigen will oder muß, kommt an diesem Sammelband nicht vorbei.

Autoren sind Betroffene und Beteiligte, Historiker, Politiker, Juristen und Journalisten: Rolf Badstübner, Holger Becker, Helma Chremko, Beate Grün, Roland Geitmann, Max Gohla, Bruno Kiesler, Siegfried Kuntsche, Joachim Mai, Lothar de Maiziere, Hans Modrow, Georg Moll, Rudolf Mückenberger, Bernhard Quandt, Hans Reichelt, Günter Urzynicok, Hans Watzek, Lothar Weigelt u. a.

256 S., brosch., 14,90 Euro
ISBN 3-360-01066-3

www.edition-ost.de

edition ost

Im gleichen Verlag ist erschienen:

Friedrich Wolff
Einigkeit und Recht
Die DDR und die deutsche Justiz

»Deutschland hat im 20. Jahrhundert im Westen dreimal und im Osten viermal einen Wechsel des politischen Systems erlebt, vom Kaiserreich zur Republik, von der Republik zum NS-Staat und von diesem in die Bundesrepublik bzw. die DDR und aus dieser in die Bundesrepublik. Es erscheint nützlich, den letzten Systemwechsel mit früheren, die jetzige Vergangenheitsbewältigung mit vorangegangenen zu vergleichen.«
Schreibt der bekannte Strafverteidiger Friedrich Wolff im Vorwort zu seiner grundlegenden Untersuchung, in der er polemische Töne nicht scheut und sich unter anderem mit Fragen wie diesen beschäftigt: War die DDR nun ein Unrechtsstaat? War sie die zweite deutsche Diktatur? Sprachen die Richter, wenn sie die ehemaligen DDR-Bürger verurteilten, im Namen des Volkes? Sind wir ein Volk, sind wir das Volk, in dessen Namen Recht gesprochen wird? War es Recht, das Wessis über den Streit von Ossis mit Wessis, über Renten, Arbeitsverhältnisse, Immobilien und über das Volkseigentum sprachen? Sind wir also ein Volk? – Wolffs Bilanz greift aber weiter aus. In einem pointierten und kenntnisreichen Überblick ist es ihm gelungen, »Politik und Justiz vom Schießbefehl Friedrich Wilhelm IV. bis zum ›Schießbefehl‹ Erich Honeckers« unter die kritische Lupe zu nehmen.

192 S., brosch., 12,90 Euro
ISBN 3-360-01062-0

www.edition-ost.de

edition ost

Im gleichen Verlag ist erschienen:

Klaus Steiniger
Bei Winston und Cunhal
Reporter auf vier Kontinenten

Er war als Reporter auf vier Kontinenten unterwegs, oft als erster und einziger Journalist aus der DDR. Jetzt hat er ein Buch über seine Erlebnisse geschrieben, das von den Erfolgen und den Schwierigkeiten seiner Arbeit und von Menschen im sozialen Befreiungskampf erzählt – und dadurch erstaunlich aktuell ist.

Ob Klaus Steiniger einen Urenkel von Karl Marx, Henry Winston, Angela Davis oder Alvaro Cunhal besucht, ob er die Enkel Sitting Bulls trifft, am Grab von Richard Sorge steht oder Salazars Kopf nachjagt, ob er aus Hiroshima, Bagdad oder vom Rio de la Plata berichtet –, stets ist er politischer Journalist, halboffizieller Vertreter der DDR und persönlich Beteiligter in einem. In der Zeit des Kalten Kriegs hat er schwierige diplomatische und journalistische Aufgaben mit viel Engagement und solidarischer, internationalistischer Haltung gelöst. Dieser Reportageband faßt Episoden zusammen, die auf authentischen Erlebnissen beruhen. Sie sind symptomatisch für die Tätigkeit des Autors und tragen autobiographischen Charakter. Die Mehrzahl von ihnen betrifft seine Korrespondententätigkeit auf vier Kontinenten, manche der Begebenheiten lassen sich erst heute und also zum ersten Mal erzählen.

144 S., Broschur, mit vielen Fotos, 9,90 Euro
ISBN 3-360-01060-4

www.edition-ost.de

edition ost

Im gleichen Verlag ist erschienen:

Klaus Behling
Der Nachrichtendienst der NVA
Geschichte, Aktionen, Personen

Erfolgreich selbst im Untergang: Weil die Unterlagen rechtzeitig vernichtet wurden, drang wenig bis nichts an die Öffentlichkeit. Erstmals gibt es hier alles Spannende und Wissenswerte über die Militär-
aufklärer der DDR zu lesen.
In den anderthalb Jahrzehnten nach dem Ende der DDR sind viele
Bücher erschienen, die die Spionage in den beiden deutschen Staaten thematisierten. Insider berichteten, Experten analysierten, Wissenschaftler untersuchten. Jedoch: Der militärische Nachrichtendienst der NVA wurde kaum behandelt. Vielleicht lag es daran, daß
die dort Beteiligten – verglichen mit ihren Kollegen von der Staats-
sicherheit – erfolgreicher waren beim Vernichten ihrer Unterlagen.
Möglich, daß durch die Unschärfe der Betrachtung von außen dieser
Dienst überhaupt nicht als eigenständige Institution wahrgenommen
wurde. Klaus Behling hat sich dieses Themas angenommen. Der
Journalist hat Beteiligte befragt, Akten studiert und Publikationen
nach Hinweisen und Spuren untersucht. Herausgekommen ist ein
Buch, in welchem – populär und unterhaltsam zu lesen – über den
militärischen Nachrichtendienst der NVA umfassend informiert wird.

272 S., brosch., 12,90 Euro
ISBN 3-360-01061-2

www.edition-ost.de

edition ost

ISBN 3-360-01068-X

© 2005 Das Neue Berlin Verlagsgesellschaft mbH
Rosa-Luxemburg-Str. 39, 10178 Berlin
Titelfoto: Marcus Brandt/ddp
Druck und Bindung: Salzland Druck, Staßfurt

Die Bücher der edition ost und des Verlags Das Neue Berlin
erscheinen in der Eulenspiegel Verlagsgruppe.

www.edition-ost.de